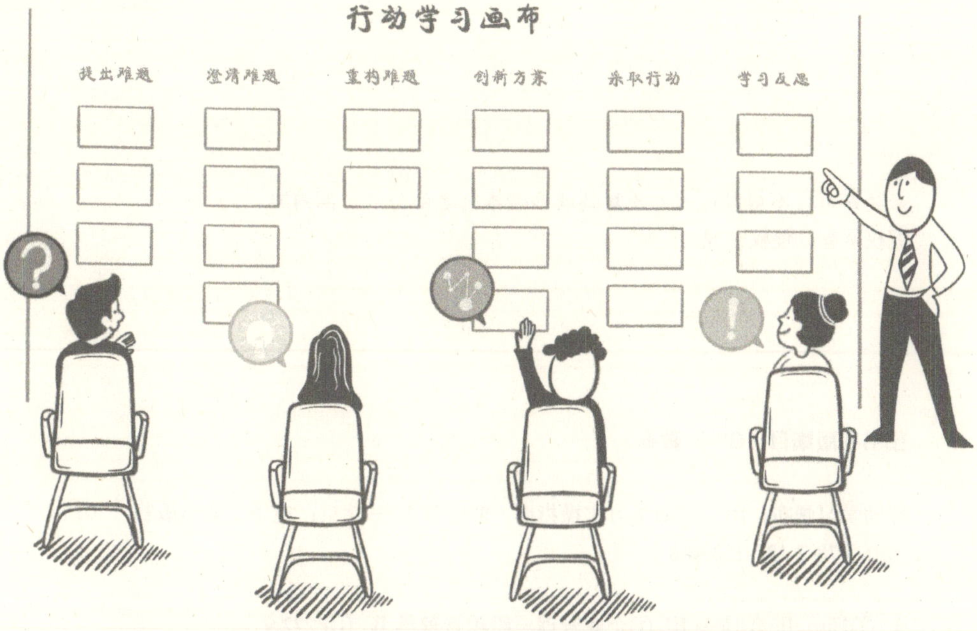

ACTION LEARNING CANVAS

行动学习画布

团队互助学习实操指南

唐长军◎著
绘视界视觉团队◎插图

電子工業出版社
Publishing House of Electronics Industry
北京 · BEIJING

图书在版编目（CIP）数据

行动学习画布：团队互助学习实操指南 / 唐长军著. —北京：电子工业出版社，2019.1
ISBN 978-7-121-35230-0

Ⅰ. ①行… Ⅱ. ①唐… Ⅲ. ①企业管理－组织管理学 Ⅳ. ①F272.9

中国版本图书馆CIP数据核字(2018)第236976号

策划编辑：吴亚芬
责任编辑：吴亚芬
印　　刷：涿州市般润文化传播有限公司
装　　订：涿州市般润文化传播有限公司
出版发行：电子工业出版社
　　　　　北京市海淀区万寿路173信箱　　邮编100036
开　　本：720×1000　1/16　印张：20　字数：348千字　彩插：1
版　　次：2019年 1月第1版
印　　次：2023年 12月第 20 次印刷
定　　价：79.00元

凡所购买电子工业出版社图书有缺损问题，请向购买书店调换。若书店售缺，请与本社发行部联系，联系及邮购电话：（010）88254888，88258888。
质量投诉请发邮件至zlts@phei.com.cn，盗版侵权举报请发邮件至dbqq@phei.com.cn。
本书咨询联系方式：（010）88254199，sjb@phei.com.cn。

好评如潮

这是一本实操性极强的书，对于人力资源专业人士，放下此书就可以上场实战了。本书讲解的行动学习技术更加适合中国企业，让不善于表达内心想法的中国人更愿意打开自己，不仅能“走脑”地解决难题，还能“走心”地加强情感连接。衷心祝愿 CSAL 中国行动学习协会倾力打造、承载唐老师人生使命的这本著作能够积极影响到更多人的生命成长，帮助更多组织实现创新突破！

——唐巍 伊利集团伊利商学院常务院长

CSAL 行动学习催化师认证班第 5 期学员

本书兼收并蓄了数个国际行动学习流派的精华，特别适合中国学习者。唐老师以非常开放的心态，把压箱底的“干货”都拿出来了，实在是行动学习爱好者的一大幸运。相信此书也将开启中国行动学习发展的一个新高度！

——侯瑞芳 东易日盛集团东易大学前副校长

CSAL 行动学习催化师认证班第 1 期学员

CSAL 中国行动学习协会首批 PALF 认证专业行动学习催化师

古语有云“学而时习之，不亦乐乎”，而这本书把这句话真正落地成流程化、可操作、可复制的团队学习方法。如果把它比喻成兼具东方文化和西方思维的油画，我相信它将是国内管理培训界的名画。

——蔡焱 中国通用技术集团培训部经理

我做行动学习十年多了，但读完此书还是直呼过瘾。这本书回答了一直都说不清的三个问题：行动学习是什么？行动学习怎么用？行动学习如何更好发挥价值？唐老师把行动学习画布的使用方法、技巧和案例向读者娓娓道来，让我感受到专业的温暖，这或许就是唐老师所言的使命感。致力于行动学习应用和探索的各位同人，这本书一定不要错过！

——孙鲁闽 华润集团人力资源部高级经理、华润大学行动学习负责人

CSAL 行动学习催化师认证班第 1 期学员

长军兄多年来在行动学习领域倾注的热情、专注力和行动力终于“修成正果”！这本书集理念、方法论、工具和案例于一体，实用性极强，可应用在战略研讨、绩效改进、领导力和人才发展等诸多场景，是寻求突破瓶颈的国内企业的“福音”。长军兄在推动行动学习专业交流和实践方面所体现的使命感和努力，值得钦佩和学习！

——徐爱民 阿里巴巴高级组织发展专家

有幸通过唐老师，接触到行动学习画布工具，并成功进行了多次业务研讨。这套工具让行动学习更轻、更易操作、更可视化，有助于集思广益，促进跨部门的交流与合作。更可喜的是，通过小组成员的互相咨询，能够促进团队提问文化和氛围的营造，更有利于反思与问题的解决。

——刘施莉 腾讯微信总部培训经理

CSAL 行动学习催化师认证班第 4 期学员

CSAL 中国行动学习协会首批 PALF 认证专业行动学习催化师

唐老师是行动学习领域的资深专家，他对于研究和推广行动学习的孜孜以求的态度让人由衷敬佩。这本书汇总了他倾注了十几年心血而成的行动学习创

新性方法与技巧，让人大呼过瘾。本书十分易读、易学、易用，也非常值得一读、一学、一用。

——高言 360金融 HRVP

行动学习通过视觉化、互助式、持续性的洞察与反思，不仅在京东帮助管理者解决岗位难题，而且构建了管理者互助学习圈，大大促进了组织和业务协同。读完此书，深刻感受到唐老师的使命感和开放心态。相信行动学习画布将成为经理人团队学习的必杀技。

——张欢 京东数字科技控股有限公司人才发展高级经理

CSAL 行动学习催化师认证班第 5 期学员

对于个人、团队及组织的学习转化，行动学习正在起到越来越重要的作用。但是行动学习的高效催化不容易，既要把控流程，又要兼顾催化师的内在修炼。看到唐老师的书，真是爱不释手。无论对于行动学习催化师，还是企业管理者，这些真正从实践中得来的智慧，对于激发参与者、提升团队动能，以及赋能组织等方面都非常有帮助。

——李延 微软大中华区学习与发展资深顾问

CSAL 行动学习催化师认证班第 1 期学员

唐老师结合十几年的研究与实战经验，详细阐述了行动学习画布的概念与操作方法。对于像我一样苦苦寻找创新型学习发展模式的培训经理，这实在是喜大普奔的消息！有了这本工具书，我们可以把团队研讨过程视觉呈现出来，让所有人同频，帮助组织和个人一同成长。

——李敏洁 上海迪士尼学习与发展经理

CSAL 行动学习催化师认证班第 5 期学员

过去大家对行动学习的本质认识不清，组织支持不足，导致行动学习项目经常华而不实、外强中干。这本书重新厘清了行动学习的本质，详尽展示了“轻”行动学习的方法、步骤与案例，为行动学习的广泛推广和深入应用打下扎实基础，为行动学习支持绩效提升、员工学习和组织发展提供了新方法、新思路。

——崔庆浩 华夏幸福基业地产集团人力资源副总

这本书一方面从高处着眼，探讨行动学习在组织发展与变革领域的应用；另一方面脚踏实地，让行动学习的流程方法更加实用，容易上手。VUCA 环境下的行动学习，需要这本书讲述的创新、轻便、实用的操作模式，更需要如作者对专业的坚守和匠心精神。

——侯闻静 无限极（中国）有限公司人力资源总监

唐老师跟我分享他的新书时，我如获至宝，迫不及待地一口气读完。这本书以开放的心态，详细完整地介绍了行动学习圆桌会模式的操作方法，并创造性地提出“画布”的实施方案，让行动学习变得易学习、易操作、可视化。行动学习专业人士可以把此书常置手边，因为拥有这本书就等于拥有了个人的行动学习应用专属咨询顾问。

——陈志云 特驱集团副总裁

“行动积聚实力，学习改变认知”，我们把“行动学习画布”这个利器引入中高管的实战训练中，围绕真实的业务难题，建立互助咨询和质疑反思的学习场域。与此同时，这套方法帮我们用不到半年的时间，培养出数十名能打硬仗的内部催化师，让他们真正从“知道”到“做到”。

——周善余 中国电信浙江天翼学院副院长

CSAL 行动学习催化师认证班第 6 期学员

这本书让行动学习回归本源，散发出其原本的魅力，在关注组织需求的同时，关注人的成长和更新，更顺应当今社会的需求。非常钦佩作者对探索适合中国企业的行动学习模式的执着追求和使命情怀！

——李秀华 中国银行国际金融研修院副院长

衷心祝贺这本书问世。这本书是对行动学习的集成和重构，不仅深入行动学习的内核，更让我看到行动学习在组织中的多种应用场景。真的很难得，也很用心，让我更加体会到唐老师对行动学习的那份执着和使命感！

——朱晓明 包商银行培训学院总经理

推荐序1

做中国人自己的行动学习

2005年,《培训》杂志创刊，百年基业成立，至今已经过去了13个春秋。2017年年底,《培训》杂志发布了“中国企业培训20年”专刊，唐长军老师在专刊中回顾了行动学习进入中国20年的探索之路，并预言未来行动学习必将走向融合创新。这篇文章回顾了中国行动学习从无到有，从蹒跚学步到自主创新，并逐渐成为学习和人才发展领域重要方法论的历程。时至今日，行动学习已经真正在中国生根发芽、开花结果，这着实让人欣喜。

今天的中国，企业培训与业务深度融合的趋势有增无减。培训者努力贴近业务、陪伴业务、支持业务，管理者也越来越意识到学习是工作不可或缺的一部分。为了让培训更好地转化为商业产出，诸多学习技术和培训理念持续迭代升级。而在这其中，行动学习最具有天生的优势。因为行动学习，尤其是这本书介绍的行动学习多课题模式，本身就是在绩效成果突破中促进团队学习的。如果你正苦于不知道如何成为真正的业务伙伴，那么这本书可作为你的重要参考。

很多一线培训从业者都期待深入研究和实践行动学习，但普遍缺乏工具、技巧和项目操作方法的指导和支持。这本书详细介绍了行动学习多课题项目的实施技术细节，包括带领行动学习小组开展课题研讨的操作流程，提高小组研讨质量的催化技巧，行动学习多课题项目设计与实施的五大步骤20个关键任务，以及行动学习在领导力发展、组织发展、社会发展等领域的多样化项目案例，完全可以当作项目操作手册来使用。

这本书提出更加适合中国企业和中国经理人的行动学习模式，具有以下特色。

（1）解决个人难题和岗位挑战，适合碎片化学习。此前大家所了解的行动学习单课题模式，即每个小组共同解决一个组织难题，相对于这种模式而言更“重”一些。这本书讲解的多课题模式，解决的是每位成员的个人难题，学员的参与感和承诺度更强。这种模式在1~2小时就可以完成一次难题研讨，特别适合在组织内进行碎片化的互助学习。

（2）关注质疑反思，转变心智模式。行动学习不是单纯的问题分析解决法，它从诞生开始就十分关注质疑和反思的精神，关注个人的成长。而这本书回归行动学习经典模式，行动（绩效提升）和学习（心智转变）两手都要抓，两手都要硬。

（3）融入视觉化元素，操作更加便捷。这本书开创性地提出了“行动学习画布”的概念，在行动学习中引入了视觉化元素，让参与者“共同看见”，在同一个频道上对话。这同时也减轻了催化师的压力，大大降低了催化师的门槛。

（4）标准化程度高，适合复制推广。行动学习的市场潜力巨大，但受制于专业行动学习催化师的数量有限，市场需求远远没有被满足。这本书提供的技术路线清晰，标准化程度高，适合大规模快速培养催化师。而且，这种标准化的项目模式，在未来也很有可能生长出企业管理者互助学习的更多玩法。

（5）适合社会应用，陪伴生命成长。这本书不仅关注企业内的人才发展，还展现出了更大的格局，旨在借助行动学习技术，在互联网时代掀起一股社会化学习的风潮。这也正是这本书的作者唐老师人生使命的一部分。

这本书体现了唐老师和百年基业专家团队开放共享的价值观。作为《培训》杂志主编，以及唐老师的多年好友，我衷心希望这本书能够支持到更多企业，帮助到更多人，推动中国行动学习的开创性发展。随着行动学习技术的发展，必将带来更多的交流和共享，中国行动学习将迎来更加快速的发展和创新。

朱伟正
《培训》杂志主编

推荐序2

行动学习画布，人才发展项目的标配

2000年，我从中科院心理研究所毕业，从正式进入培训领域工作，到现在已经将近有20年了。我先后经历了神州数码、李宁、万达、京东、乐视等多家企业，从培训专员一路成长为企业培训总经理，成了名副其实的培训“老兵”。这一路走来，可谓收获颇多，感慨良多。最让我感到欣慰的是，我一直坚守着我的初心，努力做好一件事，那就是高效、快速地培养组织中的人才。

为了更好地给组织中的人才赋能，我不断地探索更高效的人才发展方法。2004年，我有幸接触行动学习，开始和国内外的行动学习专家进行交流。我发现这是一种很有力量的、能够将培训成果显性化的学习技术。行动学习会让培训产生真实价值，让培训成果落地转化更加一目了然。

于是我迫不及待地开始在组织中实践行动学习，把传统培训方法和行动学习技术进行组合应用，为李宁（我当时在李宁任职）的人才培养提供了诸多可能性。我惊喜地发现，行动学习能够让学员从“要我学”转变为“我要学”，从“被动听课”变成“主动学习发展和解决难题”；能够实现一边培养人，一边提升绩效。我在李宁7年，伴随公司营业额从20多亿元增长到近百亿元，其间大量的行动学习项目和业务研讨会功不可没。这种人才培养模式得到了组织的高度认可，我记得当时我申请了350万～400万元的年度培训预算，结果公司领导直接给批了600万元。那时大家开始意识到，行动学习不应是培训课程的点缀，而是人才培养的标配。如果少了行动学习这个关键模块，那就不能称为人才培养项目。

这本书的作者唐长军老师是我非常尊敬的老师和朋友。我们之间的深度交流合作，很多都是因为行动学习。我在京东大学担任执行校长时，公司发展变化很快，不适合做周期很长的大型行动学习项目，需要一些简捷轻快的行动学习玩法。正好唐老师推荐的行动学习多课题模式可以满足这一需求。多课题模式（这本书讲解的模式）在两小时之内就可以完成一轮研讨，解决一个真实业务难题，而且能够帮助参与者现场浮现假设、质疑和校正假设，将心智模式的转变显性化，产生即刻的学习成长。真可谓“时间短，打得深”。这种具有人本主义精神的“轻”行动学习，在京东的各个层面得到推广。当时经常有小组利用午休时间在会议室里研讨，讨论完了下午就继续推进工作，组织学习风气有了很大的提升。

此外，唐老师在行动学习中开创性地融入了视觉化元素，使得行动学习更容易上手。不仅适用于培训者和引导师，也可以传授给管理者，帮助他们借此转变领导力风格。当时京东正巧有很多职能需要在全国复制推广，总部很多中层管理者要负责业务开拓，管理压力很大。我们当时就把这种行动学习视觉化的方法教给他们使用，让这些总监用行动学习推动管理赋能，实现行动学习和工作无缝连接，助力业务扩展工作顺利完成。

多年的企业行动学习实践经验，让我知道中国企业的行动学习需求正在不断增加，而中国企业又有自己的文化特点，不宜全盘照搬外国的学习技术，反而应该发展中国人自己的行动学习。我很高兴看到唐老师正在做这件事情。他结合自己13年的行动学习实践经验，对行动学习技术进行了很多独创性的改进，让不善于表达内心想法的中国人更愿意打开自己，不仅能“走脑”地解决难题，还能“走心”地加强自我打开和情感连接。

现在你手中的这本书，正是唐老师多年经验的精华总结，实操性极强。有一定基础的专业人士，如果能认真读完这本书，就可以直接尝试一些小规模的行动学习实践了，效果立竿见影。这本书只读一遍还不够，如果你把这本书放在身边时时研读，一定会功力大长！

作为一名培训老兵，我衷心希望有志于实践行动学习的企业内部人力资源从业者从这本书入门，先学习和实践更加轻便灵活、具有人文精神的多课题模式。通读这本书之后，你随时都可以约上几位同事，用1~2小时解决他们的业务挑战。在行动学习画布的帮助下，你将成为更好的业务伙伴。对于已经有行动学习单课题实践经验的伙伴，这本书也将帮助你更加全面地提升行动学习技术。据我所知，目前混合课题模式的行动学习正在兴起，如果你能同时掌握单课题和多课题两种技术，一边用单课题满足组织需求，一边用多课题满足个人成长需求，那么你必将成为推动组织发展模式创新的不可或缺的人才。

最后，我衷心祝愿中国行动学习协会倾力打造、承载唐老师人生使命的这本书能够影响更多人，支持更多企业的组织和人才发展，帮助更多个体实现生命成长！

马成功

谷仓学院总顾问

京东大学前执行校长

序言

让行动学习成为一种工作方式

“他痛恨培训没有成果。”

我自1994年大学毕业后进入培训领域，无论是在联想、用友软件工作时，还是在2005年联合创办百年基业后，这句话一直是我的一个信念标签。正是这个标签，让我和行动学习结下不解之缘，因为行动学习天生就是要成果的。

回顾这些年针对行动学习的探索，我一直在寻找以下3个问题的更好答案：

- 什么是真正的行动学习？
- 什么是适合中国企业的行动学习？
- 行动学习和我有什么关系？

这3个问题引领我走向一条“求真务实，发现天命”的专业和人生成长之路。

求真：什么是真正的行动学习

问题分析解决 + 项目管理 = 行动学习？

刚刚创业的时候，凭着初生牛犊不怕虎的冲劲，我开始自己摸索行动学习的项目玩法。当时国内培训人员对行动学习研究得不多，我可以学习和参考的东西很少。我和当时的很多培训人一样，认为行动学习就是小组在领导力项目中带着课题解决问题并出绩效。

2006年，我在一家大型医药企业首次做高管领导力行动学习发展项目。

我利用问题分析解决技术和项目管理的跟进套路，带领两个高管班解决了8个课题，使该企业在6个月内增加了1 000多万元的显性收益。这次探索让我尝到了甜头，增加了我对行动学习的信心。然而问题分析解决加项目管理的实践是真正的行动学习吗？我心里画了一个大大的问号。

问题分析解决＋引导技术＝行动学习？

2009年，一个偶然的机会，我邀请一家“中国行动学习标杆”企业的一位内部行动学习专家到百年基业进行了一场行动学习专业培训。在那次培训中了解的一些团队引导工具让我豁然开朗，我发现原来行动学习可以借助引导技术，以使得团队研讨更加高效和结构化。

为了掌握更专业的引导技术，我们在2013年引入了新加坡引导师协会（Facilitators Network Singapore，FNS）的“SPOT团队引导”课程，在2014年引入了美国韬略公司（Leadership Strategies,Inc.,LSI）的“引导的秘诀”等课程。

这些关于引导技术的课程使我们带领团队研讨的功力大增。我们用大量引导工具开展研讨会，帮助客户解决了很多业务问题，收获了良好的口碑。但其实我深知引导技术并不是真正的行动学习，只是当时无法说明两者的边界。而且当时把引导技术充当行动学习的做法十分流行，就更加模糊了行动学习和引导技术的边界。

不过后来，我对于这点的认知越来越清晰。我知道行动学习的重点在于“借题修人”，即借助课题改善心智模式，发展领导力；而引导技术的侧重点在于达成共识，促进决策。因此，两者是相当不同的。

问题分析解决＋教练技术＝行动学习？

为了探索国际行动学习体系，我们在2010年引入了国际行动学习协会（The World Institute for Action Learning，WIAL）的行动学习教练认证体系。该认证体系在解决过程中对团队学习的显性化处理，让我对于团队学习干预技术有了更多惊喜发现。然而当时该认证体系的授课模式是用6天时间训练一个团队学习教练的工具，它似乎过于单一。而且研讨个人课题要求每组都配教练，价格很高，因此当时中国内资企业的商业成交率低。

后来我又报名学习了为期9个月的教练技术，甚至还参加了家庭排列和组织排列的专业培训。这些领域拓展了我的专业视野，但对我探索专业行动学习的帮助比较有限。

在那段漫长的摸索期里，我常常十分困惑，却又很不甘心，这促使我一直保持好奇心，不断深入探索。为了弄清楚真正的行动学习是什么，我去到了"行动学习之父"瑞文斯（Revans）的故乡英国，跟随他的足迹，去到了他的母校（剑桥大学）、他的教会（基督教贵格会）、远在曼彻斯特的瑞文斯研究中心，以及传承瑞文斯经典行动学习流派的行动学习催化中心进行学习和交流。这些国际学习和交流让我悟到了揭示行动学习本质的公式：AL=P+Q+A+R。

Action Learning = Peer Consulting + Questioning Insight + Action + Reflection

行动学习 = 相互咨询 + 洞察性提问 + 持续行动 + 质疑反思

这个公式让我明白，世界咖啡、开放空间等引导工具不等于行动学习。引导技术更关注"事"的解决，大多是一次性的工作坊；而行动学习关注"人"的成长，大多是多阶段的项目。同样，绩效改进和一对一教练技术也不是行动学习，它们的重点不在于同伴互助和质疑反思精神。这些技术和行动学习有一定关系，可以作为行动学习的有效补充，但它们本身并不是行动学习。

2011—2017年，我们引入并翻译了8本行动学习专业著作、6本引导技术著作，走访了定居在英国、瑞典、美国、日本、新加坡等国家的多个流派的行动学习大师。这些国际学习和交流让我明确了行动学习的边界，领悟了行动学习的精髓。这就是我"求真"的部分，我相信要想出奇，必须先守正，回归行动学习的本源。

务实：什么是适合中国企业的行动学习

回归行动学习的本源后又该如何呢

我发现欧美的行动学习流派的理论在中国落地后似乎有些水土不服。美国的一些行动学习认证重视工具和技巧的训练，但很少训练项目设计。这如同训练医师只教授识别药材，却不教授诊断病情和开方子。欧洲一些流派过度重视行动学习的哲学精神，它们的一些认证中虽然包含项目设计和文章研讨，但是工具和技巧的标准化程度不高，学习者难以快速掌握和应用。

我意识到，不但要“求真”——守住行动学习的本源，做真正的行动学习，还要“务实”——做有中国特色的、专业的行动学习。中国的行动学习应该具备以下 3 个特点。

1. 坚守互助精神和质疑反思原则，显性化团队和个人心智模式的改善过程

行动学习在解决问题方面未必优于绩效改进和六西格玛，但有其独特作用。行动学习必须包含互助精神和质疑反思精神，关注人的学习和成长，并在项目设计和研讨工具当中，显性化个人和团队心智模式的浮现、质疑和改善。

2. 技术融合创新，提高问题解决的成效

我之所以学习组织发展、团队引导、团队教练、U 型理论等技术，归根结底是想让行动学习不仅推动领导力发展，更是推动组织发展领域的实践迈向新台阶。为了满足中国企业对于实用性结果和多样化创新的需求，我们在行动学习中融入了视觉化、标准化、虚拟化等元素，力求做到有国际视野的融合创新。

3. 可以大量复制和推广

中国企业对于行动学习的需求是巨大的。为了让专业的行动学习在中国迅速推广开来，必须实现行动学习催化师的规模化快速培养。

2016 年 9 月，我拜访了日本行动学习资深专家清宫美代女士，她对行动学习十几年如一日的专注，让我十分钦佩。她不仅在日本大企业推广行动学习，而且在小微企业和大学生群体中也做了很多可贵的行动学习实践。那次拜访让我下定决心走自己的路，做中国的行动学习，并通过中国行动学习协会（China Society for Action Learning，CSAL）推广我们中国人自己的行动学习技术体系。

天命：行动学习和我有什么关系

很多人问我："为什么你会对行动学习怀有如此强烈的热情？"我回答："行动学习和我的人生使命有关系。"我希望通过我的一生完成这样三件事情。

1. 传播专业的行动学习

行动学习不仅能够帮助人们解决难题，还能帮助参与者深度觉察和改善自己的心智模式，甚至产生人生的翻转。我对这套方法论十分着迷。

我希望用我的一生去传播专业的行动学习，让更多学员和读者抓住行动学习的本质，掌握好学好用的行动学习工具，并学会在企业中通过项目实施来应用这套工具。

2. 让行动学习成为一种工作方式

行动学习，尤其是本书中以行动学习画布为核心工具的"轻"行动学习，非常适合用来构建企业内的管理者互助学习文化。管理者在掌握这套工具后，可以组建跨部门的行动学习小组，定期自组织聚会。让行动学习成为一种团队工作方式。

这种聚会不但能帮他们互助解决业务难题，深化业务协同；还能建立深厚的感情连接，打破部门壁垒；并且起到个体觉察和领导力风格转变等作用。在不确定性日益增加的今天，企业内越发需要这样的团队互助学习氛围，以提升企业的协同性和敏捷性。我相信行动学习也将成为一种企业发展的核心方式。

3. 让行动学习成为一种生活方式

2016年2月，我参加了U型理论的培训活动。我请教了U型理论创始人奥托博士（Otto）："U型理论和行动学习有什么不同？"他回答："U型理论就是一种基于觉察的行动学习。"U型理论通过线上、线下相结合的小组定期互助学习方式（U hub），影响了几十万人，推动了个人领导力转变、组织变革和社会创变。这极大地鼓舞了我，让我发现行动学习在互联网时代、在社会化的团队互助学习领域，有着更广阔的应用。

U 型理论提出“向未来学习”。向未来学习要回答两个问题：我是谁？我一生的使命是什么？这给了我一个重要的启发：如何将行动学习更好地和我的人生使命结合起来？

2016 年年底，我和另 6 位创业家组建了一个真北团队，我们每月聚会（至今已聚会 24 次），共同发现和厘清个人的 MVV [Mission（使命），Vision（愿景），Value（价值观）]，同时用本书中的行动学习方法讨论和解决工作与生活中的真实难题。通过这种方法，我们成为彼此的激励者、挑战者，最重要的是我们成为守护彼此的人生使命的忠实伙伴。我相信，每个人来到这世上都有一个独特的使命；找到自己的人生使命，并带着人生使命去工作和生活的人是坚定且幸福的。欧洲兴起的“使命经济”和国内日益蓬勃发展的“使命型组织”的内核正是这种使命驱动、身心合一的工作状态和生活状态。我相信行动学习将在推动“使命经济”、构建“使命驱动型”社会方面，能发挥其不可思议的力量。

“轻”行动学习更易赋能管理者，成为工作方式

正因为有这样的人生路径，正因为怀抱这样的使命和信念，我一直渴望写一本书，讲清楚什么是真正的行动学习、什么是适合中国企业的行动学习，以及如何让行动学习成为一种工作方式、生活方式。

行动学习其实有两种基本课题模式：小组单课题模式（Single Problem，SP）和小组多课题模式（Multi Problems，MP）。目前国内企业熟知的是小组单课题模式，即小组共同解决一个难题。因为小组单课题模式通常用来解决组织的重大挑战，所以更容易吸引老板的眼球。但是单课题行动学习项目通常很“重”：由公司中高层发起，调用大量组织资源，小组研讨周期长，动辄占用一二十天，经历四五个阶段，跨越六七个月。可谓耗时久、要求高、任务重。小组单课题模式的确是现在行动学习应用的主流方式，对领导力发展的成果转化起到了非常积极的作用。但本书将不重点介绍小组单课题模式，我们将在后续出版的书籍中对其进行详细介绍。

相比较而言，小组多课题模式更加轻便灵活。它要求每个参与者带来自己的棘手难题，大家共同研讨解决。小组多课题模式可以做多阶段的项目，也可以做单次的工作坊，甚至只进行1~2小时的单次研讨都很有威力。因此，我把这种模式称为“轻”行动学习。

“轻”行动学习更符合行动学习缘起的互助学习精神。而且随着工作节奏的普遍加快，“轻”行动学习展现了独特的生命力。我曾经帮助一家互联网公司培养了一支人数为几十人的行动学习催化师队伍。在这些催化师的支持下，该企业搭建了管理者互助学习社群。五六个不同部门的伙伴，随时都可以在微信群里约请自己的催化师，发起一轮行动学习研讨。在这个互助学习圈中，管理者不仅仅解决了工作上的难题，他们还有以下收获。

- 建立连接，跟伙伴建立深层关系，打破部门壁垒；
- 自我打开，说出自己的困境和挑战，获得他人赋能；
- 业绩突破，发现自己的限制性信念，实现创新突破；
- 促人觉察，指出彼此的盲点和不足，转变心智模式。

行动学习画布，视觉化“轻”行动学习

我们曾经有这样的经历，行动学习研讨现场热火朝天，仔细观察却发现每个参与者所谈的内容甚至问题的解决进程不在一个“频道”上，到最后即便有了行动计划，可能是8个人带着8幅画面离开了会议室，每个人都按照自己的理解去行动。

本书将行动学习研讨过程和视觉化元素结合起来，就是为了解决行动学习参与者“不同频”的问题。行动学习画布是一种视觉化工具，可以清晰地呈现团队研讨过程，让所有人共同看见，使所有人处于同频道，避免“你聊你的，我聊我的”，确保大家最后带着同一幅画面走出会议室。视觉化的呈现过程还有助于团队进行反思，更容易回归行动学习的本质。

行动学习画布不仅可以促成“团队脑”，还大大降低了行动学习的门槛。

管理者可以直接利用行动学习画布引导难题研讨过程，这让行动学习成为管理者日常随手可用的一个利器，在高效解决问题的同时，打造团队/企业文化，提升企业的敏捷性和协同力。

第一，把研讨流程印在画布上，能降低记忆流程的负担。

第二，视觉化降低了误解的发生概率，更容易形成团队脑。

第三，清晰可见的研讨内容有助于反思，提升研讨质量。

第四，书写卡片的时间可以被用来思考，这同时能提高提问质量。

本书的重点不是理论介绍，而是提供工具、流程、技巧的实操方法。本书将详细介绍行动学习画布的操作方法，以及其在企业中的应用模式，旨在帮助读者快速掌握行动学习。相信随着行动学习画布的推广和普及，更多人将掌握行动学习，更多企业和个人将从中受益。

成为行动学习催化师

行动学习虽然是一种互助学习，但是较难自然发生。行动学习通常需要由一个专业人士带领，将这个专业人士称作“行动学习催化师”。“催化师”的英文是“Facilitator”，它的动词形式“Facilitate”的意思是“使……更容易”，所以行动学习催化师就可以被理解为“使团队学习更容易发生的人”。他并不是解决问题的专家，而是像催化剂一样，加速学习的发生。此外，行动学习催化师还要对行动学习项目的设计和实施进行整体把控，让整个项目是有成效、有产出的，并且对整个企业产生积极的影响。

我希望本书的读者都能够成为行动学习催化师，成为有志于推动中国行动学习发展的实践者。对于未来的行动学习催化师，本书为你提供以下内容。

1　**概念篇**。如果你不了解行动学习和行动学习画布的概念，那么建议你从第1篇开始阅读。你将了解到行动学习画布的缘起、概念、要素和作用，即如何使用行动学习画布应对企业的几种常见“病”。

2　**工具篇**。第2篇教你使用行动学习画布，带领单个小组进行行动学习团队研讨。本书介绍了中国行动学习协会研发的多种团队研讨工具，包括重构法、视觉重构法、能力发展重构法等。按照这些工具的详细操作步骤，你就可以自行操作行动学习画布，开启自己的行动学习实践之旅了。

3 **技巧篇**。为了提升行动学习画布的研讨质量，行动学习催化师需要适时介入。第 3 篇为你提供行动学习催化师的催化技巧，帮助团队提高提问、聆听、重构、分享、反思和反馈等 10 项技能，让团队学习更加高效且有产出。

4 **设计篇**。第 4 篇为你讲解行动学习画布在企业中的应用方法。你可以按照书中提供的 ADAPT 行动学习项目设计实施模型的前 2 个核心步骤（需求分析和项目设计）的 8 项关键任务，一步一步地完成准备度分析、确定难题、组建小组，以及流程和日程设计等工作，搞定行动学习项目前期的筹备工作和设计工作。

5 **实施篇**。第 5 篇讲解 ADAPT 行动学习项目设计实施模型的后 3 个核心步骤（启动研讨、实践辅导、验收复盘）的 12 项关键任务。你可以按照这 3 个步骤，更高效地开展行动学习项目，保障课题实施和团队学习的质量。

6 **案例篇**。第 6 篇收集了行动学习画布在领导力发展、组织发展和社会发展 3 个维度的 9 个场景应用案例。领导力发展方面的案例覆盖高管、中层经理、转型管理者和高潜质人才。组织发展方面的案例覆盖管理者学习文化建设、战略变革转型、渠道管理等场景。社会发展方面的案例覆盖创业家和中小学校长。它们将帮助你拓宽视野，了解行动学习画布在真实场景中的切入方法。

7 **精进篇**。对于有志于成为行动学习催化师，并在专业领域上不断精进的读者，本书最后一篇为你们介绍了催化师的学习方法和认证路径，探索了行动学习的发展趋势，将帮助你开启行动学习专业成长之旅。

总之，本书以开放的心态，尽可能详细、完整地介绍行动学习的小组多课题模式的操作方法。我希望本书能让更多人了解行动学习，掌握行动学习。本书不仅适用于企业内部的人力资源从业者、组织发展顾问、培训师，以及外部的专业机构、独立顾问和私董教练等专业人士，还适用于公益机构、社会组织、学习型社群、中小微企业创业家团体，对那些想促进团队学习、成为教练型领导者的管理者或许也有不少帮助。我希望本书能够或多或少地帮助你研究和实践行动学习，帮助你更好地绽放个体、激发团队、激活组织。如果你对本书内容有疑惑，或者你在实践行动学习的道路上遇到了困难和挑战，欢迎与我探讨，我愿意为你提供帮助。

本书难免有疏漏之处，欢迎批评指正。想了解更多信息，欢迎访问中国行动学习协会官网（www.csal.cn）和百年基业集团公司网站（www.gene100.com），也可以关注微信公众号“CSAL 行动学习社群”。

此外，我要感谢电子工业出版社世纪波公司总经理付豫波、副总经理晋晶的鼎力支持和持续指导。特别感谢关博老师和苏靖然老师对于本书写作的全力付出，没有他们的帮助，这本承载我人生使命的书籍将很难顺利面世。我还特别感谢百年基业王金帅、王峰、田云、常文文、刘杨、唐宇鹰等工作伙伴，以及郝君帅、牛冬和秦宇三位老师在案例整理上的专业支持和大力协助。各位老师的专业视角，以及他们对行动学习的专业实践与持续探索，是本书不可或缺的一部分。也特别感谢来自绘视界视觉团队的梅子、璞玉、陆遥三位专业视觉引导师为本书设计的视觉插图，它们增加了本书的生动性和可读性。

是为序。

唐长军

CSAL 中国行动学习协会发起人

CSAL 中国行动学习协会 MALF 认证大师级行动学习催化师

北京百年基业管理顾问有限责任公司创始合伙人

目录

1

概念篇：

从此迈入团队互助学习时代

应对挑战，你的企业需要行动学习画布

前段时间，有一位创业家朋友找我帮忙。他经营一家教育科技公司，主营在线学习系统的定制开发。

这家公司有多年的行业积累，在业内处于领先地位，在全国设有多家分公司。然而，因为移动互联网在近几年的迅速崛起，该企业面临着严峻的业务挑战，各分公司都承担了前所未有的业绩压力。

这位创业家朋友很着急。他召开过全员大会，期望借此激发全员斗志，但效果的维持时间很短。他尝试过战略转型，但没能赢得共识，最终转型以失败告终。他还更换过一批管理者，但仍然难以撼动旧有系统的根基。

经过交流和沟通，这位创业家朋友决定尝试行动学习，搭建一个高管互助学习的平台。之所以选择行动学习，是为了共享实践经验，激发集体智慧，帮助各分公司总经理走出业务困局，让组织凝聚起来打赢“硬仗”。

一次出乎意料的研讨

各分公司总经理的时间都很紧张，但各分公司面临的业绩压力更为紧迫。我从创业家朋友那里争取到两天一晚的时间，让 5 位分公司总经理一起坐到一张行动学习画布（见图 1.1）前面。

这是一种视觉化的团队学习方法，通过相互提问的方式开展小组对话，互助解决彼此的难题。其核心流程是“**提出难题→澄清难题→重构难题→创新方案→采取行动→学习反思**”。大家一边讨论，一边在画布上“贴纸片”，视觉化呈现讨论过程。

（注：以下内容由真实案例改编，已隐去敏感信息。）

图 1.1 行动学习画面

1. 提出难题

在介绍行动学习画布的研讨规则和流程后，我请几位分公司总经理陈述各自的难题："我知道在做业务时遇到了一些挑战，现在请你们依次说出那个最困扰你的难题吧！"

几位分公司总经理轮流提出难题，然后大家针对它们的重要度和紧急度进行投票。北京分公司赵总的难题票数最多，最先被讨论。

他的难题是：如何招到优秀的销售人才？

赵总负责的北京分公司目前有 20 多名员工。他感觉团队氛围比较差，而且现有销售团队的人员数量很难完成“业绩较上年度增长50%”的目标。并且在北京招聘人员实在困难，一是由于公司的地理位置比较偏僻，二是因为面试者普遍要价偏高，应届生毕业的薪酬期望甚至高于现有金牌销售的薪资。如果真雇用他们，这不但会破坏现有薪酬体系，而且实在不划算，因为新人短期内难以创造价值。

赵总说：“这个难题的重要度和紧急度都是10分（10分制）。我真是如鲠在喉，再不解决它，肯定完成不了指标！”

2. 澄清难题

为什么一个看似很常规的问题如此困扰着赵总？带着这份好奇心，我引导其他几位伙伴澄清难题。

我先进行了一个重要的说明：“我们要遵守一个特别的研讨规则，即在这个环节中，只允许向赵总提问，不允许提建议，而且大家尽量问开放式问题，少问封闭式问题。这样做是为了让我们更好地打开思路。大家是否可以遵守这个规则？”

这时有人问我：“为什么只能提问，不能提建议呢？”我没有直接回答他，而是把他的问题抛给了其他人：“大家觉得是因为什么？”

有人说提问可以启发思路，有人说提问可以让被问者被迫思考，还有人说提问能促进平等的对话沟通……

我小结道：“看起来提问有很多积极的作用。那么我们为什么不主张一开始就给建议呢？”

有人说对方可能早就试过我们的建议，已证明没有效果；有人说因为他们不了解具体情况，提出的建议很可能不管用；还有人认为建议会给人压迫感，对方可能觉得很不舒服……

这时我问之前提出问题的人：“看起来提问比提建议的好处更多。现在你找到答案了吗？”

他点点头，其他人也表示认同。大家对研讨规则达成了共识，开始投入研讨中。

首先大家进行了第一轮提问，进一步澄清了难题。

“招聘问题是今年才出现的吗？”

“销售团队有几个人？他们的职责是怎么样的？对他们有怎样的目标要求？如何对他们进行考核？”

“公司换个地方办公会不会有助于招聘人才？”

“我猜测是销售人员的薪酬机制有问题，因此吸引不到合适的人才。所以我想问是不是销售人员薪酬机制有问题？”

我感到了一丝不安，这些老总们虽然善于销售，但在提问上看起来很欠火候。于是我暂停了团队研讨，引导他们进行了一次快速的团队反思：“大家觉得我们刚才的提问质量如何，在满意度上可以打几分？ 10 分是满分。”

有两个人打了“7 分”，有两个人打了“6 分”，赵总本人只打了“5 分”。

我又问：“针对刚才的提问，我们在哪些方面做得好？”

大家纷纷回答说做得好的方面是“提问积极踊跃”“有一定针对性”“从不同的角度提问”。

我继续问：“那么有没有可以做得更好的地方呢？”

大家说“要坚持多问开放性问题”“一次只问一个问题”“提问时不要过多地解释、说明，提问要简短明确”“少问诱导性问题”。

我把大家的意见记录在卡片纸上，鼓励大家按照这样的提问原则继续参与研讨。

反思了提问质量之后，他们继续提出了一些澄清性提问，提问质量明显提高。例如，“你们公司有哪些产品？”“公司这几年的产品销售情况与经营状况如何？”等等。通过提问，我们了解到北京分公司主营三大业务：定制课程开发、通用课程销售、平台系统销售。团队主要分成开发人员和销售人员两大块。去年的业绩是 1 000 万元，今年总体目标是 1 500 万元，业绩目标较去年增长 50%。

大家继续提出了一些问题。

问：招聘人员的真实目的是什么？

答：业绩压力太大。我怕项目如果变多，人手会不够用，不能达到业绩目标。（我们知道了招聘人员的真实目的。）

问：三大业务各自业绩目标是什么？现在的完成现状如何？

答：……由于数据较多，我用白板纸进行视觉化呈现，如图 1.2 所示。

	2017年业绩	2018年目标	2018年上半年达成
总额	1 050万元	1 500万元	520万元
定制课程开发	650万元	850万元	300万元
通用课程销售	100万元	100万元	20万元
平台系统销售	300万元	550万元	200万元

图 1.2 业绩目标的视觉化呈现（北京分公司的销售数据）

问：完成哪个业务目标最有挑战性？

答：定制课程开发主要依靠老客户和大订单。虽然现在仍差 500 多万元，但是现在有几个大订单很快将要成交，我们基本可以达到业绩目标。完成通用课程销售的业绩目标我也胸有成竹，因为它的销售额度不是很高。对我们来说最具挑战性的就是完成平台系统销售的业绩目标，因为几个大客户的成单把握都不大，所以持续跟进他们以达成成效是下半年的工作重点。而且如果做好了这项业务，还能带动课程销售。

问：那么我们是否可以聚焦讨论如何提升平台系统的销售额？

答：OK。这样研讨可以更明确。

（聚焦问题后，赵总的心里更明朗了。）

问：平台系统销售这项业务的客户和订单处于什么样的情况呢？

答：它目前主要有 10 个大客户，由 5 名销售人员在跟进。

问：如果不增加人手，有达成业绩目标的可能性吗？

答：（赵总盯着白板沉思了几秒。）哎呀！不招聘人员好像也能达成业绩目标。

问：你为什么觉得不招聘人员也能达成业绩目标？

答：人员配置好像有很大的优化空间，还可以挖掘销售人员的潜力。

问：在刚才的提问过程中，你有没有新的发现？

答：我发现我更多地凭感觉做决定，很少深入分析经营数据。我现在对难题清晰多了，但好像还有个隐忧。

问：什么隐忧？

答：我感觉公司好像被几个金牌销售绑架了。公司的七八个核心客户都由两个金牌销售掌握。

（我们发现了问题背后的第一个问题。）

问：为什么这两个金牌销售有这么大的主动权？

答：因为销售人员通常单兵作战，资深销售掌握着大客户核心订单，他们仗着手头的资源，要求很高的提成；而新销售人员和开发人员的收入远不如他们。不仅公司利润被他们摊薄了，而且公司内部不公平的问题很严重。

问：新销售人员和开发人员怎么看这件事？

答：公司要求薪酬保密，所以他们不知道具体的收入差距。但是没有不透风的墙，要是哪天他们知道了彼此的收入，没准要出大问题。

问：销售部目前由谁负责？

答：我兼任销售部的经理。我们一直没找到合适的人担任销售部经理，这种情况已经持续一年多了。

问：你们公司有哪些销售管理制度和考核激励政策？

答：我设定了总体销售目标，但没有把它分摊到每种产品中，也没有制定考核机制。而且我哪有时间做这些，我也是开拓业务的主力，他们谈单子都谈不过我。

（我们发现了难题背后更多的问题。）

3. 重构难题

看时机差不多了，我引导大家进入重构难题环节。重构难题，顾名思义，就是重新构建和理解难题。通过前面的澄清难题环节，我们已经帮助难题提出者找到难题背后的问题，也就是找到难题的根源——什么因素造成了这个难题。这可以让后续的难题解决方案更具有针对性。

“现在让我们来思考赵总真正面临的难题到底是什么？”这个问题让所有人陷入了思考。

有人认为真正的难题是“如何优化销售流程管理”；有人认为真正的难题是“如何建立新销售人员的培养机制”；还有人认为真正的难题是“如何建立、优化内部薪酬激励机制”。

我特意邀请赵总分享了他重构后的难题，他回答说：“如何不被金牌销售绑架。”

这些重构的难题虽然都涉及了要点，但是都没有触碰到真正的本质，并且赵总对这些答案，包括自己的答案都不太满意。

这时有人说：“真正的难题在于**如何摆正角色定位，从金牌销售变成合格的公司领导者**，建设好销售运营机制？”

这个重构的难题让所有人眼前一亮，赵总也有种“啊哈”的感觉。原来真正的难题是角色定位有问题，根本不是招聘人员的问题。

在我们的启发下，赵总确立了解决重构后的难题的目标：“在一个月内优化并落地北京分公司的销售组织架构与销售激励考核机制。”

4. 创新方案

重构难题环节结束之后，我对大家说：“我们现在找到了问题，明确了目标，接下来进入创新方案环节，找出更好的解决方案。在这个环节中，我们要做两件事，一是创新提问，二是分享经历。创新提问是为了帮助难题提出者激发新的思考。分享经历是结合自己的经历，进行一些有针对性的分享。这两件事都是为了帮助难题提出者打开解决问题的创新视角。”

接着，大家从如何优化业务流程、如何做好客户管理、如何激发销售斗志等方面进行了提问。赵总从中获得了不少启发，产生了很多新的思考。

然后我引导小组分享个人经历。我特别强调："分享个人经历不是提建议。提建议固然有其好处，可能启发别人，但很容易让人产生防卫心理和抗拒心理。我们现在鼓励分享经历，也就是结合难题提出者的难题，分享你的真实案例，无论成功的或失败的。所以我邀请你们使用以'我'开头的第一人称叙述，而不要用'你'字开头。"

- 有人分享了如何选拔销售部门的经理、如何建立销售经理的竞聘选拔机制，以及如何匹配恰当的责、权、利。
- 有人分享了自己公司的阶梯提成机制：业绩低的提成比例也低，业绩高的提成比例也高。
- 有人分享了自己公司的新客户开拓奖励机制。例如，降低老客户订单的提成，提升新客户成单的提成。
- 还有人分享了销售人员的培训与考核手段，如没有通过产品考试的销售人员不能加薪。

听了这些真实的案例分享后，赵总豁然开朗，我看到他的兴奋溢于言表。

5. 采取行动

在创新方案环节结束后，我带领小组趁热打铁："我们听到了很多宝贵的案例，有了新的思路。俗话说，一万次感动不如一个小小的行动，我们现在需要把思路变成可执行的方案和计划，以切实地帮助赵总解决他的难题。"

我问了赵总一个问题："根据你新收获的启发，为了解决难题、达成目标，你在未来一个月内可以采取哪些突破性行动？"

赵总迫不及待地抛出了一些行动计划：

（1）选拔一名销售部经理，由他负责销售管理工作；

（2）建立季度和半年考核机制，引入阶梯提成制度；

（3）制定产品考核目标，加大对平台系统销售的激励力度；

（4）重新梳理现有销售人员并优化客户分配；

（5）进行销售周报管理机制，增加沟通协作的透明度。

总结得到这几条行动计划后，我问赵总："假如认真执行这些行动计划，你觉得可以为解决难题、达成目标的有效性打几分？10分是满分。"赵总回答："9分。"

我又问："赵总，假如要提高这个分数到10分，你觉得可以做些什么？"赵总思考了一会后回答："我觉得还可以将行动学习的这种研讨方法引入我们公司，以帮助销售部门解决难题，促进他们的协同。这样我可以打10分。"听到这个打分，大家兴奋地鼓起掌来。

看到大家兴致高昂，我又号召其他人向赵总提供个人支持："我们知道再完美的行动计划，在执行它们时都会遇到各种各样的挑战，因此必然需要各位伙伴的支持。我所说的支持不是礼貌和客套，而是要我们做出真切的行动，帮助难题提出者创造性地执行行动计划。"

为了鼓励大家提供个人支持，我先表态："我可以免费为赵总公司的销售团队做为期半天的行动学习催化。"赵总听到后兴奋地握住我的手，连声表示感谢。

其他人也纷纷表明将提供"真刀实枪"的支持，例如：

- "我把我们公司的销售激励政策和客户管理机制发给你，供你参考。"
- "我们团队在用'钉钉'管理销售周报，我安排人对你们进行在线培训。"
- "我们有一整套最新版的产品培训和大客户销售技巧的培训材料，我可以将它们分享给你。"
- "我送你一本《4D卓越团队：美国宇航局的管理法则》（全新修订版），这本书里面有很多团队管理的好方法，它们或许可以帮到你。"

听了大家的支持，赵总感动得热泪盈眶。我没有轻易地"放过"他，又提出了一个问题："谁愿意做赵总的督导人，督促他在30天内落实自己提出的6条行动计划，以及督促5条伙伴支持行动的落实？"

这时李总主动举手，表示自己愿意当赵总的督导人，承诺每周打电话跟进一次，并在微信群提醒各位伙伴。赵总承诺，他如果不积极落实行动计划，愿意在微信群里发额度不低于 2 000 元的大红包。

6. 学习反思

感受到大家的热心帮助，赵总十分激动。我问他为解决难题的满意度打几分？他回答“12 分！”听到这个评分，所有人再次热烈地鼓掌。

“难题的解决成效固然让我们兴奋，但行动学习强调的不仅是解决问题，更重要的是团队的学习与反思。团队学习不是难题提出者一个人的事，而是小组所有成员的。反思能帮助我们看到过往管理中的一些盲点。那么，无论是通过刚才的解决难题本身，还是通过这套讨论流程，我们发现了什么？”

赵总的反思是：“我自己的管理角色严重错位。我一直以为‘拿订单’等同于‘公司管理’，总想着冲在前面拿单子，这造成公司管理的很多基础工作没有做或没做好。另外我喜欢凭感觉做决定，很少进行细致的数据分析。我想通过招聘人员来获得内心的安全感，这其实是‘为了招人而招人’。今天我明白了其实难题的解决办法不一定是扩大人员规模，还可以深挖团队潜力。”

其他人轮流分享了自己的反思。

有人说：“我现在意识到了提问的重要性。提问能帮助我们打开思考角度，促进深度的双向沟通。而我以前更喜欢下指令、提建议，这都是单向沟通，导致我很难听到对方的意见，更无法激励下属的自主性和创造性。以后我要多运用这种教练式的提问方式。”

有人说：“让我最吃惊的是重构难题这个环节。这种抽丝剥茧、让问题浮出水面的过程让人很过瘾。我发现以前我很喜欢从问题的表象直接跳到解决方案，而没有深挖问题本质，解决方案执行起来常常是事倍功半。以后下属问我问题时，我要反问他们‘你觉得问题背后的问题是什么？’”

还有人说：“有难题别都自己扛，有的难题自己扛不动。公司创造了这种行动学习式的问题研讨氛围，让人主动将难题分享给大家，这让我看到自己思考的很多盲点。这种大家帮助大家的学习方式太棒了！”

我向大家提出了本轮研讨的最后一个问题，也是很有欣赏赋能特色的一个问题："在本轮研讨中，我们能从赵总身上学习到什么，或者你最欣赏他的哪一点？"大家纷纷回答：

- "在这种氛围中，老赵勇于剖析自我。我为老赵的开放心态点赞。"
- "在研讨过程中，老赵不是一味地寻找客观理由，而是善于从自身找问题。这一点特别值得我学习。"
- "老赵直面问题，敢于接受质疑，积极地寻找思维的盲点，勇气可嘉。"
- "老赵活学活用，把学到的新方法马上应用到实践中，有很强的创新实践精神。"

老赵对于各位真诚的欣赏"心花怒放"，他站起来真诚地拥抱每个人。我看到每个人脸上都洋溢着兴奋的神情。在这一轮研讨结束时，我感谢了大家的参与，大家不由自主地鼓掌。

研讨赵总的难题是一个很好的开端。经过长达两个多小时的研讨，我带领小组帮他解决了一个重要的业务难题，赵总心里的一块"石头"落地了。

经过两天半的行动学习画布研讨，其他几位分公司负责人分别找到了自己难题的本质，有了业务突破的新思路，同时觉察到了自己思维模式上的盲区。

这个互助解决难题的过程实际为他们提供了相互学习和跨界学习的沟通平台。几位总经理增强了情感连接，组织更具有凝聚力。研讨结束后，几位总经理的情感纽带并没有断，而是更加牢固。这为提升该企业的协同性和敏捷性提供了坚实的基础。

培训结束的时候，我的创业家朋友兴奋地表示这套既解决问题，又能促进学习的方法很有效。他当场要求每位总经理不仅要认真落实自己的行动方案，更要把这套方法引入自己的团队，积极实践它，以促进整个企业的学习。

组织里的 3 种常见"病"

这次经历让我更加坚信行动学习画布拥有神奇力量。我发现，这场研讨实际治疗了企业的 3 种常见"病"。

病征 1：组织自闭症

组织中缺乏跨部门沟通是常见现象。很多公司的部门壁垒厚重，业务协同不顺畅，每个部门都盯着自己的一摊事，很少与其他部门进行深入的协同式沟通。每个部门就像各自处在一个很深的井里，互相没有沟通，因而组织的整体效率十分低。我甚至遇到过某公司的两个业务板块同时研发同一款产品，却彼此不通气的情况，这造成了大量组织资源被浪费。

我把这类部门之间老死不相往来的症状称作“组织自闭症”。就拿刚才的例子来说，几家分公司之间缺少交流，公司的研发部门和销售部门缺少对话，甚至销售部门内部也是单兵作战，销售人员彼此防备。

通过这次研讨，分公司之间建立了沟通平台，不同部门的负责人有了更深的连接，并认识到了对话的重要性。北京分公司内部的“自闭症”也被曝光，赵总决心摆正角色定位，通过系统管理等方式让组织越来越透明。

病征 2：心理恐慌征

赵总一边担心完成不了业绩目标，一边担心内部失衡，一边还担心金牌销售被逼急了会把客户都带走。他表面上看起来十分风光，是公司领导者；但他内心里感到深深的疲惫和恐慌。而且由于他经常加班，家庭关系也不够和睦了。多重角色的压力，让他内心的恐慌感和焦虑感不断积聚，吞噬着他的活力。如果不是这场研讨让他说出自己的难题，也许他的恐慌会持续发酵。

在中国的企业中，像赵总这种有恐慌感和焦虑感的管理者不在少数。尤其在那些发生内部变革和迅速扩张的公司中，很多员工快速晋升到管理岗位。他们第一次管理员工、管理者时，常常手足无措或不得章法。对上级的不满、对下级的无奈，以及来自家庭的压力，让他们进退两难、内心无法安定。

这种恐慌感不仅会吞噬当事人的心态，而且还会在团队和组织里快速蔓延，传染给当事人的同事。谷歌公司的人力资源部调查发现，高绩效团队的第一大特征是拥有“团队心理安全感”。而“心理恐慌征”则是心理安全感的大敌，正在拉低团队和组织的工作效率。

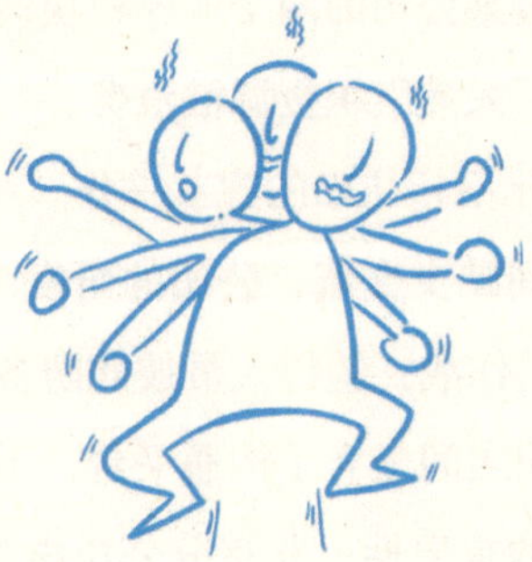

病征 3：口臭综合征

赵总虽然是公司领导者，但他在潜意识里把自己定位成金牌销售，从“他们谈单子都谈不过我”可见一斑。他把主要精力放在客户开拓上，而不去管公司运营。

口臭的人经常把别人熏得够呛，自己却不自知。正如很多经理人能准确地指出同事的毛病，但很少看到自己的问题。我把这种缺乏自我觉察的行为称为“口臭综合征”。我很高兴看到赵总在研讨中被“照镜子”，在小组的帮助下意识到了自己角色定位的大问题。但除赵总外，有此病征的经理人不计其数，那由谁来为他们“照镜子”呢？

什么是行动学习画布

我们在这次研讨中使用的核心工具就是行动学习画布©[1]。这是一种视觉化的行动学习团队研讨工具，由中国行动学习协会设计开发。

可以在小组会议中使用行动学习画布，以研讨和解决个人课题，帮助个人和小组学习和成长。

行动学习画布将行动学习研讨和视觉化元素结合，可以把团队研讨过程清晰地呈现出来，让所有人共同看见，形成同频的画面感。这样做可以有效减少信息的衰减，避免“你聊你的，我聊我的”，促进团队脑的形成，确保大家最后带着同一幅画面走出会议室。

总之，使用行动学习画布有以下优势。

- 把研讨流程印在画布上，降低了记忆流程的负担。
- 视觉化减少了误解的发生，更容易形成团队脑。
- 研讨内容清晰可见，有助于反思和提高研讨质量。
- 书写卡片的时间可以被用来思考，提高提问质量。

因此，使用行动学习画布可以帮助催化师显著提升其催化水平，甚至管理者也可以直接使用行动学习画布带领难题研讨，让行动学习成为随手可用的管理利器，在高效解决问题的同时，打造催化型团队 / 组织文化，提升组织的敏捷性和协同力。

行动学习画布的理论基础是行动学习。行动学习的创始人是英国管理学家雷格·瑞文斯（Reg Revans，1907—2003 年），他被誉为“行动学习之父”。瑞文斯深刻认识到专家和书本知识的局限性，认为当人们身处逆境、手足无措时，可以组成互助学习小组，共同应对挑战。瑞文斯将这种理念应用在医疗、社工、企业、政府等领域，取得了突破性的成果，并最终发展出了行动学习理论与方法体系。

1 行动学习画布©：工具样式及操作方法已经在国家版权局登记注册，登记号：国作登字-2018-L-00609521。

经过几十年的发展，行动学习已经风靡各国的企业界，成为组织和人才发展项目的“标配”。无论是高管培训、中基层领导力发展，还是组织发展项目，都会引入行动学习的方式，甚至党校和高校 EMBA 项目也加入了行动学习元素。

> “行动学习是一种个人、团队和组织学习和发展的方法。人们通过小组的形式，解决重要的个人、团队、组织或社会挑战或难题，并且从这种积极改变现状的过程中学习。”
>
> ——《行动学习催化秘籍》，迈克·佩德勒、克里斯蒂娜·阿博特

行动学习适合解决复杂的、有挑战性的真实难题。因为这样的难题很难在一次研讨中被解决，所以企业内的行动学习项目常被分成多个阶段，而且是行动与学习相结合，在行动中学习，用学习指导行动。通过“团队研讨 + 实践反思”的反复演进，最终解决业务中的棘手难题，同时收获个人、团队和组织的成长。

行动学习画布有哪些作用

人们正处在全球化、信息化和智能化的时代，面临着巨大的不确定性，变化是时代的主旋律。技术的进步在给人们带来生活便利的同时，为企业带来了诸多挑战。

从外部来看，企业的竞争压力不仅来自纵向的老对手，还可能来自横向的随时随地都可能出现的跨界颠覆者。从内部来看，企业部门壁垒加重，很难从全局优化资源配置、提升效率。

现在的企业就像图 1.3 中的汽车，在恶劣的环境中极速前进、寻找出路。企业一方面要在快速变化的外部环境中保持高速增长，即使轮胎坏了也不敢停下来换；另一方面又要在高速增长的同时培养人才、发展组织。这实在是一个两难的问题。在这样的处境下，每个人心里都多多少少有些焦虑和苦恼，前面提到的“自闭症”“恐慌征”“口臭征”不断加剧。

图 1.3 企业如此车，边发展边解决问题

针对这样的组织问题，行动学习画布是一个绝佳的解决方案。行动学习允许企业在高速运转当中，一边解决棘手的业务难题，一边让员工从中学习、发生改变。它并不给你所谓的“万能解药”，而是“借事修人”，让员工在解决真实业务难题的过程中提升技能、促成改变。具体来说，行动学习的作用可以覆盖以下 5 个层面，实现一箭多雕的效果。

1. 打破壁垒促协同，战胜“组织自闭症”

行动学习让不同部门的伙伴聚到一起研讨，共同努力解决难题，这打破了团队壁垒。这些参与者可能是部门经理、总监，甚至是公司高管。他们彼此提问，彼此聆听，彼此分享，彼此反思，这可以极大增强他们之间的连接和信任，这种连接和信任会跟随这些小组成员扩散到整个组织。

有些企业经过行动学习项目之后，可以推动原来推不动的跨部门协作了，把原来不认识的人变成了好伙伴。组织协同效率大大增强，部门壁垒轰然倒塌。

2. 缓解“心理恐慌征”，提升团队安全感

很多员工在工作中遇到难题时，总喜欢憋着不说出来。他们遇到挫折时，会把负面情绪转化为对领导的看法、对下属的不满，以及对业务方向的不认同。这些负面情绪不断积累，甚至还会蔓延，形成团队和组织内的焦虑和恐慌感。

行动学习让参与者说出工作中的难题，并帮助找出难题的根本原因。这有助于缓解焦虑，提升自己和整个团队的安全感。让大家真正做到不畏惧失败，放下后顾之忧，放开手脚做事情。

3. 小组成员“照镜子”，发现“牙缝菜叶子”

就像人很难发现自己牙缝里的菜叶子一样，人们都有自己的盲区。而行动学习是一个“照镜子”的过程，能够帮助小组成员彼此照出盲点，互助突破限制性信念。

行动学习解决问题的过程和周哈里窗的四个象限原理非常一致。当你愿意把自己的难题抛出来时，那么难题就进入公开区。然后其他伙伴通过提问探询进入难题的隐私区，即自己知道别人不知道。这时小组成员对问题有了更多了解，就可以发现“你自己不知道，但他人知道”的盲区，这就是发现牙缝菜叶子的过程。最后整个团队进入“自己不知道，他人也不知道”的潜能区，这是一块无论是对于你自己还是团队都非常有帮助的区域。这是领导力成长的一个非常关键的阶段。

4. 建立深层次关系，对话激活团队脑

麻省理工学院的丹尼尔·金（Daniel King）教授提出过“团队成功循环”（见图 1.4）的概念。他认为关系质量决定了思考质量，思考质量决定行动质量，行动质量最终决定结果质量。一般人们在解决问题时更关注行动质量和结果质量，而行动学习特别关注关系质量和思考质量，希望建立良好的信任关系，然后由关系质量推动思考质量，从而保证了团队解决问题的创造性。

行动学习不仅能激活个体智慧，更能激活集体智慧。让团队摆脱过去单打独斗的思维模式，形成共同思考和解决问题的“团队脑”，最终产出良好的课题成果和学习成果。

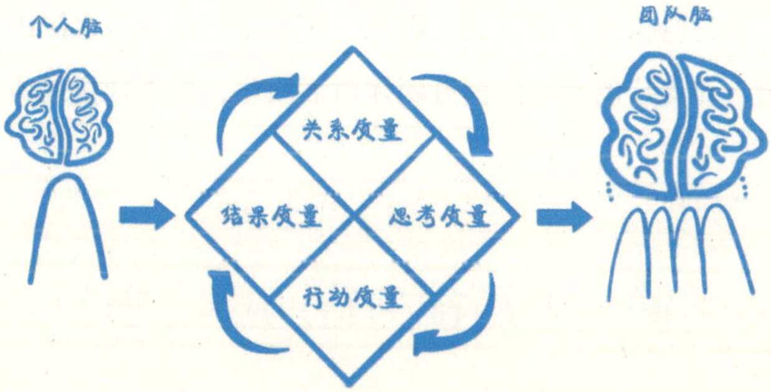

图 1.4 团队成功循环

5. 在“战争”中学打仗，解决“两难”提绩效

传统领导力教学采用案例研究的方式，发展出的领导力往往难以快速落地。而行动学习则采用带着真实问题“做中学”的方法，让学员通过解决自己

的真实难题而学习，可谓“在战争中学打仗”，如图 1.5 所示，不在岸边而是下到水中学游泳。因此，行动学习更容易发展出实战型领导力。

图 1.5 不在岸边而是下到水中学游泳

行动学习围绕着业务难题，尤其适合解决“两难”的、摸不着头绪的问题。它允许小组成员提供多样化视角，从而树立系统思考的意识，共同找到难题的根源，实现业绩的突破性成长。

除了这五大作用，行动学习在社会发展领域也十分有潜力。无论是在欧洲、美国，还是在日本、新加坡，我都看到了行动学习被广泛应用在教育、公益、医疗等领域，其社会价值十分巨大。因此，我希望行动学习在国内也能发挥更大的社会价值，在更广的范围内提升团体对话质量，促进社会进步发展。

行动学习的发展历程与行动学习画布

行动学习不仅是一套团队学习工具，更是一种个人和组织发展的方法论，甚至可以说是一种思想体系。要认识行动学习这种独特的方法论和思想体系，就要回溯它的源头。通过“行动学习之父”瑞文斯的传奇一生，了解行动学习从无到有的发展历程，可以帮助人们理解行动学习的理念和特征。

行动学习的缘起

瑞文斯年轻时是国家级跳远运动员，曾代表英国参加 1928 年阿姆斯特丹奥运会。1929 年，他进入剑桥大学卡文迪许实验室，成为诺贝尔物理学奖得主 J.J. 汤姆逊的博士生。当他看到核物理被应用于战争后，毅然离开物理学领域，最终转型进入管理教育界。这几段看似不太相关的经历，实际都在为他创立行动学习做好了准备。

1. 贵格会——同伴相互咨询（Peer Consulting）

受家庭影响，瑞文斯从小就加入了贵格会（Quakers，基督教教派，兴起于 17 世纪的英国）。贵格会有一种被称为"澄心会议"的聚会形式：任何贵格会成员在遇到困难时都可以召集 5~6 位同伴，通过小组聚会的方式解决难题。会议中包含很多静默环节，为的是在安静中追求内心的澄明，因此会议用"澄心"（Clearness）命名。

这种会议形式让瑞文斯意识到了互助学习的力量。虽然那些同伴并不是专家，但他们坐在一起聆听并积极提问，就能形成互助咨询团队，其解决问题和促进学习的功效，甚至并不逊色于任何专家。正是瑞文斯从小接触到的澄心会议，让他认识到了互助学习的巨大力量，并最终提出行动学习这种方法论。以下将介绍澄心会议的流程，你可以从中发现同伴互助的精神。

澄心会议的流程

澄心会议是由"焦点人物"（难题提出者）亲自召集 5~6 位同伴到一个安静的场所进行的聚会。会议开始前，同伴们会收到一页说明，上面印有待讨论的难题，以及澄心会议的流程和规则。

这些参与者可能之前并不认识，所以他们要先自我介绍，并一起听召集人讲解注意事项。到预定时间后，澄心会议正式开始。会议的具体操作流程如下。

（1）静默觉察：澄心会议正式开始，参与者先静默 10 分钟，这是为了打开心灵，连接智慧，为接下来的讨论做好准备。

（2）提出难题：10分钟后，焦点人物首先打破沉默，介绍自己的难题。其他人专注地聆听，在这个阶段不可以提问。

（3）澄清难题：焦点人物介绍他的难题后，其他参与者开始提问。这轮提问主要是为了澄清难题，了解更多和难题相关的事实，而不是为了分析和解决难题。

（4）澄心对话：澄清难题后，小组再次进入静默状态。这时候如果参与者内心有感动，就可以站起来提问；如果没有感动，就继续保持静默。这个提问环节比较有挑战性，它的目的是帮助焦点人物觉察自我，发现难题的本质，而不是为了满足提问者自己的好奇心。焦点人物可以选择回答，也可以选择不回答。

（5）自由讨论：当参与者觉得问答进行得差不多时，就自然而然地过渡到一种更加轻松的自由讨论状态。参与者放下解决难题的包袱，跟着谈话的心流，不断完善彼此的观点。这个环节要避免直接提建议。

（6）总结关闭：焦点人物和其他参与者分享自己的收获，并彼此表达欣赏和感谢。然后澄心会议在静默中结束，在这段静默中，参与者也许还有重要的收获。

注：根据贵格会官网（www.quaker.org）上的资料整理。

2. 泰坦尼克号事件——重视质疑反思（Reflection）

1912 年 4 月，泰坦尼克号在处女航中撞上冰山后沉没。瑞文斯的父亲作为一家专业机构的首席调查员，加入了沉船调查工作。当时不断有一些水手来到他的家里，诉说他们在这艘命运多舛的轮船上的经历。他的父亲发现设计泰坦尼克号的很多人员一开始就担心船体不够坚固，但是没有一个人公开这个担心。因为他们不敢对上级提出质疑，害怕被批评处分。

瑞文斯不断问他的父亲从这个悲剧中收获的最重要的教训是什么，他的父亲回答："我们必须学会区分'聪明'和'智慧'，更重要的是，去质疑和了解'为什么'，而不是'是什么'。"

因为没有一个人敢质疑，1 000 多人在寒冷的北大西洋失去了生命。这让瑞文斯认识到工作中的质疑与反思的重要性。

3. 卡文迪许实验室——相互提洞察性问题（Questioning Insight）

1929 年，瑞文斯进入剑桥大学卡文迪许实验室。这个实验室曾培养了 28 位诺贝尔奖得主。之所以取得如此成就，是因为他们思维碰撞方式很特别。

当时的实验室负责人卢瑟福（"原子核物理之父"）推广了一种跨界的研讨会，他让不同研究领域的物理学家聚到一起讨论彼此的课题，分享成功经验与失败教训，相互提问激发。某个领域的顶尖学者在另一个领域可能还没入门，而"外行"常常能提出"内行"从来没想过的问题，创新性的思路就在这样的跨界讨论中喷涌而出。瑞文斯称之为"与未知对话"。

这段经历让瑞文斯明白，一流的学者也有未知的知识。而提问可以有效激发个体内在的力量，产生深刻的学习。这让瑞文斯在之后提出著名的学习等式：L（Learning，学习）= P（Programmed Knowledge，程序性知识）+Q（Questioning Insight，洞察性提问）。其中，程序性知识是指关于完成某项任务的行为或操作步骤的知识，或者说是关于"如何做"的知识。

$$L=P+Q$$

4. 第二次世界大战后的煤矿生涯——一线实践者最有发言权（Action）

第二次世界大战后的英国百废待兴，瑞文斯受命负责英国国家煤炭局的教育培训工作。接到任务后，他花了一段时间和矿工一起去井下作业。瑞文斯发现矿工能从彼此的交流中学到很多经验，这些一线经验远比煤矿局顾问的建议更有用，因为那些顾问可能没下过矿井，根本不了解实际情况。

瑞文斯把煤矿管理人员分成若干小组。他们经常在一起开会，并实地参观矿井。他们通过相互的提问和研讨，解决了煤炭领域中存在的诸多问题。利用这种行动学习小组的原型，煤矿开采量增加了 30%。瑞文斯后来还建立了一所为煤矿管理者服务的学院，他在那里进行了“最有效小组规模”研究和评估，并且撰写了早期的一篇论文《小即尽责》。在煤炭局的这段经历让他开始深入地思考管理中人性的价值。“追求人与人合作最大化价值”开始成为一个重要的主题。

把这四个故事综合一下，就得出了揭示行动学习本质的公式“AL=P+Q+A+R”。

Action Learning = Peer Consulting + Questioning Insight + Action + Reflection

行动学习 = 相互咨询 + 洞察性提问 + 持续行动 + 质疑反思

可以借此总结出行动学习一些最重要的基本理念。

第一，行动学习是一种互助咨询的学习方法。行动学习不是一个人独自读书学习，也不是坐在课堂上听专家讲课，而是组建行动学习小组，小组成员相互提问、相互帮助，形成紧密连接的互助解决难题的团队。

第二，行动学习重视相互提问。在瑞文斯提出的学习等式“L=P+Q”中，行动学习是少量的“P”加大量的“Q”。他认为在复杂且具有不确定的环境里，不应过分强调确定的知识，而应重视洞察性提问的能力，通过提问厘清思路、调用知识才是解决难题的关键。

第三，行动学习重视实践承诺。参与者在团队会议结束后一定要采取行动，解决自己面临的真实挑战，这不但能缓解他们承担的压力和焦虑感，同时还能让他们有成长，并对他们的工作绩效产生推动作用。

第四，行动学习重视质疑和反思。参与者要有平等、开放的心态，即使自己不是专家，也可以大胆地提问。门外汉往往更容易打破旧有思路，从全新的视角审视难题，为解决难题找到突破口。

行动学习的发展历程

从 20 世纪 40 年代开始，经过长期的理论积累和实践尝试，行动学习理论逐渐成形。在 20 世纪 70 年代，瑞文斯第一次使用“行动学习”这个术语。从《发展高效管理者》（*Developing Effective Managers*）（1971 年）开始，瑞文斯出版、发表了一系列关键的书籍和论文。

在商业实践方面，瑞文斯在 1974 年受邀到英国通用电气公司开展行动学习商业项目。这次实践奠定了行动学习的项目实操基础。行动学习从那时起成为人才发展和组织发展领域最有效的干预手段之一。很多著名管理学家纷纷投入行动学习理论的研究与实践中。行动学习已经成为当今世界上发展最快的管理工具之一。如今在亚洲、欧洲和美洲，行动学习的应用正呈现出指数级增长的态势，发展出多个行动学习流派和行动学习研究机构。

经典行动学习流派（Traditional Action Learning，TAL）

“行动学习之父”瑞文斯创立的行动学习流派被称为经典行动学习流派。这个技术流派以解决个人课题为主，特别关注质疑与反思，强调行动学习的哲学精神。

瑞文斯辞世之后，他的同事及弟子迈克·佩德勒（Mike Pedler）继续推动该流派的发展，成立国际行动学习催化中心。国际行动学习催化中心后来联合英国管理和领导力协会（The Institute of Leadership and Management，ILM）推出行动学习催化师认证。经典行动学习流派在传承经典的同时大胆创新，不断拓展行动学习的理论和应用边界。2016 年，百年基业翻译了该流派的经典著作《行动学习的本质》和《行动学习催化秘籍》。

行动反思学习流派（Action Reflection Learning，ARL）

行动反思学习流派目前在国际上主要由两家机构推动。一家是位于瑞典隆德的 MiL 学院，另一家是位于美国的国际行动学习协会（The World Institute Action Learning，WIAL）。这个流派十分重视学习教练的角色，强调反思的作用。

1976 年，几乎在瑞文斯创立并传播行动学习概念的同时，相似的理论研究也在瑞典隆德独立开展。伦纳特・罗林（Lennart Rohlin）通过 MiL 学院创建了自己的行动学习品牌——行动反思学习（Action Reflection Learning，ARL）。其特征是帮助管理者有效地反思过往经历，尽可能打破看待问题的心智模式，以获得新的视角和创新性的解决方案。目前，这个流派仍然活跃在北欧地区。

1995 年，迈克尔・马奎特（Michael Marquardt）在美国创立了国际行动学习协会，并发展出 WIAL 行动学习模式。WIAL 行动学习模式强调学习教练的中心地位，重视研讨流程的标准化，并认为学习的发生大于研讨的结果。马奎特的代表作品《行动学习实务操作：设计、实施与评估》和《行动学习原理、技巧与案例》已于 2013 年由百年基业翻译成中文，在中国出版。

美式行动学习流派（Americanized Action Learning，AAL）

1985 年，密歇根大学的诺埃尔・蒂奇（Noel Tichy）教授加入了当时的通用电气管理学院（现在被称为克劳顿村），并创立了美式行动学习流派。

这个流派融入了行动研究的视角，要求行动学习小组共同解决真实的组织挑战，并对实践经历和决策过程进行反思，以发展参与者的岗位技能和领导力。美式行动学习项目的成果通常以难题的调研建议或决策方案为主，一般不强调实施和执行的结果。该流派虽然也能促进团队学习，但对个人心智模式改善和能力发展的关注度，不如经典行动学习流派和行动反思学习流派那么高。另一个不同点是，经典行动学习流派的学员是自愿参加而非强制参加项目，项目周期为 9~12 个月；而美式行动学习流派的项目周期为 3 周 ~3 个月。

业务驱动型行动学习流派（Business Driven Action Learning，BDAL）

1996 年，以尤里·波什克（Yury Boshyk）为代表的一批来自跨国公司的行动学习实践者提出了“业务驱动型行动学习”（BDAL）的概念。业务驱动行动学习流派将美式行动学习流派的核心要素（如聚焦绩效结果和组织学习）和经典行动学习流派的核心要素（如质疑反思、个人发展和行为改变）结合起来。

业务驱动行动学习流派是由高管提出组织业务难题，然后将其委派给行动学习小组，期待他们能提出具有实操性的建议和解决方案。解决方案在经过高管层审核确认后，由小组成员担任实施顾问，或者被移交给其他团队实施。

行动学习各流派的相同点与不同点

历经几十年的发展，行动学习的理论研究和实践探索呈现出百家争鸣的态势，诞生了包括以上四大流派在内的多个行动学习流派和多家专业机构。

正所谓万变不离其宗，各流派的行动学习在本质上是相通的，都以提问为中心开展团队研讨，以小组为单位，采取切实行动以解决真实的且具有挑战性的难题。这些流派都强调行动学习催化师的作用，并重视学习的发生。

各流派也有着自己独有的特色。他们的不同点主要体现在各自对于行动学习催化师的角色定位，以及课题模式的定位。

对于行动学习催化师这个角色，各流派的定位略有不同。经典行动学习流派认为行动学习催化师可以适时退出，让小组自行运转；其他几个流派强调小组必须依赖这位团队学习教练，以促进团队学习和反思。

对于课题模式的定位，经典行动学习流派以小组多课题模式为主；美式行动学习流派以小组单课题模式为主；行动反思学习流派既有小组单课题模式，也有小组多课题模式；而业务驱动行动学习流派，则是同时混合应用小组课题模式和小组多课题模式。

行动学习进入中国

行动学习被引入中国的历史可以追溯到1998年。时任中国共产党中央委员会组织部全国组织干部培训中心主任的陈伟兰女士将行动学习引入甘肃省中高级公务员的培训发展项目，让中国管理者见识到了行动学习这种新鲜而深刻的培训学习模式。2001年，陈伟兰又将行动学习成功引入华润集团，并继而将其传播到中粮集团，这加速了两家集团的转型和变革。

有了华润集团和中粮集团的标杆效应，更多中国企业有了想引入行动学习的需求。百年基业等机构开始发力，帮助这些企业开展行动学习项目，并积极参加国际交流，引入国际行动学习催化师认证体系，翻译专业书籍。

在整合国际流派的方法技术、结合国内实践经验的基础上，百年基业成立了中国行动学习协会，总结适合中国企业的行动学习技术体系。中国行动学习协会的行动学习技术体系吸收了经典行动学习流派的思想精华，并借鉴了行动反思学习流派、美式行动学习流派、业务驱动行动学习流派、国际行动学习协会等流派或机构的特点，将工具开发标准化、精细化，致力于为行动学习实践者“加值”，并帮助企业打造管理者互助学习社群。

中国行动学习经过20年的发展，几乎已经成为组织和人才发展项目的“标配”。行动学习在中国不断融合创新，在更广、更深、更新的领域发挥作用，帮助更多人实现在工作中身心合一的强烈憧憬。而且越来越多的企业开始喜欢上这种真正能改变心智的模式，由内而外提升经理人领导力水平的玩法。

行动学习画布适用于哪种课题模式

根据难题来源的不同，行动学习可以划分为两种基本课题模式：小组单课题模式（Single Problem，SP）和小组多课题模式（Multi Problems，MP），如图1.6所示。

- 小组单课题模式：整个小组共同解决一个难题。小组成员通常来自同一个组织，共同解决组织正在面临的重要挑战。这是行动学习被引入美国后发展出的另一种模式。

- 小组多课题模式：每位参与者带来自己的个人难题。行动学习小组互相帮助，共同解决每个人的难题。这是瑞文斯创立的行动学习缘起模式。

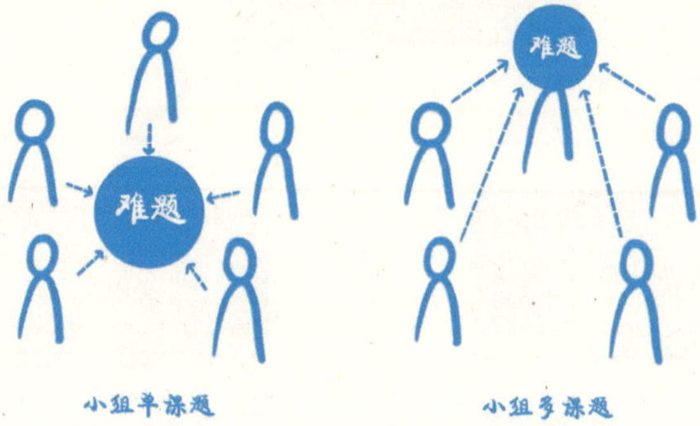

图 1.6 行动学习的两种基本课题模式

什么是行动学习“唐三角”模型

小组单课题模式和小组多课题模式在企业中都有广泛的应用空间，并且它们还能衍生出很多种行动学习商业项目玩法。

经过多年的行动学习理论研究与实践探索，我总结出适合中国企业的三大类行动学习项目模式。因为该模型由我提出，所以我将其戏称为行动学习“唐三角”模型（见图 1.7）。

1. 圆桌会（Leadership Driven Action Learning，LDAL）

圆桌会属于小组多课题模式，本书介绍的行动学习画布就是这种模式。

圆桌会解决的是个人课题。在这种模式下，每个人带来自己的难题，小组成员互助解决。这种模式的特点是轻便灵活，而且能将心智模式方面处理得特别通透，能帮助各级管理者发展领导力。它可以起到打造人才梯队、加强班子建设、提升部门协同、推动组织发展等作用。

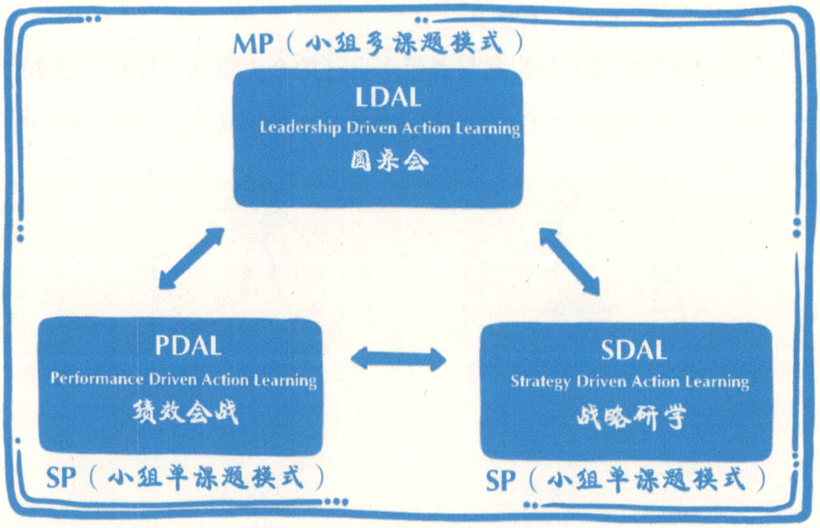

图 1.7 行动学习“唐三角”模型

2. 战略研学（Strategy Driven Action Learning，SDAL）

战略研学属于小组单课题模式。行动学习小组共同研究重大组织课题。这种模式通过数据收集、调研分析、跨界学习等方式，最终形成对该组织课题的解决方案。这种模式在项目汇报阶段更多地停留在方案验证或试点阶段，不会开始实施方案或大规模推广方案。战略研学主要用于发展中高层管理者的领导力。

3. 绩效会战（Performance Driven Action Learning，PDAL）

绩效会战属于小组单课题模式，它主要被用于企业绩效提升项目，以帮助组织解决复杂的、困难的、紧迫的业绩问题。这种模式不仅关注业绩成果，还关注团队与组织能力的提升。从某种意义上说，绩效会战具有很强的组织发展属性，能持续推动组织业绩增长。

此外，近年兴起了“行动学习 + 创新设计”模式，即创新驱动型行动学习，这种模式是结合行动学习和设计思维，产出创新成果，同时提升参与者的创新能力。

注：为了突出各模式的主要特点和功能，所以没有直译以上三种模式的中英文名称。

行动学习画布与行动学习“唐三角”模型的关系

行动学习“唐三角”的三种模式不仅可以单独使用，也可以相互结合，形成“SP+MP”的混合课题模式。行动学习小组共同解决一个组织难题，同时讨论参与者的个人难题。双线并行，同时发挥两种模式的优势。

那么，行动学习的发展历程和行动学习“唐三角”模型，与本书讨论的行动学习画布有什么关系呢？

你如果仔细观察行动学习“唐三角”模型，会发现有两个角（绩效会战模式和战略研学模式）属于小组单课题模式，而只有一个角（圆桌会模式）属于小组多课题模式。因此你可以简单地认为，“圆桌会模式”和“小组多课题模式”这两个概念在本书中完全对等。**而行动学习画布是圆桌会模式的核心工具**。

行动学习画布是一款十分轻便灵活的工具。

由于要解决的是小组中个体成员提出的难题，所以每次问题研讨的时间相对较短，1~2 小时就能解决一个个人课题。而且在解决问题时，参与者可以单独行动，大家不必绑定在一起。另外，行动学习画布不一定要应用在项目中，即使在单天的工作坊，甚至一次单独的研讨中，它都能发挥积极作用。这种灵活度是单课题模式很难达到的。因此，**我把以行动学习画布为核心工具的圆桌会模式称为“轻”行动学习**。

这里涉及的概念有点多，为了减少你在阅读中的困惑，在此梳理一下这些概念（见图 1.8）。

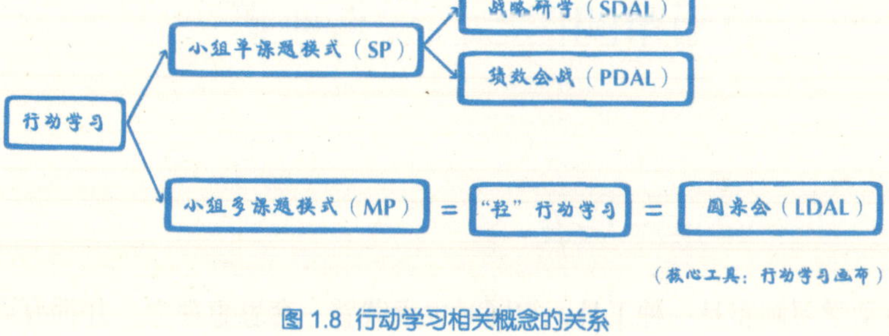

图 1.8 行动学习相关概念的关系

- 行动学习 = 小组单课题模式 + 小组多课题模式。

- 小组单课题模式 = 战略研学 + 绩效会战。
- 小组多课题模式 =“轻”行动学习 = 圆桌会。
- 行动学习画布 = 圆桌会 /“轻”行动学习的核心工具。

行动学习画布的积极意义

从行动学习的发展历程来看，行动学习画布有着重要的、积极的意义。

第一，行动学习画布秉承着行动学习经典的互助精神。小组成员互助解决难题，加深人与人之间的连接，促进成员的意识进化和学习成长。

第二，行动学习画布十分轻便灵活。1~2 小时就可以完成一次研讨，行动学习画布方便人们进行碎片化学习，适合节奏快、缺乏大块学习时间的企业。

第三，行动学习画布简捷易学。其研讨流程的标准化程度很高，可以快速上手，能够在组织内迅速推广。

第四，行动学习画布是一款融合创新的工具。行动学习画布中融入了视觉引导、教练、欣赏式探询等技术元素，符合中国人对解决难题实效性和工具多样化的要求。

总体来说，行动学习画布回归了行动学习本源，适合中国土壤，顺应当代快速变化的商业环境，并且融合新鲜实用的技术元素，是一种融合创新的行动学习工具。

行动学习画布的信念假设与要素

行动学习画布的信念假设

行动学习画布是一种工具，它同时也承载着一套思想理念，并拥有以下信念假设。

信念假设 1：友谊互助的精神

“所有有意义的知识都是为了行动，所有有意义的行动都是为了友谊。”行动学习画布在本质上是小组成员间的互助型的团队学习，小组成员承诺互相关怀、互相帮助、互相支持，并在这个过程中收获友谊，这是行动学习的重要精神。

信念假设 2：团队智慧优于个人智慧

在学习和解决问题时遇到的困难，常常由个人固有的观念假设造成。如果能和其他迫切学习的同伴交流，暂悬自己的假设，从他人的视角看问题，往往就能收获更大的智慧。

信念假设 3：关系质量决定学习质量

坦诚互信的交流是找到真正问题的必要条件。与同伴进行个人连接，建立开放、亲密、信任的关系，这是解决问题和产生高质量学习的基础。

信念假设 4：承认自己的无知

虽然行动学习画布涉及小组成员互助地解决难题，但这并不意味着小组成员假装自己知道所有问题的答案。行动学习认为，学习是从无知开始的，而承认自己的不足和无知是获取新知的开始。

信念假设 5：洞察性提问产生学习

行动学习小组成员需要从未知开始，不盲目地提建议和做结论，而是要面对纷繁复杂的问题背景，不断提出有洞见性的问题。提问可以激发参与者探求问题本质，找到创新方案，并收获学习反思。通过行动学习的训练，参与者提问的洞察性会逐步提高，这可以提高系统思考能力和创新能力。

信念假设 6：双环学习是本质

单环学习强调反思行为，收获的是“症状解”，往往治标不治本。而双环学习强调反思行为背后的假设，检视心智模式，从而得到问题的“根本解”。双环学习是行动学习的根本。

信念假设 7：学习寓于行动之中

优秀的管理者必须是终身学习者。对于他们来说，学习不仅仅应该发生在课堂上，更应该发生在日常工作中。行动学习的参与者必须承诺采取行动，而不是仅仅当听众。正如瑞文斯说的“没有行动就没有学习，没有学习就没有（经过深思熟虑的）行动”。

信念假设 8：视觉化激活团队脑

行动学习画布是一款视觉化工具，强调“共同看见”。视觉化可以清晰地呈现团队研讨过程，形成同频的画面感，避免“你聊你的，我聊我的”，促进团队脑——形成集体思考，确保大家最后带着同一幅画面走出会议室。

行动学习画布的要素

如何组织一场行动学习画布研讨？你需要了解以下要点。

- 你需要一个真实的难题，最好是复杂的且有挑战性的难题或挑战。
- 你需要找到两类对象，一类是多样性小组，它包含多样性小组成员；另一类是专业行动学习催化师，他将带领小组研讨难题，产生学习。
- 在解决难题的过程中，要采用三种行动，即洞察性提问、高承诺行动和反思性学习。
- 另外，不可缺少的是系统性支持，以确保行动学习小组能够持续高效地运转下去。

从以上提到的要点中就可以提炼出行动学习七要素（见图 1.9）。

要素 1：复杂性难题

解决真实的、复杂性难题是行动学习画布的核心焦点。要说明的是，行动学习画布不但可以用于解决已经出现的难题，还能用来探索即将到来的机会。这些难题和机会必须都是真实存在的，不能是假想推演的。同时这个难题不应该有已知的、确定的答案。例如，“如何申请开通天猫店铺”这个问题就没有必要利用行动学习画布解决，直接找懂行的人来咨询，解决更高效。最后，难题的复杂性还指它具有动态性和混沌性，有时很难被清晰界定，很难用过往的经验解决。

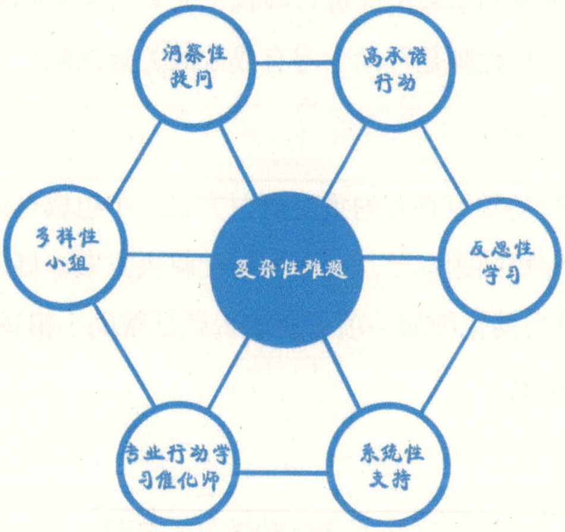

图 1.9 行动学习七要素

要素 2：多样性小组

多样性小组是行动学习画布的研讨主体。为了保证最高的研讨效率和最好的效果，行动学习小组成员的数量应该是 4 ~ 8 个人。在行动学习小组中，强调“没大没小，没上没下”，放下层级关系，放下职位，每个人都是平等且相互尊重的。

在选择小组成员时，要尽量确保其经验背景的多元化。如果所有参与者的经验、背景和思维模式都很相似，就很难碰撞出新观点、新视角。而多样性小组能产生不同的观点和更丰富的看问题的角度，有利于问题的研讨和学习的发生。

要素 3：专业行动学习催化师

为了确保小组的学习水平，需要指定一个人带领整个小组。其责任是把控研讨流程，并协助小组捕捉学习机会，称这个人为专业行动学习催化师。

专业行动学习催化师是整个小组的黏合剂，他会建立安全场域，让小组成员能够打开自己，敢于提出质疑。他引领整个研讨的进程，但并不会频繁地介入讨论。他会干预失当的行为，以避免研讨进入僵局，并在适当的时候要求小组停下来，对研讨进程和学习情况进行检视。尤其对于不熟悉行动学习流程的小组，专业行动学习催化师是行动学习有成效的关键保障。

要素 4：洞察性提问

洞察性提问是行动学习画布的重要研讨方式。小组成员的洞察性提问有助于帮助难题提出者深挖问题本质，找出创新性解决方案。好的提问源于高质量的聆听，专业行动学习催化师的一项重要职责就是帮助小组进入更深层的聆听，以提出更高质量的问题。

要素 5：高承诺行动

现场的行动学习画布研讨并不是行动学习的全部。行动学习小组的重要目的是解决难题并取得成果。这要求在研讨过程中得出具体的行动计划，并承诺将这些计划落地。正如瑞文斯所说“没有行动就没有学习”。没有行动，行动学习就变成了纸上谈兵。不仅要采取行动，还要持续采取行动，在行动后复盘、反思、验证，才能让行动学习的解决方案持续迭代，不断创新。

要素 6：反思性学习

在行动学习画布研讨过程中，学习与解决难题同等重要，学习甚至比解决难题更重要。在所有行动学习研讨中，都要投入时间和精力来激发个人、团队和组织层面的学习反思。专业行动学习催化师要积极地帮助每位小组成员承诺，他将努力学习反思，并帮助他人学习反思。小组学习反思得越多，解决问题的速度就越快，质量就越好，就越能促进他人的发展。

要素 7：系统性支持

为了确保行动学习画布在组织中持续高效运行、产出成果，你还需要构建一个行动学习项目的支持管理系统。这个系统必将获得发起人、参与者上级和相关利益方的支持。构建项目的组织体系，建立并运营培训后的学习社群，建立作业的辅导跟进与验收评估机制。

行动学习画布与专业行动学习催化师

行动学习画布是一种互助学习的方法。但如果任由小组自由讨论，那么很可能出现小组成员的意见冲突，或者研讨完全跑题等问题。所以需要专门指派一个人来带领小组研讨，这个人就是专业行动学习催化师。

专业行动学习催化师虽然是小组研讨的带领者，但并不是通常意义上的小组领导。专业行动学习催化师不参与小组讨论，而且一般不对研讨内容给出建议。他把全部的注意力放在研讨流程和团队学习上，以提升研讨效率，促进觉察反思。

专业行动学习催化师与任务引导师的区别

虽然专业行动学习催化师和任务引导师之间有一定交集，但是两者的侧重点和信念假设有明显差异。为了避免混淆角色，表 1.1 说明了两者之间的差异。为了方便区分，下文只讨论小组多课题模式的专业行动学习催化师。

表 1.1 小组多课题模式专业行动学习催化师与任务引导师的区别

	专业行动学习催化师（Action Learning Facilitator）（小组多课题模式）	任务引导师（Task Facilitator）
工作目的	带领小组研讨和解决真实难题，同时促成团队学习和个人反思	帮助团队有效研讨，得出行动计划，做出决策
小组特点	通常是临时或专门组建的小组	通常是真实工作团队，也可以是临时组建的团队

续表

	专业行动学习催化师（Action Learning Facilitator）（小组多课题模式）	任务引导师（Task Facilitator）
师资匹配	通常每组都配有专业行动学习催化师	通常全场配备 1~2 位任务引导师，并非每组都配引导师
讨论形式	小组讨论一个成员的问题	小组讨论一个共同的话题
学习形式	双环学习为主	单环学习为主
项目特点	通常是一个项目周期多阶段的持续陪伴	通常以一次性的工作坊为主

第一，两者的工作目的不同。任务引导师主要关注设计和带领高效的研讨流程，帮助小组积极参与、达成共识，达到预期成果。专业行动学习催化师虽然也关注高效研讨流程和结果产出，但相比之下更关注学习的发生。专业行动学习催化师会随时捕捉研讨过程中的学习点，在带领小组解决问题的同时，改善团队关系，带来个体觉察和心智模式的转变。

因此，这造成两者在学习形式上的不同。专业行动学习催化师十分关注参与者心智模式的转变，促成双环学习。而任务引导师更加聚焦于成果产出，更多形成单环学习。

第二，在小组特点上，行动学习小组通常是专门组建的多样性小组，小组成员最好来自不同的岗位、不同的部门，以便带来多样性的视角，促进相互觉察、彼此学习。而任务引导师更多是带领真实工作团队研讨，帮助他们做出决策。

第三，关于师资匹配，通常情况下，一名专业行动学习催化师专门带领一个小组，以便近距离促进学习的发生。而任务引导师可以一人带多组，全场把控整体流程。

第四，关于讨论形式专业行动学习催化师带领小组讨论小组成员提出的难题，而任务引导师带领小组讨论一个共同的话题。

第五，行动学习是一个长期陪伴的过程，专业行动学习催化师通常在项目的多个阶段内，全程陪伴一个小组的成长。当小组被赋能后，专业行动学习催化师可以逐渐退出，帮助小组形成自我催化、自行运转的能力。而任务引导通常是短期的，完成一次研讨会的引导即可，并不会长期陪伴。

总之，两者的区别在实践中并没有那么绝对，本书的区分也不能做到十分精准和完美。在两者诸多的相似点之中，有一个最明显的区别，即专业行动学习催化师更关注“人”，以行动和反思的双环学习为主；任务引导师更关注“事”，以行动改善的单环学习为主。专业行动学习催化师在解决问题的过程中，帮助个人和团队的学习和发展，而任务引导师更加关注解决事情。

专业行动学习催化师的三大角色定位

谈到专业行动学习催化师的角色定位，本书认为一名出色的专业行动学习催化师承担着三大角色（见图 1.10）：团队学习教练、项目设计顾问和组织发展催化者。

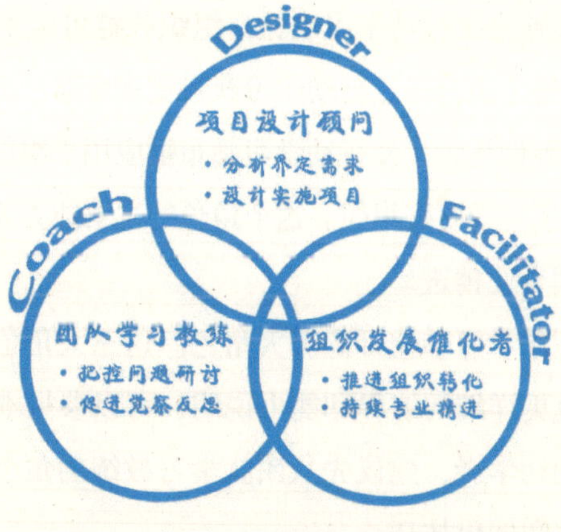

图 1.10 专业行动学习催化师的三大角色

角色一：团队学习教练

团队学习教练是专业行动学习催化师最基础的角色，对这个角色的主要能力要求有两点：（1）**把控问题研讨**；（2）**促进觉察反思**。

作为团队学习教练，专业行动学习催化师对行动学习小组的学习负责。他不会深度介入讨论内容，而是跳出内容观察团队的研讨进程，以确保研讨流程顺利进行，保证参与者的学习收获。

团队学习教练需要掌握小组研讨工具及提升研讨质量的技巧。在掌握这些能力后，就可以带领单个小组进行行动学习画布研讨。

角色二：项目设计顾问

专业行动学习催化师的第二个角色是项目设计顾问。对这个角色的主要能力要求包括：（1）**分析界定需求**；（2）**设计实施项目**。

如果说团队学习教练关注的是单次的行动学习画布研讨，那么项目设计顾问关注的就是行动学习画布在组织中的应用。他需要在组织内找到项目机会，并找到合适的发起人，以促成整个项目的发生。他还要把控项目需求，并根据需求设计项目流程与日程，并亲自参与项目实施交付。

角色三：组织发展催化者

如果只是设计实施一次行动学习项目，组织收益可能十分有限。这时就出现一个问题：如何让整个组织通过行动学习获得更多受益？所以催化师的第三个角色就是成为组织发展催化者，使行动学习画布被应用于组织里各个层级、各个场景中，让整个组织成为学习型组织。这个角色的主要能力要求包括：（1）**推进组织转化**；（2）**持续专业精进**。

以上就是专业行动学习催化师的三大角色。这三大角色循序渐进、由浅入深。关于这三大角色更详细的解释和能力说明，可以参见本书第 7 篇。

对于行动学习的初学者，建议先从团队学习教练的角色学起，先掌握行动学习画布的操作方法和催化技巧。

在此基础上，可以继续学习项目设计顾问的角色，尝试在组织中应用行动学习画布，实施行动学习项目。

在掌握了前两大角色后，就可以尝试从组织视角出发，借助行动学习画布切入组织中的各种场景，以促进组织发展，建设学习型组织。这就是组织发展催化者的角色。

行动学习画布体系大图

希望本书能帮助你掌握成为专业行动学习催化师所需的各项知识与技能（小组多课题/圆桌会模式），学会行动学习画布的操作流程与技巧，了解在组织中应用行动学习画布的方法，并收获持续专业精进的能力。在此，先用一张大图展示这些知识、方法和技能（见图 1.11）。

1. 理论基础与技术基础（对应本书序言和概念篇）

作为专业行动学习催化师，首先要了解与行动学习画布有关的概念要素、理论基础、技术基础。

行动学习画布最直接的理论基础是行动学习。关于行动学习的缘起、概念要素、信念假设等内容，本篇已经详细论述了。此外，行动学习是一个具有极强生命力的开放系统，从缘起到后面的持续发展，一直在吸收心理学、教育学等领域的优秀理论和技术成果。

首先，行动学习的诞生受到了实用主义教育理论、人本主义学习理论等研究领域的影响。

- **实用主义教育理论**。其代表人物是约翰·杜威（John Dewey），他提出“一切知识来自经验”，主张“做中学”（Learn by Doing）的教育理念。该教育理念包含 5 个要素：（1）选择疑难情境；（2）定位问题；（3）提出解决问题的多种假设；（4）对假设进行推论；（5）验证并校正假设。这种以解决难题为中心、强调经验和实践的教育理念，深刻地影响了行动学习的诞生和发展。

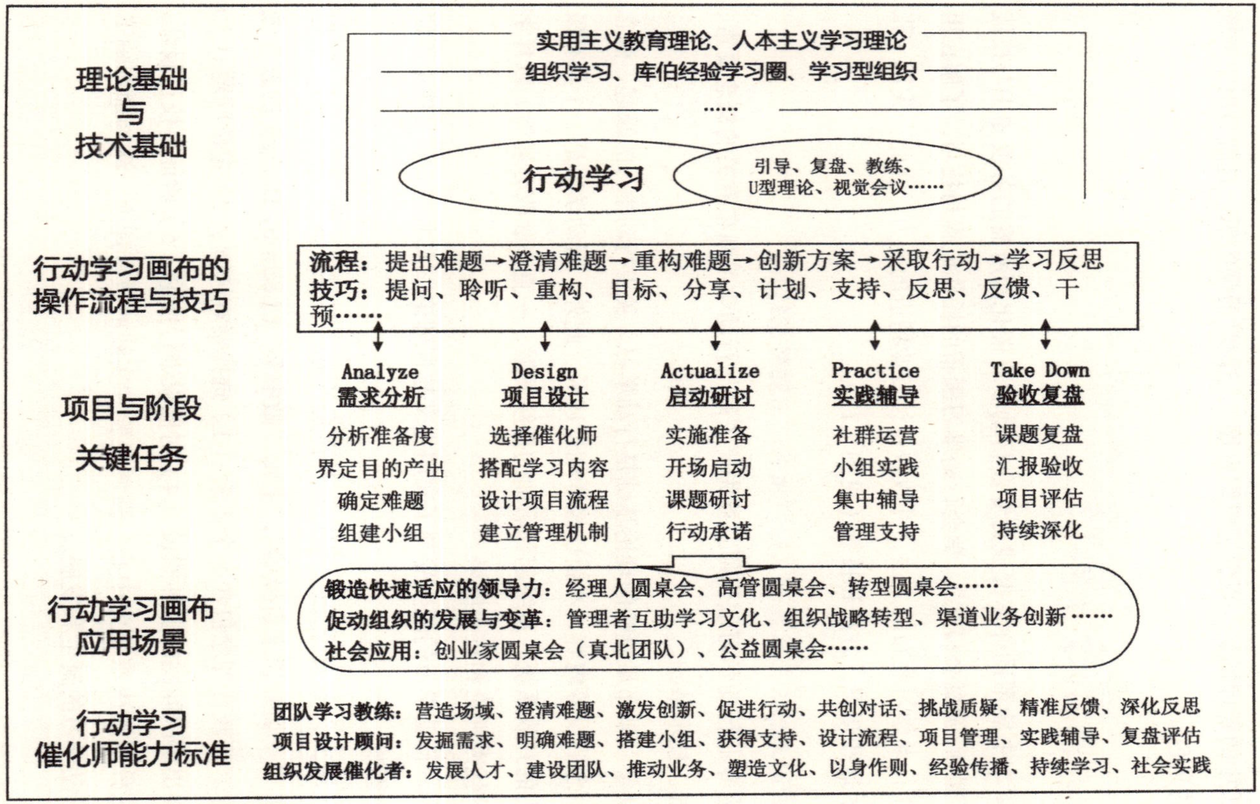

图 1.11 行动学习画布体系大图

- **人本主义学习理论**。其代表人物是罗杰斯（C.R. Rogers）。人本主义学习理论确立了学习的十大原则：（1）人生来就有学习潜能；（2）学习内容要连接学生自身目的；（3）大多数学习是从做中学的；（4）学生的参与度和承诺度很重要；等等。这种从学生自身目的出发，调动学生负责任地参与实践的教育理念，已经根植于行动学习的基本假设之中。

后来，行动学习在其持续发展的过程中，又融合了组织学习、库伯经验学习圈和学习型组织等理论。

- **组织学习**。其代表人物有克里斯·阿吉里斯（Chris Argyris）和彼得·圣吉（Peter Senge）等人。组织学习是组织发现自身错误，不断主动调整，从而发生持续行为改变，并转化和沉淀出可复用的组织集体知识的过程。组织学习强调双环学习，即打破习惯性防御，不仅反思现状，同时反思造成现状的原因，浮现并校正心智假设。

融入组织学习理论，使行动学习在组织发展和变革领域大展拳脚。通过团队学习的手段，实现个人、团队、组织的学习与发展。

- **库伯经验学习圈**。大卫·库伯（David Kolb）在1984年提出“库伯经验学习圈”。他认为学习是一个四阶段的循环，即“具体经验→反思性观察→抽象概念化→主动实践”。人们在实践中产生体验，对体验的观察反思，可以形成抽象化的理论，之后根据理论再次行动。

这套理论佐证并有效补充了行动学习。行动学习画布就是从个人难题（具体经验）出发，通过集体质疑和反思（反思性观察），形成对难题的共同认知（抽象概念化），然后通过实践行动去验证和提升这个共同认知（主动实践）。

- **学习型组织**。彼得·圣吉是学习型组织理论的奠基人。他一直致力于研究以系统动力学为基础的、全新的组织概念。他用了近10年时间研究了数千家企业的案例，并于1990年完成其代表作《第五项修炼：学习型组织的艺术与实践》。这本书提供了一套使企业转变成学习型企业的方法，即学习型组织的五项修炼：自我超越、改善心智模式、建立共同愿景、团队学习和系统思考。现代企业最欠缺的就是第五项修炼——系统思考的能力。这种能力的欠缺使得许多组织无法有效学习。因为现代组织分工、负责的方式将组织切割，而使人们的行动与其在时空上相距较远。当不需要为自己的行动结果负责时，人们就不会修正自己行为，即无法有效地学习。

行动学习借鉴了这套理论中的系统思考、深度会谈等理论与方法，为行动学习推动学习型组织建设提供了更大的空间和可能性。

除了以上的理论基础，行动学习画布还融合了很多技术基础，包括引导、复盘、教练、U 型理论、视觉化会议等。你如果感兴趣，可以在序言中找到具体介绍。

2. 行动学习画布的操作流程与技巧（对应本书工具篇和技巧篇）

若要掌控团队学习教练这个角色，你需要掌握行动学习画布的操作流程。本书“工具篇”将为你详细介绍行动学习画布研讨的六步流程：提出难题、澄清难题、重构难题、创新方案、采取行动和学习反思。

另外，你还需要掌握提高团队研讨效果的催化技巧，如帮助小组提高提问质量的技巧、帮助小组进入深度聆听的技巧等。这部分内容在本书技巧篇将详细讲解。

掌握这两篇后，你就可以操作行动学习画布，开启自己的行动学习实践之旅。

3. 项目阶段与关键任务（对应本书设计篇和实施篇）

作为项目设计顾问，你需要知道在组织中应用行动学习画布、设计和实施行动学习圆桌会项目的方法。本书“设计篇”为你介绍项目设计部分，你可以按照书中提供的 ADAPT 行动学习项目设计实施模型的前 2 个核心步骤（需求分析和项目设计）的 8 个关键任务，一步一步地完成准备度分析、组建小组等工作，搞定行动学习项目前期的筹备和设计工作。

本书“实施篇”讲解 ADAPT 行动学习项目设计实施模型的后 3 个核心步骤（启动研讨、实践辅导、验收复盘）的 12 个关键任务，帮助你更高效地开展行动学习项目，确保课题实施和团队学习质量。

掌握了设计篇和实施篇内容，你就有了在组织中设计和实施行动学习圆桌会项目的知识储备。

4. 行动学习画布应用场景（对应本书案例篇）

作为组织发展催化者，你需要知道如何根据组织中的不同场景有针对性地应用行动学习画布。本书“案例篇”收集了行动学习画布在商业和公益组织中的几种常见应用场景，覆盖高潜圆桌会、高管圆桌会、经理人圆桌会、管理者转型圆桌会等领导力发展场景，构建管理者互助学习圈、推动组织变革、渠道业务创新、内部催化师培养等组织发展场景，以及创业家圆桌和公益圆桌会等社会应用场景。它将帮助你拓宽视野，了解行动学习画布在真实场景中的切入方法。

5. 行动学习催化师能力标准（对应本书精进篇）

对于有志于成为行动学习催化师，并在专业领域上不断精进的读者，本书“精进篇”介绍了催化师的成长路径和成长方法，探索了未来行动学习的发展趋势，帮助你开启行动学习专业之旅。“精进篇”介绍专业行动学习催化师的六项核心能力标准和四级认证标准，可以作为你专业精进道路上的指引。

2

工具篇：

行动学习画布的催化流程

行动学习画布的样子

本篇介绍本书的核心工具——行动学习画布©。

行动学习画布©（见图 2.1）是一款视觉化的行动学习团队研讨工具，主要被用于研讨个人课题。行动学习画布中融入了 CSAL 行动学习六步法的六大步骤、12 个子步骤。参与者按照画布上的流程对话，把发言要点记录在卡片上，把卡片张贴在画布上。在研讨后，对话过程被清晰地呈现。

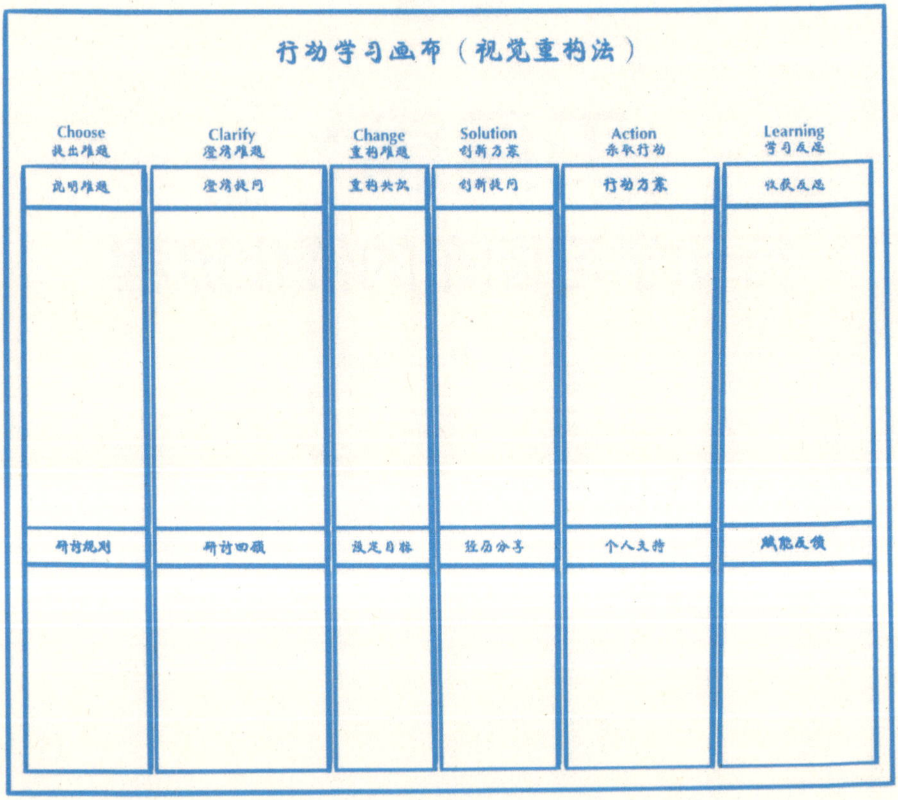

图 2.1 行动学习画布

行动学习画布的六大步骤

行动学习画布包含六大步骤：**提出难题、澄清难题、重构难题、创新方案、采取行动和学习反思**。按照六大步骤的流程开展研讨，有助于形成小组的“团队脑”，层层深入地帮助难题提出者发现难题背后的问题，进而制订可行的解决方案和行动计划，同时促成小组成员心智模式和思维方式的转变。下面将说明每个步骤的目的和要点。

提出难题

进行行动学习画布研讨，首先要说明目的，明确研讨规则，进行一些破冰活动以拉近关系、促进信任。然后从小组中选出一位难题提出者，由他介绍自己的难题。后续的研讨都将围绕这个难题进行。

澄清难题

在难题提出者介绍难题后进入澄清难题环节。这个环节以提问为中心，参与者不可以提建议或陈述个人观点，而是要用提问的方式澄清难题。提问可以帮助参与者厘清难题的背景信息，梳理难题的逻辑。相比于陈述，提问更能表达参与者的关心，有助于拉近彼此的关系。必要时可以对小组成员的提问质量进行回顾与反思，从而促进研讨质量的持续提升。

重构难题

难题提出者看到的往往只是难题的表面而非本质。对难题进行充分澄清之后，小组可以共同研讨“真正的难题到底是什么？”这一环节是整个流程的关键步骤，可以重新定义难题。找到难题的本质是解决难题的关键。

对于重构难题，小组应该达成共识。这是为了增加承诺度，把难题提出者的难题变成所有人共同面对的难题。重构难题后，难题提出者应该设定解决难题的具体目标，明确最终要达成什么结果。

创新方案

明确目标之后，小组开始研讨实现目标的创新方案。创新方案环节包含两个子步骤。第一个子步骤是创新提问，即参与者从不同的视角提问以激发难题提出者的思路。第二个子步骤是经历分享。对于难题提出者的难题，每位参与者可能都有一些相关经历。大家分享这些经历会启发难题提出者，还能促进彼此的互助和连接。

要注意的是，这里要求的是经历分享，而不是提建议。空泛地提建议很容易触发心理防御机制，破坏彼此的信任关系。

采取行动

根据创新方案环节所启发的思路，难题提出者可以制订解决难题、实现目标的行动方案。专业行动学习催化师要确保行动方案是具体的且有效的，它们能够帮助难题提出者实现目标。

此外，这个环节还有一个“个人支持”的子步骤，每个人给难题提出者提供一个个人支持。这样一来可以提升解决难题的效果，二来还能增进小组成员的情感连接。

学习反思

参与者分享在研讨流程和难题解决过程中收获的学习反思。反思能够帮助参与者将研讨难题的收获沉淀下来，变成自己的经验和认知，促使参与者在今后的行动中做出相应的改变。

最后，参与者彼此赋能，彼此进行鼓励和肯定，再一次加强彼此连接。

本书将这六步流程称为“CSAL 行动学习六步法”。之所以以“CSAL”命名，一是因为它代表了六大步骤的英文首字母，二是因为它是中国行动学习协会（China Society for Action Learning）的英文简称。

CSAL 行动学习六步法（见图 2.2）参考并融合了行动学习多个主流流派的研讨方法，并结合了中国人的需求特点，适用于企业高管、中层经理、基层经理和员工，也可以在社会场域中发挥重要价值。

图 2.2 CSAL 行动学习六步法

CSAL 行动学习六步法由表及里、由浅入深地层层分析难题，帮助难题提出者发现其思维中的盲点，最终制订出可行的解决方案。

CSAL 行动学习六步法以提问为中心，可以促进团队系统思考，帮助小组成员转变心智模式和思维方式，最终促进个人领导力发展、团队发展和组织发展。小组成员相互做出假设、挑战并提供支持，可以增进信任关系，打破部门之间的壁垒。

完成六大步骤并不是行动学习的终点，而是新的开始。行动学习是“在战争中学打仗”，而行动学习画布是作战地图，可以指导人们在工作中采取具体行动。从画布到现场，再从现场回到画布，每位参与者、整个团队，甚至整个组织都会收获学习和成长。

行动学习画布（视觉重构法，带关键提问版），如图 2.3 所示。

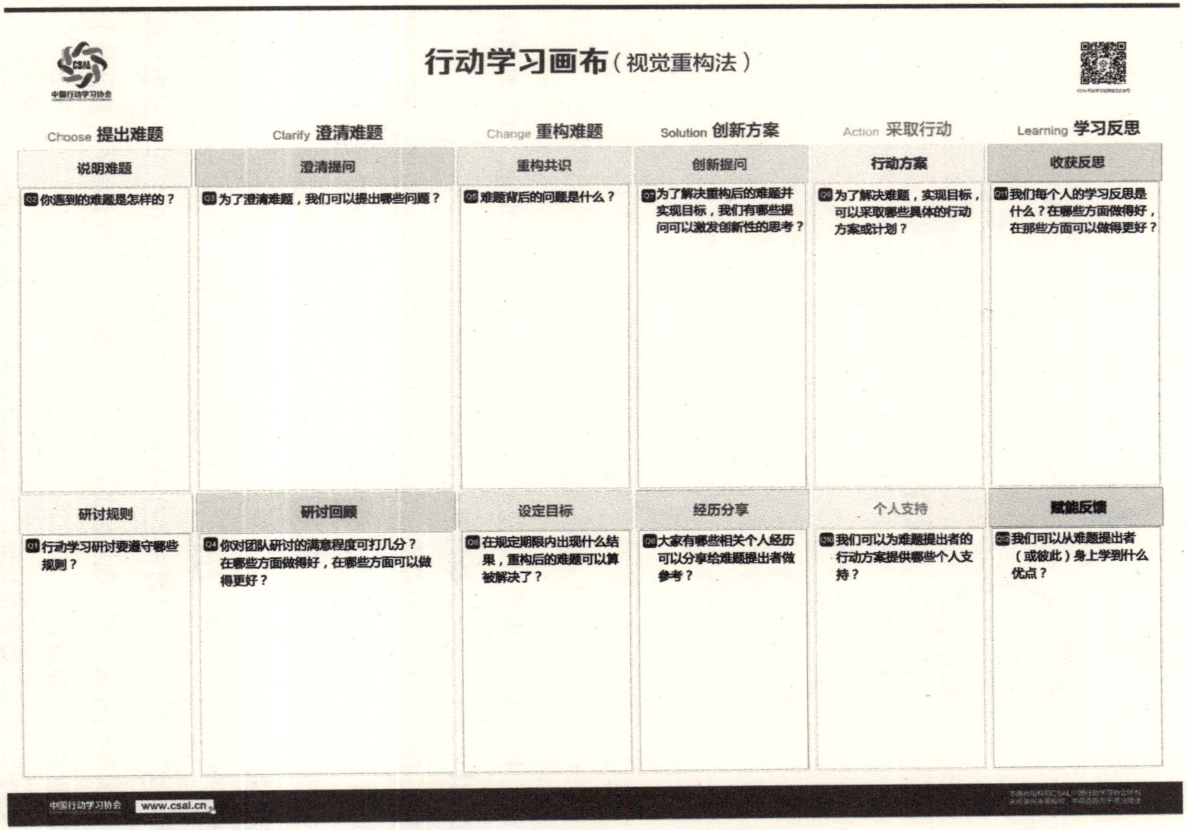

图 2.3 行动学习画布（视觉重构法，带关键提问版）

为了让研讨流程更加精细化，行动学习画布将 CSAL 行动学习六步法细化为 12 个子步骤，每个大步骤包含两个子步骤。因此，行动学习画布布局有 6 个纵列，共 12 个模块。这 12 个模块构成了整张行动学习画布，指引专业行动学习催化师和行动学习小组按照行动学习画布上的流程推进团队研讨。

如何使用行动学习画布

基于 CSAL 行动学习六步法，作者开发了一系列团队研讨工具，包括重构法、视觉重构法、流言蜚语重构法、能力发展重构法、虚拟重构法等，总称为“重构法家族”。

这些工具统一采用了前面提到的六大步骤，但它们又各具特色。在具体操作上的不同变化，使它们适用于不同的场景。和行动学习画布配套使用的工具包括视觉重构法、流言蜚语重构法和能力发展重构法。下面以视觉重构法为例，讲解如何操作行动学习画布，进行行动学习团队研讨。

准备工作

在进行行动学习画布研讨前，你需要从以下 4 个方面做好准备。

- 物料准备。准备好行动学习画布、美纹纸、3M 喷胶（推荐 75 号喷胶）、白色卡片纸若干（A6 尺寸）、白板笔若干（黑、蓝、红三色）、白板架和白板纸。
- 场地准备。选择安静、通风、光照充足的会议室，用美纹纸把画布张贴在墙面上，并将喷胶喷在行动学习画布上，然后根据参与者人数，在画布前面呈弧形摆放足够数量的座椅。
- 人员通知。要求参与者准时到场，要求参与者提前准备一个真实的、重要的、紧急的且没有现成答案的个人难题。

- 难题筛选。并不是所有难题都适合行动学习研讨，如果选择难题不当，很容易导致研讨失败。因此应该提前向参与者介绍行动学习难题标准，并对收集上来的难题进行筛选。

行动学习难题标准

①重要性高：该难题对个人或组织影响重大，值得投入时间与资源去解决；

②紧迫性高：不解决该难题会立刻造成不良的影响；

③可控性适中：个人职位权限和可调动的资源可以支持解决该难题；

④未知性高：当事人没有找到清晰的、满意的解决方案；

⑤复杂性高：该难题是两难的，或者涉及多个相关利益方；

⑥学习性高：解决该难题可以更好地、有针对性地发展个人领导力，并且对于整个团队和组织具有学习和推广价值。

注：本书第4篇将详细解读行动学习难题标准。

步骤1：提出难题（用时约10分钟）

子步骤1：研讨规则

- 目的：明确并就研讨的目的、结果、议程、规则和角色分工达成共识，营造安全、信任、开放的场域。
- 关键提问：行动学习研讨要遵守哪些规则？
- 操作方法：研讨开始后，专业行动学习催化师对到场人员表示欢迎，并使用PPTRR开场法进行开场。
- 目的（Purpose）：介绍研讨目的。
- 流程（Process）：说明研讨流程。

- 时间（Time）：介绍用时分配，确认参与者是否全程参与。
- 角色（Role）：明确行动学习催化师、难题提出者、计时员、记录员等角色。
- 规则（Rule）：明确团队研讨规则。

对于团队研讨规则，如果参与者没有做特殊要求，可以直接给定几条行动学习研讨的通用规则，例如：

- 不玩手机和笔记本电脑；
- 以提问为中心；
- 全程投入参与；
- 聚焦主题不跑题；
- 保持开放、坦诚的心态；
- 遵守发言时间；
- 鼓励和欣赏他人。

行动学习催化师要确保参与者明白每条规则的含义，并赢得参与者的共识和承诺。之后把写有规则的卡片贴在画布上，注意每张卡片上只有一条规则。为了提高承诺履行度，还可以建立惩罚机制，如违反规则的人在微信群里发红包。

子步骤 2：说明难题

- 目的：参与者提出并说明自己的难题，投票选出本轮研讨的难题提出者。
- 关键提问：你遇到了什么难题？
- 操作方法：请每位参与者将自己的难题写在卡片上，并在卡片右下角标注难题的重要度和紧急度（1~10 分），然后将卡片贴在行动学习画布的“说明难题”方框内。

在所有难题贴在画布上后，请参与者轮流用 1 分钟简要介绍自己的难题，然后组织参与者投票选出本轮研讨的难题，将写有该难题的卡片移动到最上方，用红色马克笔将其框出来。

接下来，请得票数最多的参考者（难题提出者）使用 BAIDUUI 难题陈述法详细介绍自己的难题。

- 背景（Background）：这个难题的背景是什么？

- 表现（Appearance）：这个难题有哪些表现？
- 影响（Impact）：这个难题产生了哪些影响？
- 行动（Done）：目前为止，我为解决难题采取了哪些行动？
- 期望（Urge）：我对本次研讨有哪些期望？
- 紧急度（Urgency）：对难题的紧急度进行评分（1~10 分）。
- 重要度（Importance）：对难题的重要度进行评分（1~10 分）。

例如，"我是 ×× 教育科技公司北京分公司的负责人。我们公司今年的目标是业绩增长 50%，但是现有的销售团队难以达成。（背景）所以我想招一些人，缓解业绩压力。但是在北京招人太难了，我们一直没招到合适的人员。（表现）如果再招不到合适的人，我们很可能无法达成业绩目标。（影响）我面试过一些应届毕业生，他们的薪酬期望甚至高于公司里金牌销售的薪金。（行动）所以我期待通过研讨找到解决问题的方法。（期望）这个问题的重要度是 10 分，紧迫度也是 10 分。"

步骤 2：澄清难题（用时 20~30 分钟）

子步骤 1：澄清提问

- 目的：推动参与者高效地向难题提出者提问，以澄清难题的背景。
- 关键提问：为了澄清难题，我们可以提出哪些问题？
- 操作说明：在难题提出者说明难题后，行动学习催化师要带领小组进行澄清性提问。可以参考的话术："现在让我们思考一下，针对这个难题，为了帮助当事人更深入地思考和觉察，我们可以提出哪些好的问题？"

行动学习催化师此时要提醒参与者提问尽量清晰、简洁，尽量提出开放式问题，而非封闭式问题，也不能把建议伪装成问题（如"为什么你不去问问其他人是怎么做的？"）。

可以让参与者思考两分钟，鼓励他们在卡片上写 3~5 个问题，注意提醒每张卡片只写一个问题。

在提问过程中，行动学习催化师要保持每个参与者都提问，不能总是一两个人在提问。对于长期沉默的参与者，行动学习催化师要采取适当的干预措施以让他参与进来。

如果时间快到了，还没有问完问题，行动学习催化师可以把剩余问题贴在画布上，然后由难题提出者选出并回答其中相对关键的问题。

子步骤 2：研讨回顾

- 目的：引导参与者及时回顾反思研讨质量，对改善行动达成共识，提高研讨质量。
- 关键提问：你为团队研讨的满意度打几分？我们在哪些方面做得好，在哪些方面可以做得更好？
- 操作说明：在研讨过程中，行动学习催化师要把控研讨流程、提高研讨质量。当观察到提问质量不高时，催化师要可以暂停研讨，帮助参与者进行回顾反思，可以参考以下话术：

  —“我们对刚才的团队研讨满意程度感觉如何？”

  —“我们的提问质量如何？”

  —“大家认为哪些是好的问题？如何问出更好的问题？”

  —“作为团队，我们刚才在哪些方面做得好，在哪些方面可以做得更好？”

  —“为了更好地进行研讨，我们应该做出哪些改变？”

可以请参与者记录其反思要点，然后将其贴在画布的“研讨回顾”方框内作为提醒。

步骤 3：重构难题（用时 20~30 分钟）

子步骤 1：重构共识

- 目的：重构难题是整个流程中最具挑战性和充满魅力的环节。很多难题之所以困难，就是难题提出者没有找到其本质。重构难题就是要透过问题表象，找出真正的问题。

- 关键提问：难题背后的问题是什么？（或问题的实质是什么？）
- 操作说明：行动学习催化师先给参与者 2 分钟时间独立思考难题提出者真正核心的问题是什么，并用一句话将其想法写在卡片上。

在参与者写好之后，行动学习催化师请参与者轮流读出自己对难题提出者的难题的理解，难题提出者最后读。

行动学习催化师此时要注意促进参与者对难题重构达成共识，以让难题提出者的难题成为参与者共同面对的难题。如果共识程度不高，行动学习催化师可以请参与者轮流说明自己重构的理由，并组织参与者继续进行讨论，直到达成共识。

在参与者对难题重构达成共识后，行动学习催化师可以用红色马克笔把这个难题卡片框出来，并将其移动到“重构难题”框的最上方。

参与者如果在限定的时间内实在难以达成共识，可以研讨已达成的部分共识。

子步骤 2：设定目标

- 目的：帮助难题提出者设定解决重构后难题的目标，明晰难题解决的具体期望和成果。
- 关键提问：在规定期限内出现什么结果，重构后的难题就可以算被解决了？
- 操作说明：重构难题后，难题提出者要设定解决难题的目标，而且这个目标要符合 SMART 原则，即 Specific（具体的）、Measurable（可衡量的）、Attainable（可实现的）、Relevant（与难题相关的）和 Time-bound（有时限的）。

例 1：做好销售管理和激励。（不符合 SMART 原则的目标。）

例 2：在一个月内优化并落地北京分公司的销售组织架构与销售激励考核机制。（符合 SMART 原则的目标。）

小贴士：如果难题提出者一时难以确定特别具体的目标，可以先继续进行研讨，等得到创新方案和行动方案后，再设定具体目标。

步骤 4：创新方案（用时约 30 分钟）

子步骤 1：创新提问

- 目的：推动参与者针对难题提出者设定的目标提出创新性问题，以启发难题提出者解决难题、实现目标的思路。
- 关键提问：为了解决重构后的难题并实现目标，我们有哪些提问可以激发创新性的思考？
- 操作说明：行动学习催化师请参与者围绕“如何解决重构后难题、实现目标”提问，以帮助难题提出者从多个视角思考，找到解决难题的创新方案。

在提问前，催化师可以给参与者 2 分钟的时间，鼓励参与者在卡片上写 2~3 个问题，提醒他们每张卡片上只能写一个问题。

子步骤 2：经历分享

- 目的：请参与者分享自己的相关经历，为难题提出者解决难题提供参考。
- 关键提问：大家有哪些相关的个人经历可以分享给难题提出者做参考？
- 操作说明：邀请每位参与者分享一段和难题提出者的难题相关的经历。请分享者在卡片上记录分享要点，不必记录故事经过，只记录故事或案例的核心观点和经验即可。

步骤 5：采取行动（用时约 15 分钟）

子步骤 1：行动方案

- 目的：推动参与者帮助难题提出者制订明确的行动计划，建立承诺。

- 关键提问：为了解决难题，实现目标，我们可以采取哪些具体的行动方案或计划？
- 操作说明：根据创新方案环节的启发，帮助难题提出者细化 3~5 条关键行动方案与计划。解决方案与行动计划应当具体，有明确的动作和时间节点，最好聚焦于未来 1~2 个月的行动。

可邀请参与者记录行动计划的要点，每张卡片上记录一个具体行动，将卡片贴在画布相应位置上。

制订行动计划之后，还要验证其有效性，催化师要不断激发难题提出者的创新思考："假如行动计划都被认真执行了，可以为解决难题，实现目标的有效性打几分？"如果打分过低，继续激发难题提出者改善行动计划，"如果想再提高 1 分，你还可以做些什么？"

子步骤 2：个人支持

- 目的：鼓励参与者向难题提出者提供个人支持，以提升问题解决的效果，增进参与者间的相互连接。
- 关键提问：我们可以为难题提出者的行动方案提供哪些个人支持？
- 操作说明：热情邀请参与者每人为难题提出者的行动计划至少提供一项个人支持。将个人支持写在卡片上，并署上提供支持者的名字，将卡片贴到画布上。

个人支持可以是资源支持，或者方法支持，也可以是跟进督导方面的支持。研讨现场可以选出督导人，定期询问和跟进难题提出者的行动计划执行情况。当难题提出者取得阶段性成果时，行动计划催化师和参与者都可以及时鼓励他。

步骤 6：学习反思（用时约 15 分钟）

子步骤 1：收获反思

- 目的：推动参与者总结学习反思，即从研讨过程和问题解决中学到了什么，以检视和修正心智模式。

- 关键提问：我们每个人的学习反思是什么？我们在哪些方面做得好，在哪些方面可以做得更好？
- 操作说明：行动学习催化师收集难题提出者对难题解决和研讨成效的满意度评分。可以参考的话术："你对解决问题的满意度感觉如何？如果是 1~10 分，你会打几分？"

然后请参与者回顾整个研讨过程，总结自己在这个过程中的学习与反思。可以从个人、团队、组织三个层面选择进行反思。以下是针对三层反思的参考提问：

- 个人反思：你从这个研讨过程中学习到了什么？你对自己思考方式的觉察是什么？
- 团队反思：团队在这个过程中在哪些方面做得好？在哪些方面可以做得更好？
- 组织反思：你如何将这种方法带回到组织中使用？

在参与者分享反思时，行动学习催化师请其他参与者记录反思要点，将记录的卡片贴到画布上。

子步骤 2：赋能反馈

- 目的：鼓励参与者给难题提出者或彼此提供积极正向的反馈，为难题提出者和小组赋能。
- 关键提问：我们可以从难题提出者（或彼此）身上学到什么优点？
- 操作说明：行动学习催化师请参与者分别在卡片上写下难题提出者在研过程中的积极行为，并口头上给予其欣赏反馈。参与者也可以相互进行欣赏反馈。在征得难题提出者和参与者同意的情况下，相互可以给出建设性反馈。

最后，专业行动学习催化师进行小结，表达对小组的欣赏和感谢，结束整场研讨。

行动学习画布操作案例示意，如图 2.4 所示。

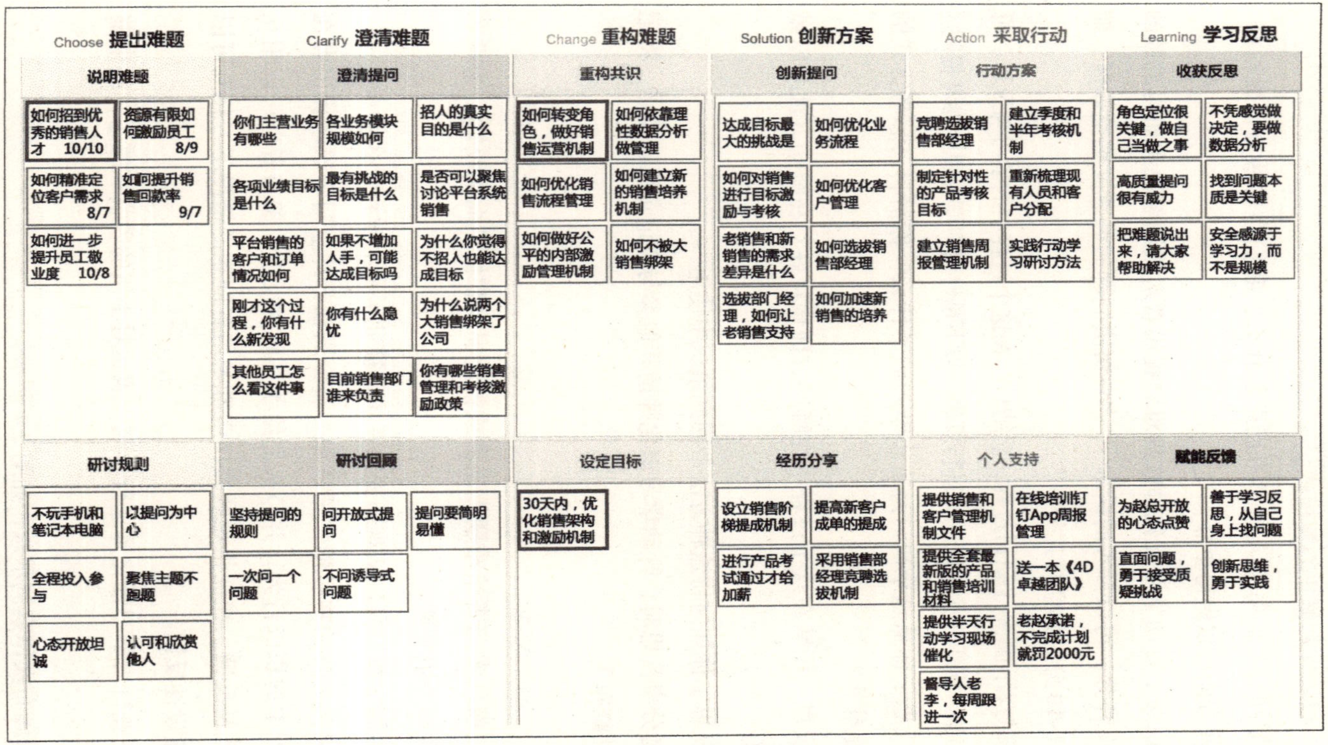

图 2.4 行动学习画布操作案例示意

注：按照实际流程，最先讨论“研讨规则”模块。之所以把该模块设计在下边，是为了突出展示更需要关注的“说明难题”模块。

以上就是视觉重构法的操作步骤。行动学习画布是行动学习多课题团队研讨的核心流程工具，在行动学习多课题项目中广泛使用。如果你希望成为一名行动学习催化师，那么这是你需要掌握的最重要的流程工具之一。

视觉重构法是一款“轻”行动学习工具。你可以在行动学习项目中使用这个工具，也可以单独约几个伙伴使用这个工具。在短短两小时内，你可以帮助他人解决一个难题，并帮助整个小组收获学习反思。

为了让尽量多人体验“轻”行动学习，已经说明了尽可能多的操作细节。但是受篇幅所限，不可能把每个点都写得十分详尽。掌握这个工具最好的办法就是多实践，多反思，多收集反馈。如果有机会，可以邀请专业行动学习催化师参与你的小组研讨，为你提出专业的、精准的反馈意见，这能帮助你快速提升。

另外，在“技巧篇”介绍了很多团队研讨的催化技巧，配合以上的操作流程使用，你的催化效果将更好。

行动学习画布的多样化研讨方法

前文提到根据 CSAL 行动学习六步法开发出的一系列团队研讨工具，它们被统称为“重构法家族”。这些工具的基本流程相同，都是同样的六大步骤。只是根据不同应用情境，在具体操作步骤上各有不同的一些变形处理。下面将详细介绍“重构法家族”的多样化的研讨方法。

请注意在下列工具中，视觉重构法必须配合行动学习画布使用。流言蜚语重构法和能力发展重构法，可以配合行动学习画布使用，也可以单独用于非视觉化研讨。而重构法、虚拟重构法、一对一重构教练法则只能用于非视觉化的方法研讨。

视觉重构法

上一小节已经详细地介绍了行动学习画布的操作步骤，这套步骤就是“视觉重构法”。一轮研讨的时间通常不低于 120 分钟。

如果研讨现场没有行动学习画布，也可以用普通的研讨墙代替。在卡片纸上写出会议名称和研讨步骤名称，将卡片纸贴在研讨墙的适当位置上。

由于视觉重构法和以下几个工具的步骤十分相似，所以只介绍它们与视觉重构法的不同点。

重构法

重构法是“重构法家族”的“基本款”。其他几款工具都在重构法的基础上各自增加了一些操作环节。

重构法不需要使用行动学习画布，参与者和专业行动学习催化师可以围坐一圈，或者围坐在一张桌子前，按照 CSAL 行动学习六步法进行研讨。除了在视觉化呈现方面的区别，重构法和视觉重构法的操作步骤基本一致。

重构法适用于大多数行动学习研讨情境。因为重构法的操作细节相对最少，所以耗时也最短，通常在 75~90 分钟就可以完成一轮研讨。所以尤其适用于时间不充分的情况。

而且，重构法由于不需要书写卡片，所以它的研讨流程更加快捷。但是由于缺少视觉化呈现，所以重构法要求行动学习催化师具备更强的控场能力和记录水平。

流言蜚语重构法

流言蜚语重构法在重构法基础上增加了“流言蜚语”模块，尤其适用于不注重聆听、固执已见的难题提出者。

流言蜚语模块通常被插在**澄清难题**或**重构难题**环节。当行动学习催化师觉察到研讨难以推进，而且是由难题提出者的过度理性、固执或缺乏聆听造成的时，就可以插入流言蜚语模块，让难题提出者被迫进入聆听状态。

在进入流言蜚语模块前，行动学习催化师需要征得难题提出者的同意，并声明流言蜚语不要“太过火”。

在进入流言蜚语模块后，难题提出者必须背过身去，静静聆听其他人讨论。

在流言蜚语环节，其他参与者可以对难题障碍、难题提出者的思维假设及难题本质进行“流言蜚语”。例如，参与者可能谈到“核心的原因 / 障碍是什么”“他的假设是什么”“难题的本质是什么”等。在聆听过程中，难题提出者记录他认为有价值的观点或引起他共鸣的话语。参与者需要把握流言蜚语的尺度，不能过激，也不能过“软”。

在流言蜚语结束后，难题提出者回到小组中进行回应，如“有哪些内容引发了共鸣与反思？”“对哪些地方感到意外？”“需要进一步澄清哪些问题？”及“难题的本质是什么？”

因为“被迫”处于聆听状态，难题提出者能更好地觉察到自己的盲点和内在假设，看清难题的本质。很多参与者反馈说，当重构难题陷入僵局、难以达成共识的时候，加入一个流言蜚语模块往往能让重构难题环节进展得更加顺利，能帮助难题提出者更好地觉察。

能力发展重构法

能力发展重构法是一种增强参与者对个人领导力的觉察与改进的研讨方法。这种方法在重构法的基础上增加了能力前测、后测和能力反馈模块。具体来说，这个工具在重构法或视觉重构法的基础上增加了以下三个步骤。

研讨前：参与者选择能力项

在研讨开始前，行动学习催化师邀请参与者轮流说出自己想在研讨过程中刻意发展的一个能力项，然后对自己的现状进行打分，并设定自己的能力发展目标。行动学习催化师将每个人的能力发展目标记在白板纸上（见图 2.5），以便随时提醒参与者“刻意”改善相关能力项。

姓名	能力项	现状评分（分）	目标评分（分）
张XX	系统思考	6	7
王XX	激励他人	3	5
李XX	人际敏感	5	7
赵XX	解决问题	7	8
周XX	管理冲突	6	8

图 2.5 设定能力发展目标

研讨中：提醒参与者关注能力项

在研讨过程中，行动学习催化师要适时提醒参与者刻意关注并展现出提升自己能力项的相关行为。

研讨后：参与者个人能力发展反馈

在学习反思环节，行动学习催化师要组织参与者进行个人能力发展反馈。可以参考的话术：“让我们看看每个人在研讨中的能力发展表现？”

首先，针对事先设定能力发展项组织自评反馈：“你觉得在刚才的研讨里，你事先设定发展的领导力体现得怎么样？在哪些方面做得好？你能给出具体的例子吗？”可以根据小组氛围决定是否追加提问：“在哪些方面可以做得更好？”

其次，请其他参与者给当事人做出反馈：“大家觉得在刚才的研讨里，他事先设定发展的领导力体现得怎么样？他在哪些方面做得好？能给出具体的例子吗？”根据小组氛围，并且在获得小组成员许可的情况下，行动学习催化师可以追加提问：“他在哪些方面可以做得更好？”

最后，行动学习催化师可以根据自己的过程记录和观察，给出自己的正面反馈和建设性反馈，注意以鼓励和赋能为主。更具体的反馈技巧请参考“技巧篇”的相关内容。

以上反馈流程要对每位参与者都应用一遍。

相对而言，能力发展重构法在领导力发展上应用得比较深，但它的操作难度也较高，要求催化师具有较高的观察能力与反馈能力，同时也需要团队有更好的觉察度、打开度和信任度。

虚拟重构法

虚拟重构法，顾名思义，就是借助互联网的手段实现异地研讨，适用于小组成员无法在线下会面的情况。虽然在线的方式可能影响研讨的质量，但是对于很难聚到一起又需要保持行动学习会议频度的参与者来说，虚拟重构法是一种绝佳的解决方案。

尤其在虚拟技术日新月异的今天，线上研讨的质量也必将不断提高。对于忙碌的经理人，虚拟研讨无疑是解决他们时间问题的最佳解决方案。事实上，在很多行动学习项目中，处在不同城市的学员都是通过虚拟手段实现高频次的研讨的，以确保行动学习最终能产出优质的课题成果。

虚拟重构法与重构法的操作流程基本一致，只是要借助微信、钉钉、Zoom、Skype 等在线平台。虚拟重构法要求专业行动学习催化师熟悉虚拟平台，能应对突发的技术故障，以确保所有参与者都能听到清晰、实时的小组讨论。这是行动学习的一个重要发展趋势，随着虚拟沟通平台技术的不断完善，虚拟行动学习将发挥巨大的作用。

一对一重构教练法

重构法的行动学习六步法流程不仅可以用于团队研讨，而且在一对一教练中也非常有效。在课题跟进辅导的过程中，或者其他需要一对一教练的场景中，专业行动学习催化师可以使用行动学习六步法进行一对一教练。

一对一教练的流派众多，很多都遵循 GROW 教练框架。GROW 教练框架是先让难题提出者设定 Goal（目标），并说明 Reality（现状），通过目标和现状之间的差距来驱动对话，打开思路，寻找实现目标的 Options（可选方案），最后明确 Will（具体行动）。

GROW 教练框架的好处在于它符合企业中常用的目标管理逻辑，有利于实现上下目标和行动的一致性。但是在现实中，许多成员并不清楚目标，他们更多困扰于找不到难题的根源。使用一对一重构教练法，能够帮助成员发现自己的心智模式，挖掘病根所在。其步骤还是先提出难题，让难题提出者陈述要谈的问题；接着澄清难题，来帮助难题提出者透过问题的表现接近问题的根源；在必要的澄清之后，教练和成员一起重构，弄清楚到底难题背后的真问题；然后是创新方案和行动计划，启发参与者思考真问题的解决方案；最后进行学习反思，询问难题提出者从本次谈话中的反思和觉悟。

这样的一对一教练的流程是非常有深度、有冲击力的。与 GROW 教练框架不同的是，重构教练法一开始并不聚焦目标和行动，而是挖掘事实，找到关键痛点，再往深走，往行动和思考的源头走，帮助难题提出者找到和自己内心源头连接的感觉，让内在的觉知涌现，进而接纳新思维，触发新行动。

一对一重构教练法是作者在和同事的一次沟通中偶然发现的。当时他们从“如何提升工作的主动性”这个难题一路深入，最后竟挖到了“如何找到工作的意义和人生的使命”这个根源，这让作者十分振奋。由于对话过程发生在飞机上，因此称作“云端”的教练对话。

注：如果你感兴趣，可关注“CSAL 行动学习社群”微信公众号，回复关键词“一对一”，阅读此教练对话的详细过程。

如何根据情境选择研讨工具

以上介绍了 6 种行动学习小组多课题的团队研讨工具。这些工具虽然都采用同一套研讨方法论，但是各有特色，适用情境也各不相同。在阅读每种工具的介绍后，相信你会对这些工具的差异化特色有一定了解。下面问题就来了，如果要组织一场行动学习活动，如何根据实际情况选择最合适的工具？

有些工具的适用范围比较广，如重构法和视觉重构法。这两种工具适用于大多数的行动学习小组多课题研讨情境。

有些工具则较为专精，对于特定情境有奇效。例如，流言蜚语重构法特别适用于固执己见的难题提出者，在研讨流程无法推进时，尝试一下流言蜚语重构法总有惊喜。能力发展重构法虽然用时较长，但是能力发展这条线“打”得很深。虚拟重构法虽然无法面对面交流，可能对研讨质量造成影响，但是适用于参与者无法在线下聚会的情况；如果参与者来自天南海北或他们在实践中遇到障碍，那么虚拟重构法是最佳选择。此外，如果你需要单独对某个学员进行一对一教练辅导，那么一对一重构教练法是你的选择。

为了方便你更好地做出选择，表 2.1 梳理了这 6 种工具的适用情境和应用要点。你可以根据自己实际的应用情境，选择最合适的研讨工具。

表 2.1 “重构法家族”工具的适用情境和应用要点

工具	建议时长	适用情境	应用要点
行动学习画布（又名视觉重构法）	120 分钟	• 适用于大多数情境 • 尤其适用于重复出现但没有被解决的难题，以及对解决方案想当然、不深入思考的难题提出者	• 对场地的要求高 • 需充分准备物料 • 需要的时间更长 • 其他要求同重构法
重构法	90 分钟	• 适用于大多数情境 • 尤其适用于重复出现但没有被解决的难题，以及对解决方案想当然、不深入思考的难题提出者	• 要求专业行动催化师具备更熟练的催化技巧 • 在研讨前小组成员需建立信任关系
流言蜚语重构法	105 分钟	• 尤其适用于不注重聆听、固守已见的难题提出者	• 参与者需把握“流言蜚语”阶段说话的尺度和语气，不能过激，也不能过“软”

续表

工具	建议时长	适用情境	应用要点
能力发展重构法	120 分钟	• 尤其适用于想通过行动学习明确发展个人领导力的情况	• 专业行动学习催化师需在研讨中提醒成员刻意发展自己选定的能力 • 需要具有更高反馈能力的专业行动学习催化师 • 需要小组有更好的自我觉察 • 如果使用行动学习画布，所需时间需更长
虚拟重构法	90 分钟	• 适用于参与者无法在线下聚会的情况	• 要做好应对虚拟平台技术故障的准备 • 参与者可能在研讨中做其他事情，设法令其更投入
一对一重构教练法	30 ~ 60 分钟	• 尤其适用于难以凑齐人数或话题不适合团队讨论的情况 • 适合帮助没有明确目标的难题提出者发现自己的心智模式，挖掘问题原因所在	• 专业行动学习催化师一人扮演多个角色，他最好有一定的教练基础

以上就是行动学习的小组多课题（圆桌会）模式中最常用的几种流程工具。你可以通过学习、实践、反思和反馈，把它们收入自己的行动学习工具箱。如果能熟练掌握这些工具，就可以游刃有余地应对绝大多数的行动学习多课题小组研讨情境。

在掌握流程工具的基础上，还需要掌握一些催化技巧，进一步提高团队研讨的质量。“技巧篇”会介绍与这些流程工具配套的催化技巧，例如，怎样让参与者提出好问题，怎样让他们学会聆听，如何进行高质量的重构，如何进行深层次的反思，如何给出建设性的反馈等。

3

技巧篇：

行动学习画布的催化技巧

如果想要成为一名优秀的行动学习催化师，让行动学习画布的研讨更加高效，那么不仅要掌握研讨的流程步骤，还需要掌握一些重要的催化技巧。

在行动学习画布的研讨过程中，小组成员是主体，行动学习催化师是小组成员的赋能者。为了提升研讨效率，催化师应该帮助小组成员提升各方面的技能和表现，例如：

- 帮助小组成员高质量**提问**；
- 帮助小组成员深层次**聆听**；
- 帮助小组成员高质量**重构**；
- 帮助难题提出者设定难题**目标**；
- 激发小组成员相互**分享**经历；
- 帮助难题提供者精准制订行动计划，引导小组成员评估行动**计划**并提供**支持**；
- 深化小组成员的学习**反思**；
- 帮助小组成员彼此真诚**反馈**；
- 识别失当行为并进行**干预**；
- 指导小组成员使用好**视觉材料**。

以上这 10 个方面，对于提高小组的整体研讨质量来说十分重要，因此是催化小组研讨的重要工作。接下来，从催化师的视角，看看如何通过催化技巧帮助小组实现以上 10 个方面的能力提升。

催化技巧和催化流程的对应关系

行动学习画布的使用步骤包含提出难题（Choose）、澄清难题（Clarify）、重构难题（Change）、创新方案（Solution）、采取行动（Action）、学习反思（Learning）。每个步骤的目标和侧重点不同，所以催化师在各环节的关注重点也不同。行动学习催化技巧和催化流程的对应关系，如图 3.1 所示。

工具	流程	提问	聆听	重构	设定目标	分享	行动计划	个人支持	反思	反馈	干预	视觉化
重构法 流言蜚语重构法 视觉重构法 能力发展重构法 虚拟重构法	Choose 提出难题	✓	✓								✓	✓
	Clarify 澄清难题	✓	✓								✓	✓
	Change 重构难题	✓	✓	✓	✓						✓	✓
	Solution 创新方案	✓	✓			✓					✓	✓
	Action 采取行动	✓	✓				✓	✓			✓	✓
	Learning 学习反思	✓	✓						✓	✓	✓	✓

图 3.1 行动学习催化技巧和催化流程的对应关系

首先，催化师在整个流程中都应该关注小组的**提问和聆听**，让小组进入深层次对话中，这是团队研讨的基础。

其次，在重构难题环节中，催化师要重点关注小组的**重构**质量，带领小组找到难题本质，这是最有挑战而又充满魅力的一步。重构之后，催化师还要帮助难题提出者精准设定解决难题的**目标**。

再次，在创新方案和采取行动环节中，催化师要指导参与者**分享**相关的个人经历，启发难题提出者找到创新性方案，制订精细的**行动计划**。并且还要激发参与者给难题提出者提供个人**支持**，以增强小组连接，增加难题提出者解决难题的信心。

最后，在学习反思环节中，需要帮助小组成员进行深度的学习**反思**，并且彼此给出正向反馈和建设性**反馈**，把整个学习过程推向高潮。

注意：在研讨过程中可能出现如玩手机、滔滔不绝、指点江山等严重影响研讨质量的行为，对此催化师要及时识别并进行适当**干预**。

另外，行动学习画布是视觉化研讨工具，因此需要指导小组成员规范使用**视觉化材料**。

技巧1：如何帮助小组成员高质量提问

每个人都会提问，但并不是每个人都懂得高质量提问的技巧。平庸的提问不能给人启发，甚至会让人感到压抑，以至于让研讨过程陷入僵局。而优质的提问给人带来全新的视角，给人惊喜的感觉，打通全新的脑回路，甚至能让看似无解的难题也能豁然开朗。这就是提问的力量。

行动学习十分重视提问的力量。还记得瑞文斯提出的学习等式吗？L=P+Q（学习 = 程序性知识 + 洞察性提问），他认为重点在 Q（洞察性提问）上。这个等式背后有一个假设：每个人头脑中都有一些重要的程序性知识，这些知识能帮助解决难题。然而很多知识被遗忘在死角，人们必须通过优质的提问，才能把这些知识激发出来。换句话说，优质的提问能够激发人们的思路，能够帮助解决难题，也能够帮助人们学习。

无论是参与者还是催化师，都需要掌握提问的技巧，但两者的提问方式并不相同。

催化师通过提问来推动研讨流程、激发学习反思，并在必要时通过提问进行干预介入。本篇各小节会分别介绍催化师的多种提问技巧，因此在本小节不做集中讲解。

本小节主要关注参与者的提问。参与者通过提问开展研讨，通过提问激发思路。他们的提问质量直接影响整场研讨的效果。而催化师的重要任务就是帮助参与者提高提问质量。虽然从根本上提高一个人的提问能力并不容易，但是可以帮助小组成员尽量提高研讨中的提问表现。

通过综合使用多种干预策略，催化师可以让参与者了解什么是好的提问，什么是不好的提问，并且让小组成员对现场提问质量有觉察，从而提出更多优质问题，以下具体展开介绍。

提问的基本原则

提问环节开始之前，催化师可以花很短的时间，为小组成员介绍一些提问的基本原则。告诉参与者什么是好的问题，什么是不好的问题，帮助小组成员避免出现一些常见的低质量提问。

1. 多问开放式问题

在小组研讨的过程中，封闭式问题是要尽量避免的。封闭式提问带有预设答案，通常可以用“是”或“否”来回答。例如，你对她的表现是否满意？这样的提问容易压制回答的欲望。相比之下，开放式提问的自由度更大。例如，你对她的表现感觉如何？这样的提问更容易激发表达，产生更多创造性的思路。

2. 不问诱导式问题

例如，“为什么不直接开除她？”这就是一个诱导式问题。这个问题里面隐含了一个建议，即“你应该开除她”，这明显不是一个好问题，很容易让人感觉不满，让好的场域迅速瓦解。

3. 多问积极正向的问题

行动学习是一种互助关怀式的团队学习，应该鼓励参与者多问积极正面的问题，而不要提出消极负面的“审问”，如“你为什么连这么简单的事情都做不好？”

4. 提问清晰简洁

有些人在提问前会先做一两分钟的铺垫和解释，生怕自己的观点被忽视，然后再花 5 秒问完自己的问题。其实这样做就太耽误时间了，毕竟团队研讨的时间很宝贵，提问应该尽量简单明了，切忌长篇大论地解释个没完，让所有人都听得不耐烦。

5. 如有必要，可以追问

虽然催化师要把控参与的均衡度，不能让一个人问个没完，但必要时也可以允许连续追问。如“你手下有几个人？”“他们分别做什么岗位？”“谁最需要得到帮助？”这几个问题是相互关联的，一口气问完可以确保思路连贯，催化师不必武断地打断。

注意：参与者很有可能不会一直记得这些基本原则，所以偶尔会问出一些封闭式问题或诱导式问题。在这种情况下，就需要适度采取干预措施，提醒小组成员再次注意这些重要的提问原则。

5F 提问法

即使参与者认真遵守了前面的提问基本原则，但提问质量可能依然不高。缺少提问经验的参与者常常不知道从何问起。在这种情况下，可以输入 5F 提问法，5F 代表着提问的五个内容维度：事实（Fact）、感受（Feeling）、分析（Focus）、行动（Future）、学习（Finding），如图 3.2 所示。通过输入下面的 5F 提问法，并且组织相关的提问练习，可以让参与者知道应该问哪几个维度的问题，提升多角度提问能力。

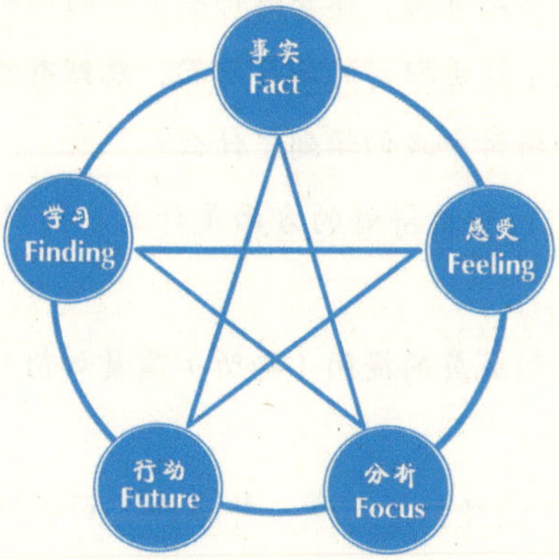

图 3.2 5F 提问法

5F 提问法解读

- 事实类提问：询问具体事实，到底发生了什么。

例：这件事情发生多长时间了？

这件事的利益相关方都有谁？

到目前为止，你已经做过了什么？

- 感受类提问：询问难题提出者和利益相关者的感受。

例：当时大家的情绪反应是什么？

对方的感受是什么？

哪些方面让你感到沮丧或不舒服？

- 分析类提问：探询问题背后的原因和假设。

例：是什么让这个问题变得如此重要？

你观点背后的假设是什么？

解决问题最大的挑战是什么？

你从客户反馈中发现了什么？

- 行动类提问：引导难题提出者关注未来，思考选项和行动方案。

例：有什么样的可选方案？

你需要什么样的支持或帮助？

如果资金不是障碍，你还有哪些不同的创新方案？

- 学习类提问：促进研讨的学习反思，总结有意义的经验。

例：从问题的研讨中我们学到了什么？

刚才我们团队做得好的方面是什么，可以做得更好的方面是什么？

你认为小组成员的提问（聆听）质量如何？

5F 提问法结合了库伯经验学习圈，并综合了问题分析解决的逻辑：先通过事实类提问深挖具体事实，明确难题背景；再通过感受类提问了解自己和利益相关者的感受，通过这两类提问能对问题有更加整体的了解。接下来通过分析类提问，找出造成难题的障碍因素、根源、局限性假设和思维的盲点。下一步通过行动类问题，找出解决难题的方案、策略和行动计划。最后使用学习类提问反思收获。

五类提问的先后顺序和 CSAL 六步法有对应关系，每个研讨步骤都有不同的提问侧重点。在提出难题和澄清难题环节，可以指导参与者多问事实、感受和分析类问题，了解问题的背景，找到障碍点。

进入重构难题环节，需要更多地问分析类提问，找到难题的本质，并浮现每个人的假设。

在创新方案和采取行动环节，侧重于行动类提问，以找到解决方案，制订行动计划。

最后，学习类提问不仅局限于学习反思环节，而是贯穿研讨始终的。参与者随时都可以提出学习类问题，捕捉转瞬即逝的学习点，如“我们团队的提问质量如何？”“我们团队现在的聆听状态如何？”这样的问题可以让小组成员暂时从研讨中抽离出来，产生即刻的学习反思。

特别值得说明的是，5F 提问法是基本内功。当小组成员初步掌握这套方法之后，催化师可以秉着“缺什么补什么”的原则，对小组成员的提问进行干预。例如，当小组成员没有搞清楚事实，就开始深入分析问题时，催化师可以问：“我注意到大家问了很多分析类提问，但我们如何多有一些事实类提问，更好地澄清难题背景呢？”

提问质量反思法

行动学习催化师旨在帮助小组成员学会提问，提高提问质量。在小组成员相互提问的过程中，如果催化师感觉小组成员的提问质量不高，可以暂停研讨，通过“研讨回顾”的方式介入，进行针对提问质量的团队反思。这种方法不是直接给出建议，而是通过反思性提问的方式，让小组成员自己找到提问的诀窍。这种方法包含三个步骤：①评估；②反思；③改变。下面列举一个具体操作示例供你参考。

评估。提问质量不高时，可以请参与者就提问质量进行打分，如可以问：“我们刚才的提问质量怎么样？如果用 1~10 分评分，可以打几分？”

反思。所有人给出分数之后，引导小组成员轮流陈述：关于小组成员的提问，做得好的方面是什么，可以更好的方面是什么。

改变。小组成员就如何保持优点、改进不足的关键行动达成明确共识，催化师进行鼓励并结束此步骤。

SCQ 提问矩阵

SCQ 提问矩阵是一个深度反思提问质量的工具，这是一个 2×2 的矩阵，把提问分成四个维度。SCQ 提问反思矩阵的英文缩写为 SCQ，S 是指 Support，即支持度；C 是指 Challenge，即挑战性；Q 是指 Question，即提问，如图 3.3

所示。如果说 5F 提问法关注的是“问什么”，那么 SCQ 提问反思矩阵关注的是“怎么问”，它可以帮助小组成员提升对提问质量的觉察，提出更加正向且有启发性的问题。

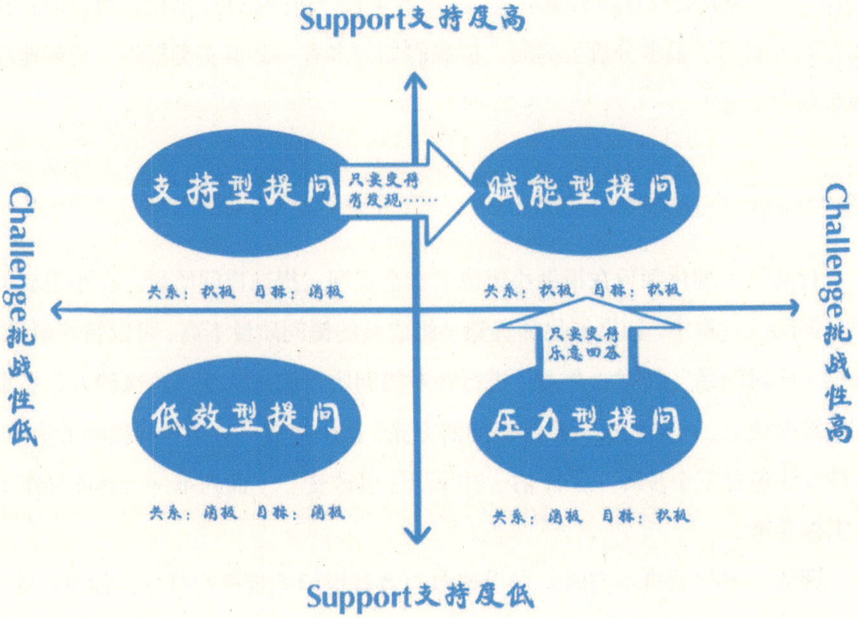

图 3.3 SCQ 提问矩阵

SCQ 提问矩阵解读

矩阵的横轴代表问题的挑战性，纵轴代表问题的支持度，这两个坐标轴把提问分为四个象限。

低效型提问：低支持、低挑战（例：为什么这么简单的事你都没做好？）

低效型提问不仅让人不开心，而且没什么价值，是应该尽量避免的。如果催化师发现这样的问题，应该及时干预，防止负面情绪不断发酵。

支持型提问：高支持、低挑战（例：你现在感受如何？）

支持型提问是对方乐意回答且惯于回答的，能给到对方情感上的支持。在研讨之初需要支持型提问，这有助于场域打开和关系建立。先建立好关系，后面才容易聊得更深。而且这种问题也可以帮参与者收集一些基础信息。

压力型提问：低支持、高挑战（例：你认为自己领导力方面最大的不足是什么？）

压力型提问会让人有压迫感，但可以帮助产生新发现。如果难题提出者有思维盲区，或者固执己见，这种沉重的问题往往能起到“当头棒喝”的效果，帮助难题提出者产生内省式的觉察。

赋能型提问：高支持、高挑战

这种提问方式能让人乐意去主动思考，并产生有意义的发现，这是参与者都喜欢的提问方式。要有赋能提问，可以注意以下几点：

- 询问“真正渴望的是什么”，而不是“不得不做的是什么”。
- 询问为什么要做这件事，背后的意义和驱动力是什么。
- 澄清重要概念，如问“你如何定义工作主动性”。
- 质疑理所当然，如问“如果不增加销售人员，能完成销售业绩吗”。
- 激发换位思考，如问“如果你是他，你会怎么做”。

在研讨过程中，催化师可以简要输入 SCQ 提问矩阵，然后请参与者根据提问矩阵，评估提问类型，以此促进团队对于提问质量的反思觉察，鼓励参与者问出更多赋能型问题。

POQ 提问风暴法

对于提问能力有待提高的团队，必要时可以进行提问练习。

一般常用的提问练习工具是 POQ 提问风暴法，又名提问的力量（Power

of Questions，POQ），其目的是提升参与者对提问质量的觉察，帮助参与者体验提问的威力，提升提问技巧。

这个工具单轮练习需要 30 分钟左右，人数越多所需时间越长，其操作步骤如下。

- 选择难题：参与者分别简述自己的难题，然后小组成员选出一位难题提出者。
- 提出难题：难题提出者陈述难题背景和已经采取的行动，并评估难题的重要性和紧急性。
- 准备提问：每位参与者写下 3~5 个问题，难题提出者也可以给自己写问题。
- 收集提问：参与者轮流向难题提出者提问，至少提出 20 个问题，难题提出者做记录，**不需要回答**。
- 筛选提问：难题提出者选出 3~5 个对难题解决最有启发和帮助的提问，并解释选择与排序的理由。
- 行动计划：难题提出者说明后续解决难题的 2~3 个关键的具体行动计划。
- 学习反思：难题提出者与小组成员轮流说明学习反思点，催化师小结并表达感谢。

这个工具的特点是难题提出者在收集提问环节不需要回答提问，只需要选出最有帮助和启发的提问，并在此启发下制订行动计划。

在此过程中，把大量问题抛向难题提出者，冲击感非常强，能够帮助难题提出者快速发现自己的思维盲区，并让所有参与者感知提问的威力。而且，根据难题提出者对于优质问题的筛选和排序，所有参与者（包括难题提出者）能更好地体会什么是好的问题，提高提问技巧。

特别要说明的是，POQ 提问风暴法是行动学习中的“创可贴”，适用于“小而美”的问题解决，但不适用于解决复杂难题。

以上给出的是行动学习催化师帮助小组成员提高提问质量的几种常用方

法。提问是一件很复杂的事，帮助小组成员提高提问质量的方法还有很多。所以也欢迎你不断学习精进，创造性地尝试更多方法。

小结

在行动学习研讨中，小组成员的提问质量十分重要。本小节介绍了提问的基本原则及四种提问策略，如图 3.4 所示，可以帮助催化师提高小组成员的提问质量。

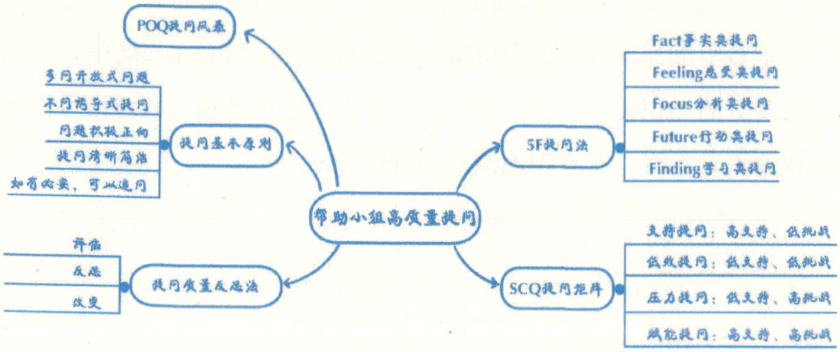

图 3.4 提问的基本原则及四种提问策略

技巧2：如何帮助小组成员深层次聆听

聆听和提问一样，都是决定行动学习研讨质量的重要因素。聆听能力常常被人们所忽视，人们很容易自认为听到了事情的全貌，而这正是大量失败沟通的根源。

在行动学习画布研讨过程中，催化师要带领整个小组进入深度聆听，以便开展高质量对话。

而且在很大程度上，聆听层次决定了对话层次。如果小组整体聆听状态不佳，那么问题解决和学习反思都很难深入。如果小组成员都是在选择性聆听，只听自己想听的部分，选择忽略不喜欢和不认同的部分，那么结果就是你说你的、我说我的。大家要么一直客套寒暄，要么进入无意义的争吵，高质量的对话自然难以达成，解决难题的质量也很难保证。

四层次聆听

关于聆听的说法很多。考虑到与行动学习画布的匹配性，本书借用了U型理论的“四层次聆听”模型，如图3.5所示。这套理论是对聆听状态的觉察和判断，它把聆听的深度分为四个层次。在行动学习项目和工作坊中，可以做一次四层次聆听的知识输入，并且组织小组讨论。这样的输入和讨论可以帮助小组成员快速提升觉察，有意识地调整聆听状态。

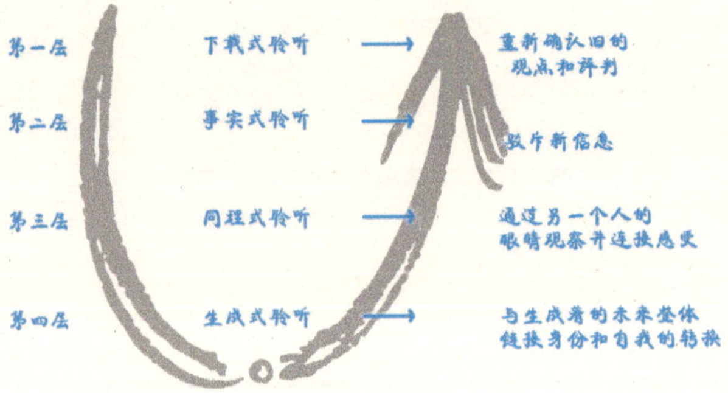

图3.5 四层次聆听

资料来源：《U型理论：感知正在生成的未来》（全新升级版）。

U型理论的四层次聆听解读

1）下载式聆听

你听到的都是你已经知道的，或者你愿意相信的，其他信息都被过滤掉了。结果就是你再次确认了你已经知道的一切，而没有听到新的东西。这种聆听让你自我封闭，与外部隔绝。

2）事实式聆听

你从自己的世界走出来，开始看到外面的样子，这是深度聆听的开端。在这个阶段，你打开了思维，听到之前不了解的事实，以及之前并不太认同的观点。结果就是你发现了自己和他人在事实和观点上的差异。

3）同理式聆听

你不再单纯依靠头脑来听，而是把心灵也当作聆听器官。你不再站在自己的视角聆听，而是站在对方的角度看问题。当你处于同理式聆听时，你不仅能听到客观事实，还能听到事实背后的感受和需要。通过反思性探询，还能听到对方观点背后的原因，进而产生同理心，和他人产生深度的连接。

4）生成式聆听

生成式聆听，也可以叫共创式聆听。处在生成式聆听状态，你听到他人在未来最大的可能性，以及对方内心深处的使命和呼召。当一个人陷入困境时，你不仅能听到他的痛苦和挣扎，还能听到他对未来的渴望，听到他渴望追随个人使命的意志。进入这种聆听状态，场域中的参与者能够共创出激动人心的愿景，并因此热情高涨，激发出创新思路。通常情况下，只有经过事实式和同理式聆听，才有可能到达第四层生成式聆听的状态。

聆听层次反思法

当你正处于小组研讨之中，发现小组聆听和对话状态明显下降时，可以采用一种聆听层次反思的方法，对小组成员的聆听状态进行干预。这种方法与提问反思法类似，有“评估—反思—改变”三个步骤。

关于聆听层次反思法的案例

有一次我在一家互联网公司做催化。难题提出者一直在抱怨工作压力大，他每次发言的时间都很长，讲得很发散。其他人慢慢开始走神，现场能量和对话质量越来越低。于是我先输入了四层次聆听的理论模型，然后使用聆听层次反思法采取了下面的干预动作。

评估。觉察到这个情况，我问小组成员“我们现在的聆听质量怎么样，在哪个聆听层次？大家伸手指告诉我。”结果大家都伸出一个或两个手指。

反思。然后我继续问“如果继续这样下去会如何？”大家纷纷说，这样下去肯定不太好，越讨论能量越低，最后只能不了了之。

改变。最后我问：“那么我们怎么样才能进入第三层和第四层的聆听状态？”大家纷纷回答说，“我们要更有耐心”“多一些探询式提问”“多一些同理式的对于感受的回应”等。

在后面的研讨当中，大家的聆听状态有明显的提升。难题提出者和小组成员都感觉讨论更深入、更放开了。

三人聆听练习

对于聆听能力偏弱的团队，必要时可以进行聆听训练。下面是一种训练方法。

练习之前你需要设定一个分享主题，如“我最近遇到的一件烦心事”，然后三人一组进行练习。A 角色就这个话题做 3~5 分钟的分享。B 角色听完分享之后进行复述，要复述关键事实、感受和需求。C 角色是观察员，他要对 B 的复述进行反馈，如 B 遗漏或篡改了哪些信息、是否听到了 A 的感受等。一轮练习结束之后，三人轮换角色，再进行两轮练习，直到每个人都担任过三个角色，即分享者、聆听者和观察员。

聆听层次自测

为了改善个人聆听状态，行动学习催化师必须能敏锐地觉察到小组成员的聆听层次，并且最好能让小组成员拥有这种觉察力。这看似很难，但其实是可以通过一些工具实现的。

表 3.1 是聆听自测工具，可以在研讨之后让小组成员自己填写，觉察自己的聆听状态。

表 3.1 聆听层次自测表

聆听层次	占比	记录聆听层次转变的经历
第一层：下载式聆听		
第二层：事实式聆听		
第三层：同理式聆听		
第四层：生成式聆听		

资料来源：《U 型理论：感知正在生成的未来》（全新升级版）。

这个工具也可以用作日常训练，每天记录一次，填写你当天花在每个聆听层次的时间占比，并且记录你聆听层次发生转变的经历。这个工具帮助你每天反思自己的聆听状态，并且提升你对聆听和对话状态的觉察与干预能力。

如果你坚持记录一个月，你会发现自己的聆听状态越来越好，在催化过程中更容易觉察到自己和小组成员的状态，并且更加游刃有余地把整个小组带入深度聆听。

四层次对话

在行动学习画布的研讨全过程中，催化师有一项重要职责，即带领小组产生高质量对话。

聆听与对话紧密相关，往往聆听层次越高，对话层次也越高。与四层次聆听相对应，对话也可分为四个层次，如图 3.6 所示。为了干预小组的对话层次，催化师必须深入理解和觉察小组成员的对话处在哪个层次上，并且采取有针对性的干预措施，帮助小组成员提升对话层次，提高讨论质量。

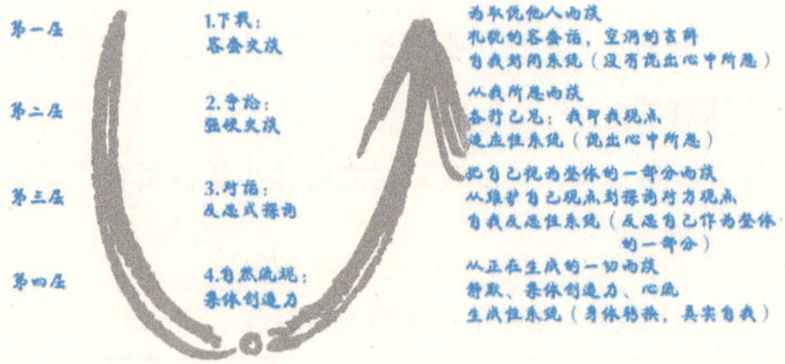

图 3.6 四层次对话

资料来源：《U 型理论：感知正在生成的未来》（全新升级版）。

四层次对话解读

1. 下载：客套地交谈

大家只说别人想听的，而非自己的真实想法。礼貌的客套式交谈之后，大家都没有学到任何新内容。这样的好处是气氛很融洽。但从团队学习层面来讲，这种对话是无效的，无法谈论真正的问题。

2. 争论：强硬地交谈

大家开始说出真实想法，反驳其他人的观点。你会听到新的数据和观点，冲击你的原有认知。这种对话的好处是，不同的见解可以拿出来讨论了。但局限之处在于，大家会启动防御机制，为自己的观点辩护，批判别人的观点。

3. 对话：反思式探询

大家看到自己是整体的一部分，开始暂悬自己的观点，走出自身的局限性，从第三者的视角进行观察。谈话从习惯性防御，转向反思性探询。大家开始真诚地询问："你基于什么得出了与我（们）不同的结论？"在这个层次，你不仅会获得新信息，同时还会收获新视角，从另一个利益相关者的角度去思考。

4. 自然流现：集体创造力

大家进入集体心流状态，开始感知正在生成的未来可能性。小组化作整体，让前所未有的新事物得以生成。进入这个对话层次，场域能量会一直上升，灵感迸发，并且诞生出突破性的理念。最重要的是，谈话结束之后，参与者产生了改变。每个人更加紧密地连接到内在真我，看到未来的自我。

低效团队则会卡在一两个对话层级上，而高效团队会随着对话的推进，逐渐进入更深的对话层次。

你很难立即把小组带入第四个层次。大家总要先客套一下，然后才会亮出自己的观点，再进入深度对话。你可以做的是通过聆听练习和聆听层次自测，提升聆听状态，进而把对话层次带入更深的层次。

小结

无论是行动学习催化师还是小组成员，都需要具备良好的聆听状态，这样高质量的对话才有可能发生。为了避免低质量的聆听，本小节介绍了五种聆听策略，如图 3.7 所示，可以使催化师帮助小组成员深层次聆听。

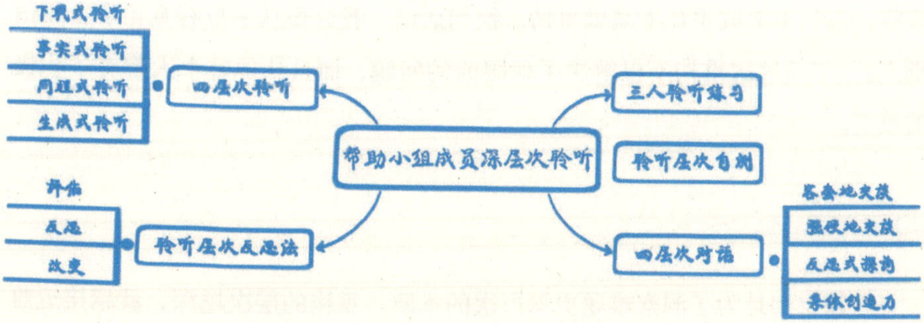

图 3.7 帮助小组成员深层次聆听的五种策略

技巧3：如何帮助小组成员高质量重构

本书通过行动学习来解决难题提出者的难题。然而难题提出者提出的难题往往都是问题表象，而没有抓住问题的本质。因此需要重构难题，找到难题的根因和本质，真正做到“标本兼治”。

重构难题是整个流程中最具挑战性的环节，也是最为关键且充满魅力的环节。爱因斯坦说过："如果给我一小时来解答一道难题，我会先花 55 分钟来弄清楚这难题到底是什么，剩下 5 分钟就足够解决这个难题了。”这句话说出了重构难题的重要性。相信你也有过类似的经历，很多难题本来是一团乱麻，但是一旦找到了事情的关键，那么难题马上就迎刃而解了。但是如果没有弄清楚难题的本质，就直接寻找解决方案，那么往往是白费力气、徒劳无功。

重构难题不仅是解决问题的关键一环，而且也是非常重要的学习过程。在探询难题本质的过程中，参与者会纷纷亮出自己的假设，并且在讨论过程中相互学习、互相影响。

优质的重构能够帮助难题提出者内省，改变心智模式。有位难题提出者的初始难题是“如何推动下属完成工作任务”。他认为下属执行力不行，什么事情都要他亲自推动，而且是推一点动一点，这让他感觉很累。重构之后他找到了难题的本质，他说："我发现不是我下属的问题，问题在于我没有真正学会授权，总是不敢放手让下属做事情。换句话说，我好像从来没有真正学会相信别人。”相信这次重构不仅解决了他眼前的问题，而且让他整个人都有了积极的改变。

四层次重构

难题重构是为了洞察难题更深层次的本质。重构的层次越深，就越接近难题的本质。关于难题重构的深度，作者总结出一套“四层次重构”的理论。这套从实践中得来的理论，可以帮助小组成员觉察难题重构的质量，指导小组成员挖掘问题背后的问题。

四层次重构解读

重构的深度可以分为四个层次，分别是复印式重构、分解式重构、剖析式重构、内省式重构。以下通过一个实例来解读这四个层次的区别。例如，初始难题是“如何做好员工激励？”

第一层：复印式重构（A→A'）（见图 3.8）

图 3.8 复印式重构

第一个层次是没有重构，只是把原来的难题换个说法重新表述一遍而已，换汤不换药。原来的问题什么样，重构之后还是那个样，所以叫复印式重构。如果初始难题重构之后变成“如何找到激励员工的好办法？”那么就是典型的复印式重构，只是从 A 变成了 A'，并没有本质的改变。

第二层：分解式重构（A→A_1）（见图 3.9）

图 3.8 分解式重构

第二个层次是分解式重构。难题之所以复杂，是因为它掺杂了多个维度的元问题。所以想要解决复杂难题，最好先把一个大难题 A 拆解成多个小难题 A_1、A_2、A_3，再定位出其中最核心的一个或几个子问题，通常把这样的子问题叫作痛点。找到问题的痛点，就更容易解决了。例如，对于初始难题“如何做好员工激励？”拆解之后会发现最关键的子问题是“如何做好一线员工的激励？”这是一个痛点问题，讨论起来更聚焦，也更容易事半功倍。

第三层：剖析式重构（A → A_1 → B）（见图 3.10）

第三层是剖析式重构。这一层要继续往深走，对难题进行“解剖”和“分析”。“剖”是剖开问题表象，“析”是找到问题的根本原因（找到表象 A_1 背后的深层原因 B）。

图 3.10 剖析式重构

还用“如何做好员工激励？”这个难题举例，经过剖析之后会发现，没有做好一线员工激励的深层次原因是没有了解到一线员工的真实需求。所以“如何了解一线员工的真实需求？”就是第三层次的重构。到达第三层重构，就能让问题解决达到对症下药、标本兼治的效用。

第四层：内省式重构（A → A_1 → B → C）（见图 3.11）

图 3.11 内省式重构

最深的一层是内省式重构。剖析式重构更多是从外界找原因，从事的层面找原因。而内省式重构需要反观自己，从自己身上找原因（从 B 到 C），看看造成这个问题是因为自己有哪方面的能力欠缺，或者自己的思维模式上有什么盲点和局限性。这需要放下心理防御，转变归罪于外的心态，变成反躬自省的学习者心态。

为什么没有了解到一线员工的真实需求？内省之后，难题提出者会发现自己从来没有管理意识，更多还是像过去那样自己做事，当个"领头羊"，而没有变成"牧羊人"，关心激励下属，了解他们的真实想法和需求。所以"如何加速角色转型，成为一个教练型的管理者？"这才是问题本质。

四层次重构示例见表 3.2。

表 3.2 四层次重构示例

重构前的难题	如何做好员工激励
第一层：复印式重构	如何找到激励员工的好办法
第二层：分解式重构	如何做好一线员工的激励
第三层：剖析式重构	如何了解一线员工的真实需求
第四层：内省式重构	如何加速角色转型，成为一个教练型的管理者

提升重构质量的小贴士

以上的四层次重构理论并不见得适用于所有的难题研讨过程，但对于大多数难题都有借鉴意义，是解决难题和激发学习的重要武器。在使用这套理论帮助小组提升重构质量时，需要注意以下方面。

不要一次性输入太多

小组第一次接触重构法时，不建议直接输入四层次重构。一次性输入太多新的复杂概念，会让参与者感觉很晕。

进行评估反思

小组重构质量不高时，可以停下来做适量输入，让参与者对重构后的难题进行评估：“这个重构在第几层？大家伸手指告诉我。伸几个手指就代表第几层重构。”评估之后可以继续进行反思，讨论如何改进，提高重构的层次。

促进小组共识

即使重构层次很深，但是参与者并不认同的话，那么就丧失了小组研讨的动力。所以小组对重构的共识很重要。当大家对难题重构出现意见分歧时，你可以这样问：“现在我们对重构后的难题共识程度如何，Yes？ No？Close？”如果大多数人回答“No”和“Close”，那么就要继续讨论，了解原因，促成共识。

不强求重构深度

如果受时间因素、小组状态和催化师水平所限，暂时无法进入第四层重构，也不必强求，毕竟这是一件有难度的事。在这种情况下，建议最低要进入第二层重构——分解式重构，让问题更加聚焦。后面的研讨步骤中，还有机会继续提升重构层次。

重构后的难题可能不止一个

特别提醒，在实践中发现，一些复杂的难题会重构出2~3个子难题。主要是因为经过澄清，发现造成原有难题的关键核心原因或障碍不是只有一个。如果只围绕其中一个子难题进行方案创新，可能解决难题的系统性会有较大缺失，效果会大打折扣。

小结

重构难题是整个流程中最具挑战性的环节，也是重要的团队学习过程。优质的重构能够帮助难题提出者内省，改变心智模式。重构难题是透过问题表现，洞察难题本质的过程。重构的层次越深，就越接近难题的本质。关于难题重构的深度，本书介绍了一套“四层次重构”的理论。这套理论可以帮助小组成员觉察难题重构的质量，并指导小组成员挖掘更深层次的问题。

本小节介绍了重构难题本质时的四层次重构和重构小贴士，如图 3.12 所示。

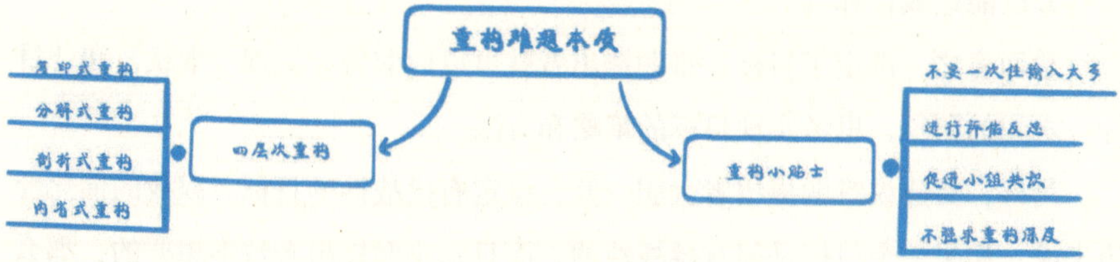

图 3.12 四层次重构和重构小贴士

技巧4：如何帮助难题提出者设定难题目标

小组就难题重构达成共识之后，紧接着就应该帮助难题提出者明确解决难题要达成的目标。目标是一种对结果型状态的具体期望。达成了这个具体期望，重构后的难题就算被解决了。

为什么要设定重构后的难题目标

你可能问："明确难题不就行了，为什么还要设定目标？"

确实，重构难题能够帮助难题提出者明确方向。然而如果不设定具体目标，难题提出者就不知道解决难题要达到的具体状态。这就好比开车没有导航，只知道大致方向，但不知道哪里才算目的地。

例如，重构后的难题是"如何提升二期客户的物业服务满意度？"那么客户满意度现状指标是多少、目标要达到什么指标、截止日期是什么时候，这些总是要确定的。否则，满意度达到 60% 也算提升了，达到 90% 也算提升了，根本无法判定难题是否被解决了。

而且，设定目标能够帮助转换视角。从关注问题，转换到关注结果；从"什么还不够好”转换到“我想要什么”；从“为什么会出现问题”转换到“我有哪些方法能达成目标”。

总而言之，设定了目标，难题提出者就可以向前看，发现“现状”和“目标”之间的路径，思考实现目标的策略和方法。

另外，要建议难题提出者大胆一些，设定有挑战性的目标。以我的催化经历来说，如果一个目标是很有挑战性的，而且是难题提出者特别想要的，那么往往他的斗志会非常高，会为了实现目标而激发潜能，并且会有深刻的学习。反之，如果一个目标很平常，没什么大不了的，那么难题提出者通常也会丧失动力，甚至认为行动学习不过如此。

注意，可以不只设定一个目标。为了解决一个复杂难题，有时需要多个角度的努力，因此可以设定一系列的多个目标。

如何设定目标

帮助难题提出者设定目标时，催化师可以采取以下三个步骤。这三个步骤是为了让目标更加精准，并且与重构后的难题是相关的。

1. 问转向型问题

为了从难题转向目标，催化师可以问一个转向型问题："出现了什么，重构后的难题就被解决了？"或者"达到什么状态，重构后的难题就被解决了？"

听到这个问题，难题提出者可能回答说："客户满意度提升到公司的要求。"

2. 围绕 SMART 原则提问

如果催化师发现难题提出者的回答不符合 SMART（Specific，具体的；Measurable，可衡量的；Attainable，可达成且有挑战性的；Relevant，相关的；Time-bound，截止期限）原则，那么就要给出有针对性的教练，举例如下。

- Specific：目标是具体的，如"你的客户满意度是指维修时间还是维修质量？"

- Measurable：目标是可衡量的，如“维修质量满意度现状是多少，你想提升到多少？”
- Attainable：目标是可达成且有挑战性的，如“维修质量满意度从 80% 提升到 95% 的可能性如何？”
- Relevant：目标与重构后的难题是相关的，如“为什么你的满意度聚焦在维修质量满意度？”
- Time-bound：目标有明确的截止期限，如“从 80% 提升到 95%，你计划在几个月内完成？”

3. 确保目标与难题紧密相关

还有很重要的一点，就是要确保目标与重构后的难题是紧密连接的。

经常有这样的现象发生，重构后的难题是“如何提升客户满意度？”，而难题提出者设定的目标确是“一个月内新增 3 个客户。”你会发现，难题和目标之间并没有完全对应。

这时，催化师可以问这样一个问题：“你认为实现了这个目标，你的难题就解决了吗？”以帮助难题提出者发现问题，修正目标。

目标教练小贴士

如果因为现场时间不足，或者难题提出者一时打不开思路细化目标，建议你另外单独花时间，进行一对一目标教练，精准课题目标。

小结

重构难题之后，要设定解决难题要达成的具体目标。达成这个目标，重构后的难题就算被解决了。设定目标，可以帮助难题提出者从关注问题转变为关注结果，明确他要的结果是什么。这个目标要符合 SMART 原则，以便有一个明确的目的地。这个目标最好还要有一定的挑战性，以激发难题提出者的斗志。

设定难题目标需了解的两个相关方面，如图 3.13 所示。

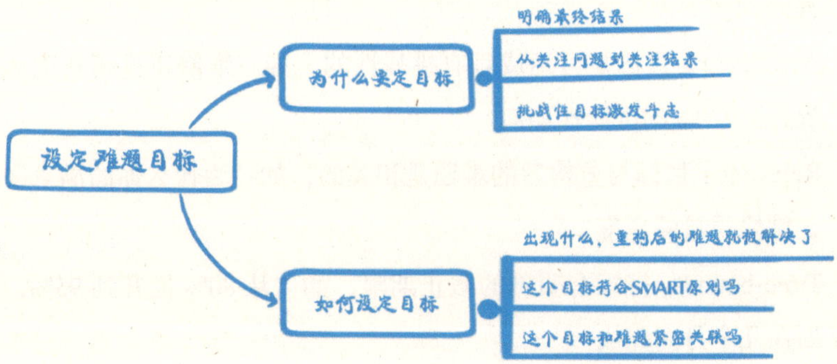

图 3.13 设定难题目标需要了解的两个相关方面

技巧5：如何激发小组成员相互分享经历

重构难题之后，要找到解决难题的创新方案，在这个环节中，要带领小组成员轮流分享相关的个人经历，以启发难题提出者找到更多创新性的解决方案。

为什么不要建议，而要分享经历

分享个人经历看似简单，但并不是每个人都知道应该如何分享。最常见的一个雷区是，参与者容易分不清“分享经历”和“给建议”的区别。他们习惯于发表观点，给出建议，例如，“我的经验是，你要是再努力一点，应该就能成功了。”在行动学习研讨中，这样的发言要尽量避免。除非大家很亲近，否则贸然给建议很容易让人感觉不舒服，从而启动心理防御机制。

举个例子，我曾参加一场私董会，现场有十几位老总，共同帮助一个老总解决难题。澄清难题之后，主持人要求每位参与者给难题提出者提 3 分钟建议。这位老总平时习惯了发号施令，给别人提建议，现在轮到别人给他提建议了，他开始还能保持涵养，微笑着边听边记录。等到他听完四五个人的所谓建议之后，他的脸色变得越来越难看了。

十几个人，大约一小时的建议时间，难题提出者收集了几十条各种各样的建议。他坦言，真正有用的建议并没有想象的那么多，很多建议他都已经试过了，效果并不好。这个过程让他如坐针毡，觉得是对自信心的一个巨大挑战。

由此可见，武断地给建议会带来巨大的沟通风险。即使你不是老总，当你听到一些比较冒失的建议之后，也很容易“怀恨在心”。那么为什么明明是好心好意地给出建议，结果却总是不尽如人意呢？知道了表 3.3 的内容也许你能找到答案。

表 3.3 分享经历和给出建议的区别

	分享经历	给出建议
人称	第一人称“我”	第二人称“你”
内容	多事实	多观点
话语	“供你参考”	“你应该”
假设	我的信息可能帮到你，我相信你	我知道什么对你最好，我相信我自己
模式	成人式沟通，我 OK，你也 OK	父母式沟通，我 OK，你不 OK

首先两者使用的人称不同。给建议时用“你”字开头，容易使其他人产生防卫心理。而分享经历时用“我”字开头，讲的是自己的故事，避免了不必要的沟通风险。另外，给建议时的假设是“我懂得很多，你要相信我的观点”，而分享经历时的假设是“我的信息可能对你有用，我相信你的判断”。相比之下，后者更加给人安全感。因此在行动学习研讨中，与其直接给出观点和建议，不如让参与者分享自己的相关经历，然后谦逊地说一句：“这是我的亲身经历，也许能给你一些启发。”

SARS 经历分享法

仅仅帮助小组成员知道“给出建议”和“分享经历”的区别还不够。为了帮助小组成员提高分享质量，还需要提前输入一些分享技巧。下面介绍“SARS经历分享法”，这套方法简明易懂，而且可以有效提高参与者的分享质量，很适合作为分享环节之前的微输入。

SARS经历分享法解读

SARS这个名字可能让你联想到早年的“非典”。其实起这个名字是有意为之，希望大家的经历和经验可以像SARS病毒一样快速传播，让人印象深刻。

根据过往经验，参与者在分享经历时，要么容易过于简略，遗漏关键信息；要么容易过于发散，逻辑不清晰，让人摸不着头脑。而SARS经历分享法给出了一套分享的结构，可以帮助分享者避免以上情况，提高分享质量。

- 情境（Situation）：事情是在什么情境下发生的，事情的背景如何。
- 行动（Action）：在这个背景下，我做了什么事情。
- 结果（Result）：我的行动产生了怎样的结果。
- 经验（Summary）：从这段经历中我可以总结出怎样的经验得失。

SARS经历分享法示例见表3.4。

表3.4 SARS经历分享法示例

主题：如何平衡工作和家庭	
情境（Situation）	几年前我也遇到过类似的情况，讲课多、出差多，没有时间陪孩子
行动（Action）	后来孩子上小学之后，我决定周末不讲课，平时也尽量只在北京讲课
结果（Result）	这样可以有更多的时间来陪孩子
经验（Summary）	我认为孩子比工作更重要，有时需要做取舍

分享原则

分享个人经历时，催化师要尽量确保参与者的分享符合以下原则。

- 针对性：分享的经历与主题相关，能够对难题提出者解决难题提供启发。
- 完整性：分享的经历符合 SARS 结构，内容完整。
- 精练性：分享的经历详略得当，一个人分享一个核心案例，2~3 分钟即可，不宜长篇大论，说个没完。

小贴士

1）如果某位分享者没有与难题相关的直接经历，那么可以请他分享一些间接经验或经历，即他听说过的发生在同事、朋友或亲人身上的真实经历。

2）如果小组成员对于难题的相关经验总体都比较少，甚至没有，那么可以考虑使用头脑风暴的方式，让大家集思广益地帮助难题提出者想出更多方案。同时催化师应该反思，在课题和小组成员的搭配上，可能要做进一步的优化。

小结

在创新方案环节，可以鼓励小组成员，分享相关的个人经历。这个活动既能促进产出方案、解决问题，又十分有助于加强团队成员之间的连接。催化师在组织这个活动时，可以提前微输入一个小工具——SARS 经历分享法，这个小工具可以帮助参与者提高分享质量，以及提供更有效的支持。

经历分享时需了解的两大方面，总结后如图 3.14 所示。

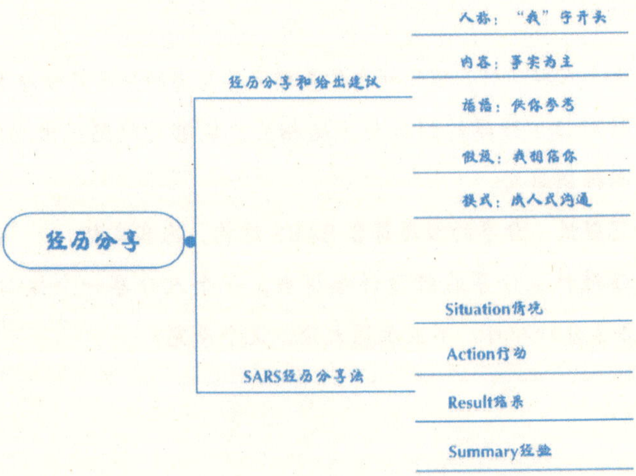

图 3.14　经历分享时需了解的两大方面

技巧6：如何帮助难题提出者精准制订行动计划，引导小组成员评估行动计划并提供支持

经过创新方案的研讨之后，就应该帮助难题提出者把想法转化为具体行动，制订出明晰的行动计划。

在这个环节中最经常出现的问题，就是行动计划制订得不具体。经常有难题提出者说：

"我要加强和领导的沟通。"

"我要养成经常反思的习惯。"

"我要更好地和其他部门协同。"

……

这些都是"Wish"（愿望），根本不是行动计划。

行动计划应当包括"什么时候，谁来执行，具体做什么"等具体信息。

例如：下周三，我约领导进行一次一对一的个人发展计划沟通。

如果缺少了时间限制，或者不明确具体要做什么，那么难题提出者不一定会去做这件事。

通常来说，难题提出者应该制定至少 3~5 条具体行动。如果现场研讨时间不够用，那么等研讨结束之后，催化师一对一地辅导难题提出者把详细的计划列出来。

行动计划评估法

制订了行动计划还不够。有时难题提出者为了降低挑战性，制订的计划偏保守，即使全部认真执行，也很难达成目标。因此，还要通过小组集体教练的方式，对难题提出者行动计划的有效性进行评估和提升。

1. 有效性自评

“假如计划都被认真执行，你认为对解决难题达到目标的有效性如何，如果用 1~10 分进行评分，你会打几分？”

2. 激发创新行动

（如果评分不到 10 分）“你可以再多做些什么，来提高有效性的评分？”

3. 再次自评有效性

“假如新增的行动也被认真执行，现在的有效性可以打到几分？”

4. 根据得分情况和当事人状态，决定是否需要再次激发

行动计划评估法虽是个很小的技巧，但十分管用。有一次，在对高管进行催化时，虽然现场氛围很热烈，但难题提出者对第一次产出的行动计划有效性评分只打了 6 分。幸好我使用了行动计划评估法，了解了真实的有效性，激发小组进行及时的教练，在短短的 5~6 分钟，难题提出者和小组成员又一起共创了很多有创意的行动计划，难题提出者对行动计划的满意度一下飙升到 12 分（满分是 10 分）。由此可见及时评估的重要性。

SEA 个人支持法

正如上文所述，难题提出者制订好行动计划之后，一般会检验行动计划的有效性。如果评分不高，还会继续给出挑战：“如果想要再提高 1 分，你还可以再多做些什么？”

可是有一次，无论我怎么激发和挑战，最后难题提出者对行动计划的有效性只能给 7 分。当时我有点小失落，不过我立即使出了一个小技巧，让难题提出者一下子变得超级满意、满满赋能，那么这个技巧是什么？

我使用的技巧是“SEA 个人支持法”（见图 3.15）。我当时热情邀请小组成员每人给难题提出者至少提供一项个人支持行动。有的人表示愿意为难题提出者提供重要参考资料；有的人愿意每周督促难题提出者的执行进度；还有的人说以后给难题提出者开绿色通道，帮他加快项目进度。得到这么多走心的支持，难题提出者解决难题的信心大增，满意度爆棚。

更重要的是，他感受到了小组成员对他真诚无私的帮助，这种“雪中送炭”的氛围让他热泪盈眶。

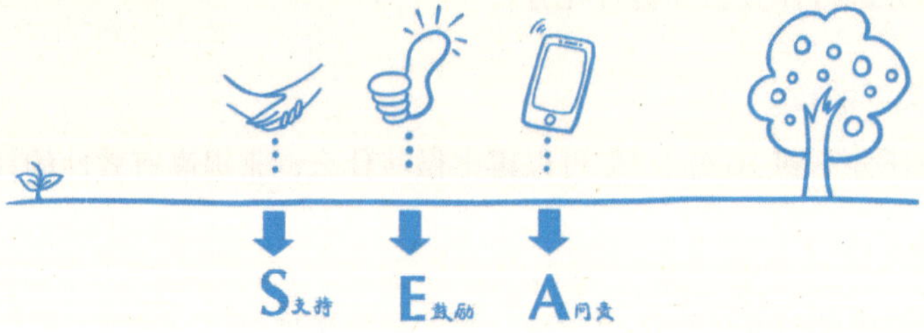

图 3.15 SEA 个人支持法

SEA 个人支持法解读

SEA 是下面三个单词的首字母，代表参与者提供个人支持的三种形式。

- Support 支持：资源支持 + 方法支持。

研讨现场，催化师邀请每位参与者给难题提出者的行动计划至少提供一项个人支持，难题提出者把这些个人支持记下来。这个支持应该是实际而具体的，可以提供难题提出者所需的资源支持，也可以提供解决问题所需的方法支持。

- Encourage 鼓励：肯定微小的行动和进步。

研讨结束后（研讨现场先跳过此步骤），当难题提出者采取行动，并取得任何微小的进步时，问责人、其他小组成员，以及催化师，都可以对难题提出者给出及时的肯定和鼓励。

- Accountability 问责：主动请小组成员督导计划的执行。

研讨现场，难题提出者至少邀请一位问责人，请他每 1~2 周跟进督导一次自己的行动计划，以及小组的支持计划，确保这些计划能够真实落地。

在制订行动计划之后增加个人支持环节，有两个好处。

第一，可以让难题提出者获得同伴的帮助，更好地解决难题。如果行动计划制订得不尽如人意，难题提出者解决难题信心不足，那么 SEA 可以起到雪中送炭的作用；如果制订的解决方案已经十分有效，那么 SEA 可以成为画龙点睛的一笔，给问题解决画上一个完美的句号。

第二，小组成员之间的互帮互助可以增强他们的情感连接，正如瑞文斯所说，一切的学习都是为了行动，一切的行动都是为了友谊。在个人支持环节，每个人不仅是在提供帮助，也是在注入能量，因此现场的能量值通常都特别高。有了能量，才有改变。参与者共同提供的能量，让问题解决和人的改变更容易发生。

小结

在采取行动环节，催化师要帮助难题提出者制订具体的行动计划，并确保这套行动计划是有效的。另外，为了促进问题解决，也提升小组信任度和连接感，还可以用 SEA 个人支持法，让每位小组成员给难题提出者提出一个个人支持行动。

精准制订行动计划时需要掌握的两大方法，如图 3.16 所示。

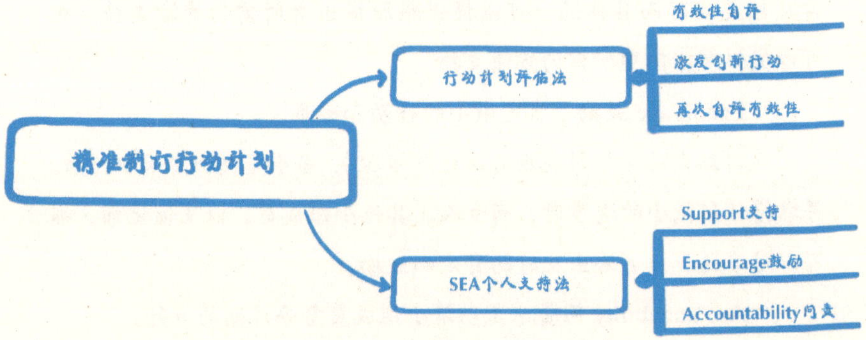

图 3.16 精准制订行动计划时需要掌握的两大方法

技巧7：如何深化小组成员的学习反思

反思是行动学习的重要组成部分。反思帮助参与者把研讨难题的收获沉淀下来，变成自己的经验和认知，并在今后的行动中产生相应的改变。

行动学习画布研讨安排了专门的集中反思环节，但是反思不仅发生在最后这个环节。还记得吗？在前文中就介绍过针对提问质量、聆听层次和重构深度的反思方法。只要研讨过程中出现学习点，都可以随时停下来做反思，而不必等到最后。反思越多越深入，参与者的学习收获也就越多，越容易产生行为上的改变。

什么是有效的反思

人们经常谈反思，但是人们很可能并不知道反思到底是什么。给出反思的概念之前，先分享两句话。第一句是成甲在《好好学习：个人知识管理精进指南》中提到的，他说："我们过去的经历是一篇篇写满了我们的弱点和优势，写满了我们的错误假设和生活灵感的文章。"第二句是古罗马哲学家西塞罗说的，他在《论老年》中说："我应该不会拒绝从头到尾地把生活再过一遍，只是希望能够获得唯有作家才有的特权——在'再版'的生活中修正'初版'的错误。"

人们经常会犯错误，有些错误让人们十分后悔，希望能有机会重来一遍。然而生活无法"再版"，没有办法重新来过。面对错误和缺憾，人们可以选择消极地抱怨，把错误归结于他人和运气。人们也可以选择从错误中总结经验，争取下一次表现得更好，这就是反思。

反思让人们从现有情境中抽身出来，回头审视自己的行为和思考过程。在回顾过程中，人们看到不尽如人意的结果，然后分析是哪些行动造成了这个结果，最后思考有哪些假设驱使自己采取这些造成不良后果的行动，并校正这些假设。这就是反思的过程。

反思和做事的顺序是正好相反的，如图 3.17 所示。

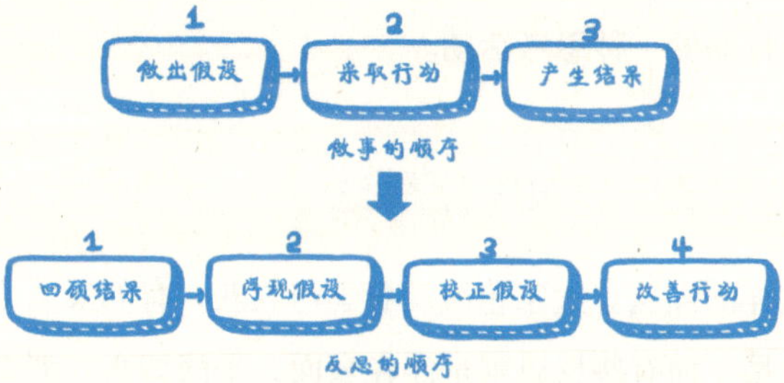

图 3.17 做事的顺序和反思的顺序

资料来源：《好好学习：个人知识管理精进指南》。

做事的顺序如下。

（1）做出假设：客户提出不合理的需求，虽然我感觉有点勉为其难，但我的假设是"客户的所有需求必须尽力满足，即使不合理的需求也要想办法满足"。

（2）采取行动：于是我承接了客户的不合理需求，带领团队加班加点完成任务。

（3）产生结果：结果还是没有达到客户的标准，客户不满意，下属也因为持续加班而感觉很不满，项目工期严重滞后。

反思的顺序如下。

（1）回顾结果：客户对成果不满意，下属对无意义的加班不满意。

（2）浮现假设：这是因为我没有管理好客户预期，硬着头皮接下自己没有把握的需求，因为我当时认为“客户的所有需求必须尽力满足”。

（3）校正假设：这个假设可能是错的，因为客户预期明显不合理，硬着头皮接下来，结果只能是双方都不满意；或许我应该把假设修改成“客户的需求要尽力满足没有错，但不合理的需求不要一味迎合，不是双赢的需求最后必然两败俱伤”。

（4）改善行动：下次遇到不合理需求时，我应该主动和客户沟通实际情况，本着双赢原则管理他们的预期，不做出不必要的承诺和牺牲。

通过以上的理论讲解和案例展示，可以总结出反思的具体概念。反思是基于对既有结果的分析，浮现并校正自己行为背后的错误假设，并期待用校正后的假设指导后续行动的一种思考活动。

如何提高反思质量——4R 反思法

你也许有这样的经验。大家轮流反思学习收获，有的反思会让你感觉很有力量，洞察力十足；而有些反思则是浮在表面，平淡如水。那么是哪些因素决定了反思的质量，又如何帮助小组提升反思深度？

想要提高反思质量，这里给你两个诀窍。第一个诀窍是要把矛头指向自己。如果把矛头指向别人，如“如果领导给我安排任务更明确一点就好了”，那就变成了毫无建设性的吐槽和抱怨，并不会产生学习。稍好一点的情况是把矛头指向“我们”。如做个人反思时，说“我们刚才应该问更多事实性问题”，这样的反思往往还是一种逃避责任的建议。“我”和“我们”虽然只有一字之差，但是其背后的含义完全不同。你可以自己体会一下这里面的微妙差别。

第二个诀窍是要浮现和校正假设。假设是我们认为正确的观点和结论，我们的一切行动都基于我们内心的某种或某几种假设。如果我们的反思只关注行为的改变，如“我最近效率有点低，明天开始我要使用 GTD（Getting Things Done）时间管理方法”，那么就只看到了问题的表面，而深层次的思维模式并没有改变。所以这种反思不够深刻，在组织学习理论中被称为“单环学习”（行动→结果，见图 3.13）。

深度反思是要看到行为背后的心智模式，浮现出行为背后的假设，并校正这个假设，如“我最近效率低，是因为我一直在被动完成任务，而没有建立目标意识”。这样的反思不仅看到了行为层面，而是深入了一层，修正了心智模式 / 假设 / 信念，让人们从根本上发生改变。这在组织学习理论中被称为“双环学习”（心智→行动→结果，见图 3.18）。

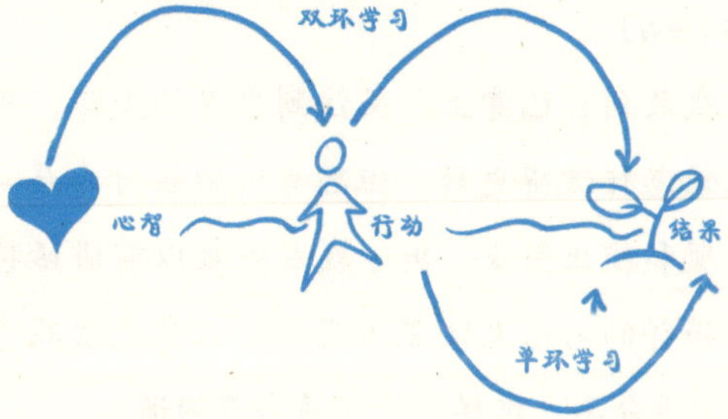

图 3.18 单环学习和双环学习

根据以上两个诀窍，可以把反思的深度分为四个层级：重复（Repeat）、概括（Recap）、回顾（Review）、反思（Reflect）。这套判断反思深度的理论称作“4R 反思法”，如图 3.19 所示。根据这套理论，催化师可以增进对小组反思质量的觉察，并对浅层次的反思进行挑战和教练。

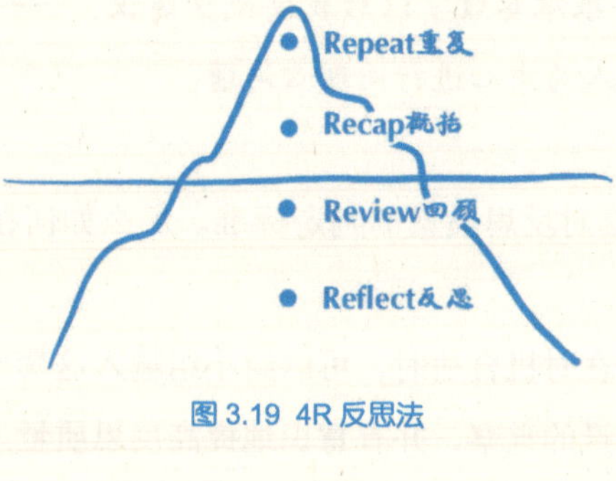

图 3.19 4R 反思法

4R 反思法解读

重复（Repeat）

并不是真正的反思，没有把矛头指向自己，也没有反思心智模式。只是单纯地重复描述已经发生的事实，或者重复他人说过的观点。例：我今天学到了 4R 反思法，这个方法对提高反思能力很有帮助。

概括（Recap）

依然没有把矛头指向自己，而是整合加工了别人的观点，或者再加上一点评论，但并没有自己的洞见。例：我认同你提到的 4R 反思法，要看到自己的心智模式，这样思考才能深入。

回顾（Review）

开始把视线放到自己身上，关注到自身的差距，并思考以后遇到类似情况应该怎样做得更好。但思考停留在行为层面，属于单环学习，没有浮现和校正假设。例：我发现我以前讲话特别喜欢给人建议，这样很强势的沟通无法深入交流。以后我要减少建议，多一些真诚的个人经历分享，这样会更容易打开沟通。

反思（Reflect）

这一层是真正的反思，也是深刻的反思。通过检视自己的行为，看到自己心智模式上存在的问题，并能校正自己的内在假设，实现真正的双环学习。例：以前沟通交流时，我总喜欢给别人建议，因为我认为自己的方法比别人的好；现在我发现这是一种以自我为中心的沟通方法，很难奏效；以后我要减少建议，多一些真诚的个人经历分享，以他人为中心进行同理心沟通。

4R 反思法是一套对反思质量的判定标准。那么如何在行动学习实践中使用这套理论？

知识输入：首先在时机合适时，可以给小组输入这套理论，这能够帮助小组成员提升对反思质量的觉察，并有意识地提高反思质量。但不建议在第一次研讨时就输入 4R 反思法，毕竟太多理论很难一次性消化。

手指评估法：在行动学习研讨中，一般经常使用“手指法评估”。当一个人反思结束之后，我会让其他参与者做出判断；如果认为是第二层的反思，就伸两根手指；如果认为是第三层的反思，就伸三根手指。这种方法能调动整个小组的动能，并且加深所有参与者对反思的理解。

反思日志：对于行动学习项目学员，我会要求他们每天晚上完成当天的反思日志，并在第二天验收检查，以帮助他们学会反思，并产生更多学习。对于行动学习催化师来说，坚持记录反思日志也是一个好习惯。每天至少写出一个 4R 层级的反思，这是提升思考深度和持续专业精进的好方法。4R 反思日志模板见表 3.5。

表 3.5 4R 反思日志模板

4R 反思日志
Q1. 我今天遇到了什么问题，最后结果如何？
Q2. 我当时采取了什么行动？
Q3. 我行为背后的假设是什么？
Q4. 如何调整和修正这个假设，以取得更好的结果？
Q5. 根据修正后的假设，我将采取什么改善行动？

注：此模板仅供参考，可以根据实际需要，调整模板中的问题。

如何激发多角度反思——ITO 学习反思法

除了以上提到的反思深度，反思的方向也很重要。在一轮行动学习课题研讨结束之后，催化师一般要围绕以下 3 个方面组织小组成员进行反思。

个人学习（Individual Learning）：参与者个人在课题研讨、个体觉察、领导力发展等方面的学习反思。

团队学习（Team Learning）：行动学习小组在团队行为方面的学习反思。

组织学习（Organizational Learning）：关于如何将学习收获应用到组织中的学习反思。

本节把这 3 个层面的反思称为 ITO 学习反思法，如图 3.20 所示。

图 3.20 ITO 学习反思法

个人学习——参考提问：

- 在研讨和解决难题的过程中，你有哪些收获和反思？
- 针对我们的研讨工具，你有哪些学习和收获？
- 在刚才的研讨过程中，你的提问 / 聆听质量如何？
- 如果重新再研讨一次，你会有哪些改变？
- 针对你想发展的能力，你在刚才研讨中表现如何？做得好的方面是什么？可以更好的方面是什么？
- 你对自己有哪些新的觉察和发现？

团队学习——参考提问：

- 作为一个团队，我们研讨中做得好的方面是什么？
- 我们研讨中可以做得更好的方面是什么？
- 如果重新再研讨一次，我们可以做出哪些改变？
- 从其他人的分享中，大家可以学到什么？

组织学习——参考提问：

- 如何将你的学习反思更好地应用到工作中？
- 如果将学习点迁移到工作中，你觉得马上可以采取的行动是什么？
- 如何在你的工作团队中践行这种提问式的研讨方式？

小结

反思是行动学习的重要组成部分，这个过程帮助参与者产生学习，发生改变。反思是对行为和心智模式的审视，反思得越深刻，就越有可能发生改变。反思的深度可以分为四个层级，分别是重复（Repeat）、概括（Recap）、回顾（Review）、反思（Reflect）。深刻的反思要求把矛头指向自己，关注自己身上的问题，并校正自己的错误假设。另外，在行动学习研讨中，一般要对 3 个方面进行反思，分别是个人学习、团队学习和组织学习。此外，不必等到研讨最后再组织反思，在研讨的任何阶段都可以停下来反思小组的研讨质量。

激发多角度反思需掌握的三大方面内容，如图 3.21 所示。

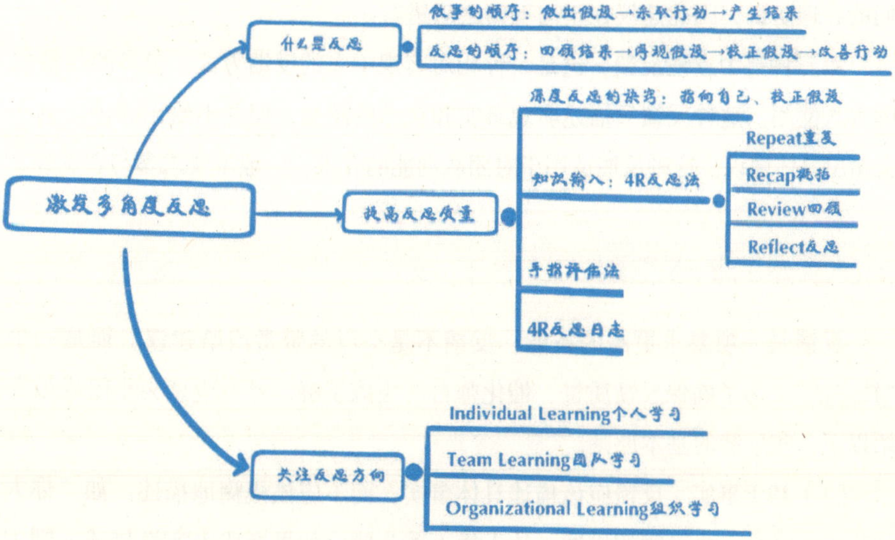

图 3.21 激发多角度反思需掌握的三大方面内容

技巧8：如何帮助小组成员彼此真诚反馈

在行动学习画布研讨的最后，以及在行动学习项目中，常会安排参与者彼此给反馈的环节。如果说反思更多的是自我内省式学习，那么反馈就是参与者之间的相互学习。

反馈是一个照镜子的过程，有些问题可以自己通过反思自己发现，但是有些问题就像牙缝里的菜叶子，除非别人给你照镜子，否则自己很难发现。因此反馈环节对于增进自我觉察和产生学习都十分重要。

反馈有三种类型。**第一种是正向反馈**，反馈对方“做得好的方面是什么”，并为对方的出色表现给出肯定和鼓励。这种反馈能够起到正向强化的作用，同时也能给团队赋能。在反馈环节，建议先安排一轮正向反馈，这可以让场域能量上升一个台阶。

第二种是建设性反馈，即“可以做得更好的方面是什么”。这种反馈能够增进对方的自我觉察，帮助对方看到自己身上的问题。建设性反馈容易引起人们的心理防御，因此建议在正向反馈之后进行。

第三种是中立性反馈。这是一种相对客观中立的反馈方式，更多的是催化师本人使用。这种反馈只描述客观事实和自己的感受，但并不给出评价，也不会给出具体建议。这种反馈适用于对团队动能的介入，一般不要求参与者掌握。

给予反馈的基本原则

反馈是一项要求更高的技能。反馈不是空泛的赞赏或给建议，而是一个“技术活”。为了确保反馈质量，催化师自己应该了解，并且应该为小组成员介绍以下一些反馈的基本原则。

（1）基于事实：反馈应该描述具体事实，而不应该模糊地描述。如“你太强势了”就是一个模糊的描述，让人摸不着头脑；如果换成事实性描述，则为“我发现你刚才三次打断了对方的说话”，对方就很容易懂了。

（2）征求同意：进行建设性反馈之前，需要征求对方同意，做好前期心理建设。建设性反馈很容易引起对方的抗拒和防御，提前打好预防针很重要。

（3）恰当及时：反馈的时机很重要。只要时机成熟，反馈得越及时就越好。如果事件过去很久才反馈，那么接受方早已经忘记了当时的具体情境，就很难产生学习。

（4）聚焦改变：给反馈应该就事不就人，不评价对方，而是聚焦于对方可改变的行为，给出建设性意见。

（5）核对想法：给予反馈之后，与对方确认自己的想法建议是否妥当，也可与其他人核对，避免自己错误地判断。

（6）体现关心：在给出反馈的过程中，应该让对方感受到你的目的和动机是出于关心，希望对方能够有所提升，而非指责。

如何给出反馈——BIF 反馈法

在行动学习过程中，无论是催化师还是小组成员，都有机会对他人给出反馈。前面介绍了一些给反馈时应该遵循的重要原则，这相当于反馈的心法。那么反馈的内容具体应该怎么说，有哪些招式？下面介绍一个常用的反馈工具。这个工具提供了简单而有效的结构，能够帮助催化师和小组成员迅速提高反馈质量，让你的反馈不伤人，而且有成效。

BIF 反馈法解读

上面介绍了反馈的 3 种类型，对于行动学习画布研讨最后的集中反馈环节，最经常使用的是正向反馈和建设性反馈。为了帮助参与者提高反馈质量，可以输入 BIF 反馈法。这种反馈的结构如下。

- 行为（Behavior）：客观描述对方采取的具体行为，以及事件背景。
- 影响（Impact）：说明这些行为造成了哪些影响和后果。

- 感受（Feeling）：说明这些行为给你带来的感受。

虽然这种反馈方法并不给对方提出具体的期望，但同样可以起到肯定正向行为、鼓励改进负面行为的效果。相比于工作中上级对下级的反馈，BIF反馈法更加强调感受，这有助于增加小组成员之间的深度连接。BIF反馈法示例见表3.6。

表3.6 BIF反馈法示例

	正向反馈	建设性反馈
行为	小明，刚才在重构环节，你跟大家的意见都不一样。你坚持重构要找到根因和本质，不能停留在表面	小李，在刚才的创新方案环节，每人规定3分钟，可你用了7~8分钟
影响	大家听从了你的意见，在后面创新方案环节有了重大突破，难题提出者打了10分的满意度	造成我和其他两位伙伴没有时间分享自己的案例，因为这些案例可能很好地帮到难题提出者，他却听不到了
感受	这让我很受鼓舞	我感觉有些沮丧

接受反馈的基本原则

接受反馈是件不容易的事情。催化师要辅导小组成员，不以抵触和防卫的心态面对反馈。催化师可以在反馈开始之前，说明以下接受反馈的原则。

（1）**拉链原则**：未经得催化师的同意，不做过多解释，先把自己的嘴闭上（像拉链一样拉上），只允许说“谢谢，还有呢？”

（2）**专注投入**：放下手机和笔记本电脑，避免分心，全身心投入在当下。

（3）**积极聆听**：与对方保持目光接触，使用积极开放的肢体语言，可通过提问确定自己理解了对方的意思。

（4）**避免自我防卫**：不要把给予反馈当作人身攻击，对于你不同意的观点可以仔细询问。

（5）**淘金原则**：即使你不完全同意对方的反馈，其中也可能有好些金点子，那就收下这些金点子，这是给对方的尊重。

（6）**聚焦改进**：不要把焦点放在和对方争执上，而是聚焦在如何改进上。

小结

反馈是参与者彼此照镜子的相互学习的过程。通过他人的反馈，能发现自己的盲点，并产生积极的改变。反馈有3种类型，正向反馈、建设性反馈和中立性反馈。在给反馈时，可以使用BIF反馈法，这是一套结构化的反馈方法，可以帮助催化师和小组成员提高反馈质量。还要遵循一些基本原则，如要恰当及时、基于事实和聚焦改变等（见图3.22）。

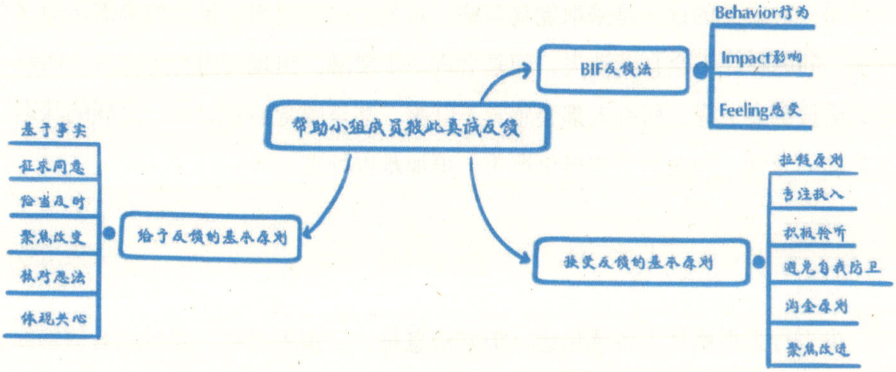

图3.22 小组成员彼此反馈的原则与技巧

技巧9：如何干预小组成员的失当行为

行动学习画布的研讨过程并非总是一帆风顺。有时研讨进行得非常顺利，洞察性的提问和创新性的方案层出不穷，每个人都能量很高，大家积极参与、积极贡献。但也有的时候，研讨进展不那么顺利，参与者开始偏离主题，出现刷手机、玩笔记本电脑、不发言、开小会、唱反调、乱发散等行为。这类行为统称为“失当行为”。

干预失当的误区

新手催化师遇到团队失当行为时，可能备感焦虑，因为不知道如何应对。

缺乏经验的催化师可能采用命令式的干预手段，比如说“请不要玩手机了，这样不好”。这样的干预比较直接，甚至生硬，虽然可能奏效，但往往治标不治本。因为这只解决了表面的行为层的问题，而造成失当行为的根本原因（如缺乏共识）并没有被解决，而且被干预者内心会更加不舒服，更加不愿意积极参与。所以这样的干预是不合适的。

另一种常见的误区是采取鸵鸟策略，对失当行为视而不见。如果催化师这样做，问题往往不会自动消失，而是会进一步发酵。出现失当行为之后，团队研讨质量明显下降，所有人都会感觉不舒服，甚至感觉浪费时间。这样的状态每持续一分钟，问题就会变得更严重，更加难以处理。

干预失当的原则

失当行为虽然让人备感焦虑，但好消息是，干预失当有一套行之有效的原则和策略，新手催化师也能很快掌握，迅速提升干预水平。首先，要了解以下一些干预失当的基本原则。

（1）**及时果断干预**：首先要及早觉察失当行为的前兆，如沉默、皱眉、抱怨、身体后倾等。一旦演化为失当行为，就要及早处理。否则如前文所言，随着时间流逝，可能引发更大的情绪和冲突。

（2）**保持客观冷静**：面对失当行为，首先自己不要慌张。请相信按照流程进行处理，一定能够得以解决，而且还会给参与者带来宝贵的学习机会。

（3）**不要带着敌意**：人们很容易把“不听话”的失当者当成自己的敌人，

这种潜在的敌意会让人们失去客观冷静的态度。可以首先假设当事人是善意的，先假定他可能并非有意为之，只是因为观点被忽视，或者真的有紧急事情要处理。

（4）**了解背后的原因**：失当行为只是表象，需要找到冰山下面的根因才能根治。因此多问几个为什么，探询问题的关键点。

（5）**团队承诺**：基于发现的根本原因，可以问小组成员解决方式有哪些，让参与者共创方案，达成一致并承诺。提问优于告知，避免直接给答案，这样的方式参与者的认同感相对弱，后续可能还会有失当行为发生。

如何有效干预失当行为——ACT 干预法

为了应对研讨中的失当行为，可以学习一些干预失当的工具方法。对于行动学习画布研讨，常见而有效的失当干预工具是 ACT 干预法。

ACT 干预法解读

ACT 干预法一般包含以下 3 个部分。

- **行为（Action）**：清晰客观地描述团队中出现的失当行为。例如：“我注意到大家现在的发言不是提问而是陈述，而在澄清难题这个环节是要求提问的。”
- **影响（Consequence）**：描述这个行为会有怎样的影响。告诉对方他 / 他们的行为会对你、会议流程、其他参会者有怎样的影响。这也是基于你对客观事实的观察。例如：“我担心这样讨论下去，我们不能更好地激发难题提出者思考。”
- **转变（Turn）**：纠正不恰当的行为。可以通过提问或告知的方法，让参与者找到恰当的行为。
  - 提问：向参会者提问，征询他们的建议，“我们需要做什么，才可以遵守提问这个原则？”

—告知：直接告知参与者该做什么，“请大家在这个环节遵守提问的原则，而不要陈述。下面谁来继续提问？”

注：这个部分是干预中最重要的，能够直接解决当前小组成员只陈述不提问的问题。

ACT 干预法包含 3 个部分，有时你未必需要 3 个步骤都做完，**你可以根据情况省去行为或影响，但转变是必须有的。**

常见失当行为的干预话术

ACT 干预法是一套基本套路，一开始应用起来可能有些生硬。因为针对不同场景，其实还需要进行一些适应性的灵活调整。在干预时使用的语言不能有评判和指责性，也不能让对方感到被压制，要让对方感觉到被支持，而不是被排斥。

为了帮你更快速地掌握这个工具，提升干预能力，以下总结了行动学习画布研讨过程中的 10 种常见失当行为，并配上参考话术。记住这些“套路”，你会更加自信果敢。

（1）**有人看自己的笔记本电脑或手机**：“我注意到有人在笔记本电脑上打字，我建议大家能够遵守之前的约定，在茶歇之前不看笔记本电脑和手机。”

（2）**有人进进出出**：“我注意到刚才这半小时，有两三个人在小组里频繁进出，这和大家之前约定的小组研讨规则不符，请大家想一想，我们如何保持小组的专注和投入？”

（3）**有人违背讨论流程**：“我看到你们跳过重构难题的环节直接到经历分享，我们还没就问题达成一致，再好的经历分享都有可能是无效的，我希望还是回到问题重构的讨论上来。”

（4）**两人在一旁开小会**：“小张、老李，我看你们在讨论。大家目前的讨论也需要你们好的想法，请回到我们的讨论中来。”

（5）**两人相互争执，谁也听不进对方的意见**："我注意到你们两位各自在表达自己的观点，我想这样可能漏掉对方很棒的想法，我想请你们慢下来，每个人先复述对方讲话的要点，然后再表达自己的观点。"

（6）**某人主导了小组讨论**："我注意到大家已经听了你的很多想法和主张，我担心还没有听到其他人的想法，我想请你稍后再表达你的想法，我们先听听其他人的想法。"

（7）**研讨进度滞后**："我注意到你们在澄清难题方面花费 30 分钟，我们后面还有 4 个步骤需要讨论，思考下如何才能加快这个环节的讨论？"

（8）**会议讨论完全离题**："我注意到现在大家的讨论已经脱离了主题，在讨论另一个话题，我想征询大家的意见，这个话题是否是大家此刻真正想讨论的，还是我们可以暂时可以先把它搁置一下，回到原定的主题上。"

（9）**对他人想法给予负面评价**："老李，我发现你一直在强调小赵方案中的不足，我担心你的优势并没有充分发挥出来，你能否告诉我们，在小赵的方案中有哪些是积极可取的？"

（10）**参与度低，氛围沉闷**："我注意到小组刚才只有一两个人说话，这样讨论很难有进展，请大家告诉我，现在可以做些什么？"

以上10种常见的失当行为与干预话术仅供参考，还有很多情况不逐一论述。

干预小贴士

除了以上话术，有时还需要了解一些小贴士。

（1）引导者通过肢体语言的观察，帮助参与者表达他们内心真实的想法。例如："我看到有人皱眉头，是不是我漏掉了什么要点，或者你有什么不同意的地方？"

（2）私下干预。当着众人的面干预，有时是有风险的。特别是当对方是高管，或者情绪激动时。比较好的做法是可以把对方拉到一边，或者利用茶歇时间，私下给他反馈。

小结

行动学习催化师遇到失当行为时不要慌张，可以尝试了解失当行为发生的原因，注重早期干预和介入，避免情势恶化。在不同类型的失当行为处理中，灵活运用 ACT 干预法，确保干预得当和有效。

干预失当行为需掌握的四大方面内容，如图 3.23 所示。

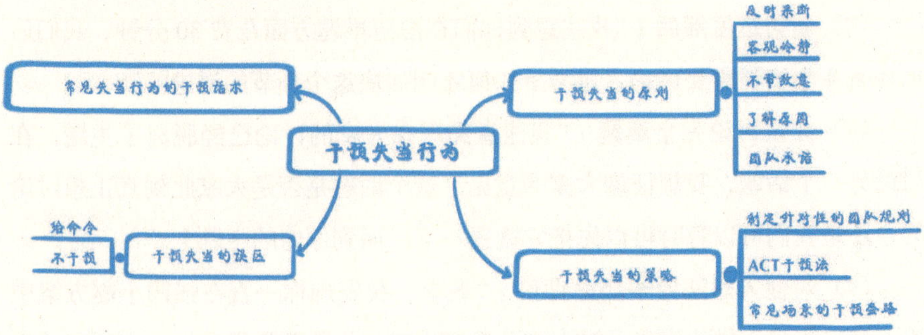

图 3.23 干预失当行为需掌握的四大方面内容

技巧10：如何指导小组成员使用好视觉材料

行动学习画布是一款视觉化研讨工具。研讨过程中会使用行动学习画布、白板纸、卡片纸、马克笔等视觉化材料。然而，很多到参与者可能并不懂得这些材料的正确使用方法，他们甚至可能是第一次接触这些东西。因此行动学习催化师在研讨过程中，应该对这些视觉化材料的使用给出适当指导。

如何准备场地与物料

研讨开始之前，要先准备好足够的研讨物料，并对研讨现场进行布置。

准备物料：行动学习画布、白板架、白板纸、美纹纸、喷胶（推荐 3M 的

75 号喷胶）、A6 白色卡片纸若干（每组 150 张）、投票点、黑蓝红三色马克笔若干。

张贴行动学习画布：找到面积足够的平整墙面，墙面上最好不要有凹陷，也不要有凸起物。用美纹纸把行动学习画布粘贴在墙面上，并在画布表面喷满喷胶，这样卡片纸就可以粘在上面了。

配备白板架：研讨过程中经常需要做记录，所以在画布旁边准备一个白板架。

摆放座椅：为催化师和每位参与者各准备一把座椅，呈弧形摆放在行动学习画布前面，可在每把座椅上放上马克笔。一次行动学习画布研讨所需物料列表见表 3.7。

表 3.7 一次行动学习画布研讨所需物料列表（参考）

图示	名称	数量	说明
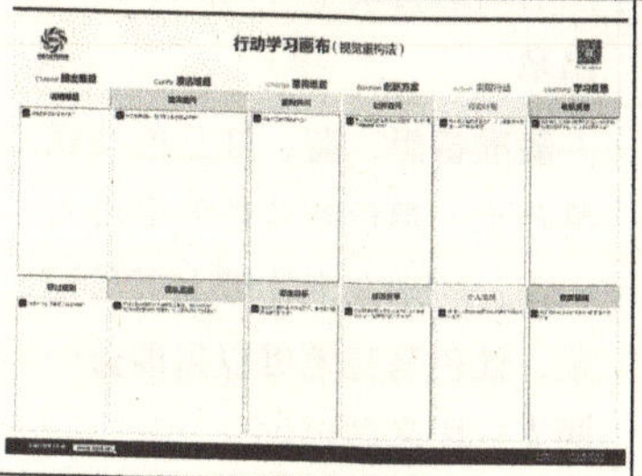	行动学习画布	1 张	行动学习画布研讨的核心物料，研讨前贴在平整的墙面上。尺寸 2m × 1.8m
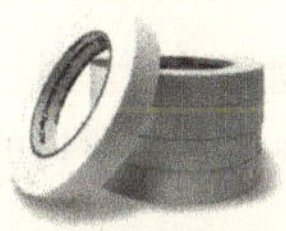	美纹纸	1 卷	用于张贴行动学习画布，以及把写好的海报纸张贴在墙上。推荐使用不留痕迹的 3M 美纹纸
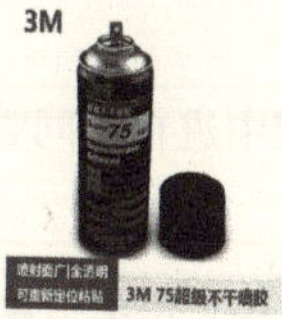	喷胶	1 瓶	研讨前喷在行动学习画布上，这样卡片纸就可以直接粘贴在画布上了。推荐使用 3M 的 75 号喷胶

续表

图示	名称	数量	说明
	海报架/白板架	1个	海报纸固定在海报架上，用于辅助呈现学员的观点。尤其遇到复杂的数据、概念或逻辑关系时，可以在海报纸上顺利地写清楚
	海报纸/白板纸	1卷	
	A6白色卡片纸	150张	重要的视觉化呈现工具，学员在研讨过程中的提问和分享内容，都要记录在白色卡片纸上，然后贴到行动学习画布上呈现出来
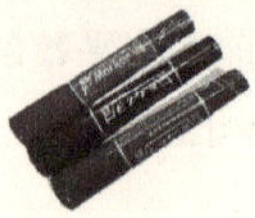	马克笔	若干	一般准备黑、蓝、红三色马克笔若干。黑色和蓝色的笔每人一支，用来在卡片纸上书写记录，红色马克笔可以只准备一两支，用来做标记
	投票点	1包	提出难题的时候，可以使用投票点，选出本轮研讨的难题
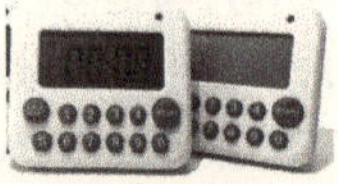	计时器	1个	研讨过程中进行时间管理

注：以上研讨物料可在“百年基业 百年优品行动学习及引导工具店”淘宝企业店铺购买。

如何使用卡片纸

在行动学习画布研讨过程中，参与者最经常使用的视觉化工具是 A6 卡片纸和马克笔。

他们需要在卡片纸上用马克笔简要记录自己发言的要点，然后把卡片纸贴到画布上。在这个书写记录的过程中，催化师需要让参与者注意以下几个要点。

1. 谁来记

通常情况下，每个人记录自己的发言要点。

但有时参与者是即兴发言（如在分享经历和学习反思等场景中），为了不打断发言者的思路，催化师也可邀请现场其他参与者做记录，这样也能调动现场的动能。

2. 何时记

每个环节开始之前，催化师可根据现场情况，留出 2~3 分钟时间，供参与者进行思考，并书写卡片。

研讨进行中，参与者也可随时写下新的卡片。如澄清难题环节，随着提问和澄清的进展，小组成员可以随时写下新的提问。

3. 如何记

第一，要用深色马克笔（黑色或蓝色）书写内容，而红色马克笔是用来做标记的。

第二，一张卡片纸写一个要点，不要把多个提问或分享写在同一张卡片纸上。

第三，要在卡片纸上横向书写，字写得大一些、清晰一些，让所有人能看清。

第四，简要记录，但不要只写一两个词，让所有人回顾的时候能看懂。

第五，可以在卡片纸右上角折个角，方便从画布上揭下来，进行移动。

4. 谁来贴

卡片纸可统一由催化师贴到画布上，避免过多人员走动，显得比较乱。如果现场能量较高，则催化师也可选择让参与者贴卡片。

如何巧用白板纸

研讨过程中，催化师可以借助白板纸进行辅助记录和呈现。

讲解复杂概念时，或者进行逻辑和数据梳理时，如果仅用语言表达，很容易出现信息衰减，使大家听不到，跟不上思路。这时使用白板纸进行呈现，往往能起到神奇的效果。还记得第1篇的研讨案例吗？我当时用白板纸梳理了北京分公司的经营数据，帮助赵总有了重大发现。

白板纸的使用在很多引导技术的书籍里都有详细介绍，这里只简单讲解以下几个关键点。

- 用黑色或蓝色笔记录内容，用红色笔做标记。
- 每张白板纸上方要写标题，右下角要记录序号。
- 如果记录多个要点，每个要点前面要有编号。
- 如果需要投票，请在要点右侧留出投票区。
- 写完一张白板纸，不要翻过去，而是用美纹纸贴在墙上，把每张纸都展现出来。

小结

行动学习画布是一款视觉化研讨工具，研讨过程中，催化师要给出指导，帮助参与者正确的使用视觉化工具和材料。使用好视觉材料需掌握的三大方面内容，如图3.24所示。

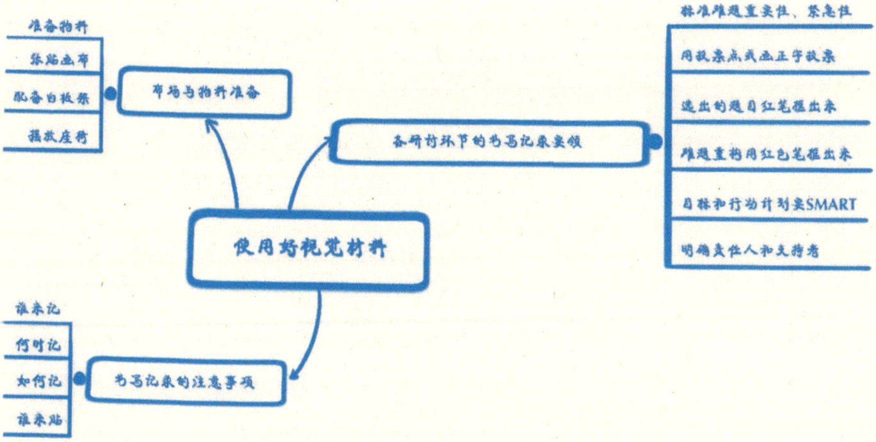

图 3.24　使用好视觉材料需掌握的三大方面内容

4

设计篇：

在项目中应用行动学习画布（上）

在工具篇和技巧篇中，聚焦于行动学习画布的操作方法和技巧，讨论了如何催化单个小组进行单轮次的团队研讨。

然而，对于组织中的复杂场景，仅仅完成单组单次研讨是不够的。为了让行动学习画布在组织中发挥出其应有的威力，还需要进行系统的筹备和规划工作，设计出优质的多课题行动学习项目，即行动学习圆桌会项目。

那么，如何借助行动学习画布技术，在组织中筹备行动学习圆桌会项目，让每位学员的课题都得到研讨和解决，让个人、团队和组织因此收获成长？这就是接下来要讨论的话题。

ADAPT 行动学习项目设计实施模型

目前行动学习圆桌会广泛应用于商业组织中，项目需求日益增长，可以说这是行动学习应用的一片新大陆。随着互联网时代的来临，这种行动学习模式有着广阔的应用空间，而目前这种模式的应用还不太普及。

相比于大多数团队学习方法，行动学习圆桌会有一个突出特点，即推动个人的成长与发展，促进心智模式的转变。所以对于领导力发展、人才培养、团队协同、组织变革等场景，很多企业都会首选圆桌会模式作为干预手段。

设计行动学习圆桌会项目并非难事，因为这种项目模式的标准化程度相对比较高，设计思路也十分清晰。无论一个圆桌会项目表面上看起来有多么复杂，它都有几条清晰的主线，而且基本都是在一个相对标准化的路径上加加减减，进行微调而成的。只要你熟练掌握这个标准化的路径，就能快速上手。

介绍这个标准化的路径之前，请先思考一个问题：假如现在任命你为行动学习项目经理，负责在企业里引入圆桌会项目，那么你打算从哪里入手，如何一步一步完成项目设计？

我猜你可能兴奋一阵儿，毕竟这是一份很有趣的工作。

但紧接着你可能摸不着头绪，发现要考虑的问题很多：

- 我该从哪里开始入手，如何一步一步推动项目进展？

- 设计和实施一个圆桌会项目，分哪几个大步骤？
- 每个步骤包含哪些具体任务？先做什么，后做什么？
- 如何确定难题？
- 如何组建行动学习小组？
- 如何选择合适的催化师？
- 如何跟进课题，确保成果落地？
- 如何评估项目成果？

……

ADAPT 行动学习项目设计实施模型（见图 4.1）可以帮你解决以上问题。

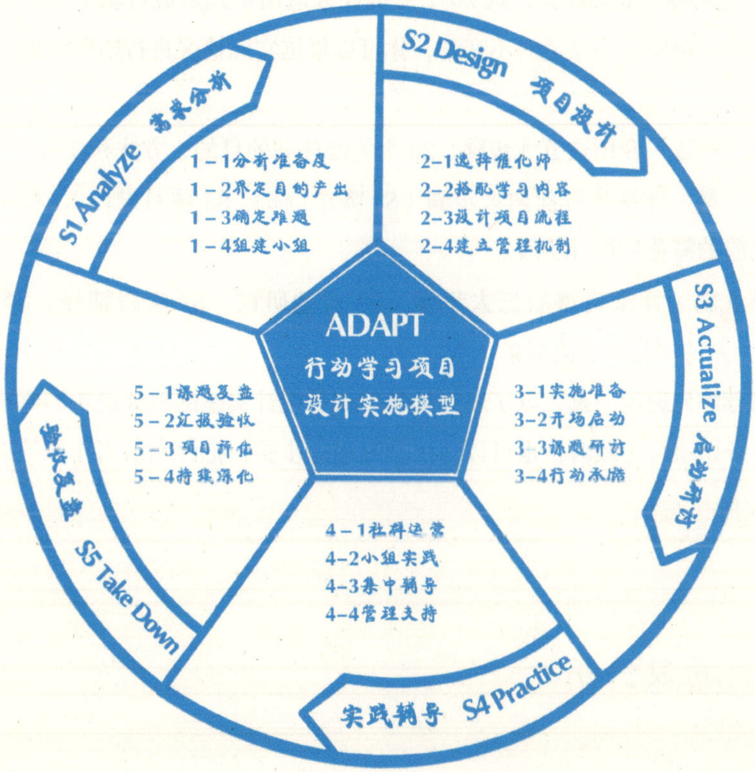

图 4.1 ADAPT 行动学习项目设计实施模型

这个行动学习项目设计实施模型由 CSAL 中国行动学习协会总结归纳而

成，包含行动学习项目设计和实施的五大步骤。这五大步骤分别是：需求分析（Analyze）、项目设计（Design）、启动研讨（Actualize）、实践辅导（Practice）、验收复盘（Take Down）。五个步骤的首字母连起来是ADAPT，有适应和调整之意，正好对应圆桌会项目根据场景灵活调整的特点，因此也把ADAPT模型称为“调适性项目设计实施模型”。

无论你是企业内部的培训管理者，还是专业机构的行动学习顾问，这个模型都同样适用。这个模型中，每个大步骤分别包含4个关键任务，共计20个关键任务。依次完成这个模型的20个关键任务，你就完成了行动学习圆桌会项目设计和实施的全流程。

特别说明：根据经验，这20个关键任务适用于大多数行动学习项目，但关键任务的顺序并不是绝对不变的，你可以根据实际情况进行顺序调整和任务增减。

以下就逐一介绍这五大步骤、20个关键任务的目的、方法和技巧。

第4篇：详细讲解前两大步骤（S1需求分析、S2项目设计），对应项目实施之前的筹备和设计阶段。

第5篇：详细讲解后三大步骤（S3启动研讨、S4实践辅导、S5验收复盘），对应项目实施之后的流程。

推荐你先通读一遍，以了解行动学习项目设计实施的整体逻辑和方法。当你真正开始项目实践时，也可以再次翻阅相应步骤，把这两篇当作你的项目实践工具书。

S1需求分析

现在，假设你是一名即将负责引入行动学习内训项目的项目经理。我将从这个视角出发，带你走过ADAPT模型的全部流程。

从第一个步骤“需求分析”开始，这个步骤通过 4 个关键任务（见图 4.2）来实现目标。

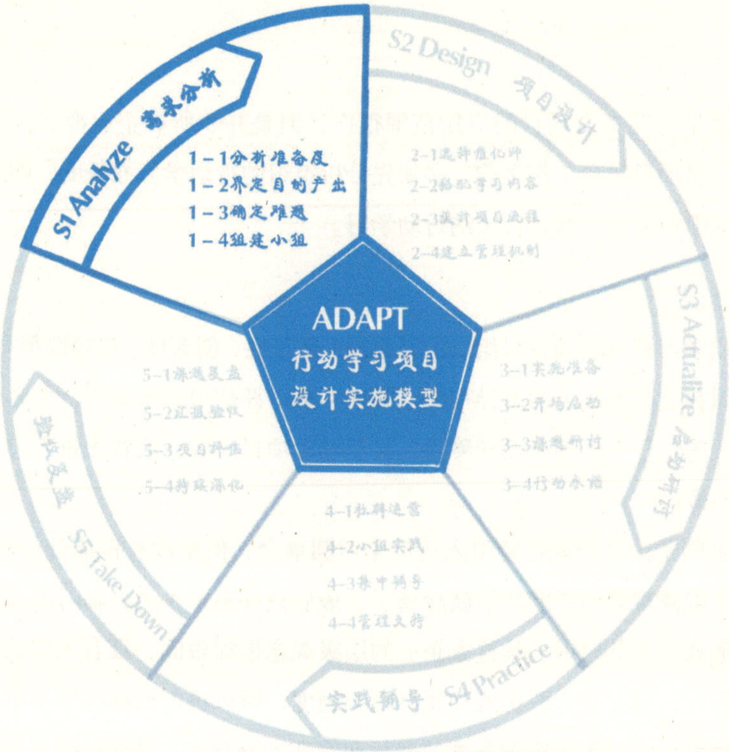

图 4.2 需求分析阶段的关键任务

S1-1 分析准备度：判断组织实施行动学习项目的优势和风险，为后续利用优势、管控风险做好充分的思想准备。这恰如播种育秧之前，要先判断土壤的质量。

S1-2 界定目的产出：访谈发起人，了解项目发起的真正痛点和动因，界定项目目的、目标和产出，获得对于项目明确的期望，为后续的项目设计奠定基础。

S1-3 确定难题：根据项目痛点，确定难题类型是单课题还是多课题；并根据组织业务和战略的需要，确定相匹配的选题方向。

S1-4 组建小组：根据项目需求和难题的情况，将项目学员合理搭配成行动学习小组。

S1-1 分析准备度

行动学习圆桌会项目的应用范围很广，但是并非所有企业都适合直接引入。在开启项目准备工作之前，必须先分析组织的行动学习准备度，即确认这家企业的组织文化土壤是否接纳行动学习。

为什么要分析准备度

行动学习圆桌会项目对组织的开放性、平等性、创新性、包容性都有要求，不同组织在这些维度上的差异很大。如果不提前评估组织准备度，那么很可能在项目实施过程中遇到风险和障碍，甚至导致项目失败，浪费大量人力、财力和组织资源。

举个例子，某企业曾经引入行动学习圆桌会，但是没有提前分析准备度，结果到了澄清难题的提问环节就冷场了，最后只好不了了之，临时改成更传统的培训形式。究其原因，是这家企业的层级观念根深蒂固，没有人敢就敏感话题深入探讨，也没有人敢挑战和质疑现有制度，所以再怎么激发作用都不大。

由此可见，对于组织准备度的分析和管理十分必要，是项目成功的先决条件。分析组织的准备度，有助于提前判断项目实施的优势和风险，并有针对性地利用优势、管控风险。如果等项目实施到一半，才觉察到组织准备度的问题，那么为时已晚。

什么情况不适合采用行动学习

为了更好地评估和分析组织的准备度，首先来认识一些典型的情况。对于以下几种情况，不建议使用行动学习，因为风险很大，容易导致失败。

- **没有足够的高层与业务领导支持。**行动学习需要参与者为了个人成长和组织发展而担负风险。如果有高层的支持，那么这就是解药；如果没有支持，那么这就是毒药。

- **上级不重视员工的观点，也不关注员工的未来发展。**行动学习的一大特点，就是把权利赋予最了解难题的人，以此促进员工学习和发展。如果上级没有足够的重视和授权，行动学习就没有了基础。
- **错误的期望和定位。**把行动学习只当成单一的绩效改善工具，只关注绩效改善和业绩提升，对团队和个体的心智改善和能力提升不感兴趣。
- **难题有标准答案，或者难题过于简单明确。**行动学习的潜能和难题的挑战性直接相关，挑战性越低，需要投入的努力越少，收获学习的可能性就会越小。
- **项目时限要求过紧，需要刻不容缓地解决难题。**如在 1~2 周就要看到结果，对于这样的情况，行动学习恐怕并不是最好的解决方式。
- **没有资源支持。**既没有预算，也不鼓励内部行动学习实践者投入太多时间，让内部行动学习实践者“巧妇难为无米之炊”。

以上是几种典型的不适合行动学习的场景。在引入行动学习项目之前，请识别并警惕这些行动学习的雷区。

什么情况比较适合行动学习

相对而言，行动学习更加适用于以下情况。

- **公司高层支持行动学习。**不仅是口头支持，而且愿意付出时间指导学员，给出鼓励和支持，为行动学习项目方案和执行给出积极有效的反馈。
- **不仅重视解决业务难题，更关注个人和团队的发展。**不仅关注业务难题的创新解决和推动执行，更关注个人成长和团队学习的发生，以及行动学习在组织里的推广应用。
- **需要通过学习来让组织适应变革。**组织在面临多变的市场环境和竞争格局中，有主动学习的意识，而不是故步自封、僵化守旧。瑞文斯先生提出 $L > C$，即学习速度大于变化的速度，指出行动学习正是应对变化的最好方法之一。

- **组织鼓励质疑，允许发表不同的声音，有包容试错的精神和文化。**而不仅仅是为了产出漂亮的报告，在汇报时给领导献礼。

如何分析组织准备度

结合以上分析可知，应该从多个维度评估组织的行动学习准备度，如高管对行动学习的态度、培训部门和学员的意愿度。

为了方便操作，设计了一张行动学习组织准备度分析表（见表4.1）。在项目开启之前，可以通过观察和访谈，对表格中的10个维度进行打分。如果某些维度你暂时无法判断，那么可以选择“不确定”。

表4.1 行动学习组织准备度分析表

要　素	问　题	高	中	低	不确定
1. 项目发起人	发起人对行动学习的认知度与支持度如何				
2. 业务支持	该项目与业务需求的关联度如何				
	课题导师的支持程度如何				
3. 小组成员	小组成员的参与意愿度如何				
4. 学员上级	学员上级对学员参与此项目的支持度如何				
5. 沟通氛围	组织内上下级沟通的平等开放度如何				
6. 创新文化	组织鼓励创新和允许试错的接受程度如何				
7. 人员保障	投入到行动学习项目的内部人员保障如何				
8. 组织者专业度	项目组织者的行动学习专业度如何				
9. 时间投入	可提供给行动学习项目的时间资源投入程度如何				
10. 财务预算	项目是否有充分的财务预算				

这10个维度、11个问题的总体得分越高，说明组织准备度越好。其中有

些维度的重要性相对更高。如项目发起人和业务支持，如果这两项评分不能达到“高”，那么说明项目时机有可能不够成熟，项目的风险会比较高。

如果在表 4.1 中，你选了很多“不确定”，建议你进一步了解情况，否则就如同不带探雷器过雷区一样危险。

组织者专业度是一个关键的驱动因素。如果组织者的行动学习专业度比较高，即使有很多不利情况，也可以采取很多专业手段提升组织准备度。

如何提升组织准备度

如果你发现组织的准备度不高，也不要急着放弃。因为组织的准备度不是一成不变的。如果组织准备度略低，可以见招拆招，有针对性地提升其组织准备度。

例如，组织准备度低的常见原因是高管支持度低。有的高管对于行动学习缺乏兴趣，或者习惯了“独裁”，不接纳下属的不同意见。针对这个潜在风险，在项目开始之前，应该充分了解高管对行动学习项目的态度，并根据高管所持的不同态度，设法采取有效的影响策略。

可以积极主动地向他“推销”行动学习，让他明白什么是行动学习，行动学习的原则假设有哪些，以及行动学习对公司的价值是什么。为了达到这个目的，可以采取的策略如下。

介绍方法价值：向高管介绍行动学习的作用和价值，让高管明确自己在项目中应该给予哪些支持、扮演什么样的角色。

标杆案例介绍：向高管介绍一些同类型企业的行动学习案例，这往往是最为直观有效的推销手段。

外部顾问沟通：如果你自身对行动学习的理解和不够深入，也可以考虑请外部顾问帮忙进行沟通。

推荐文章、书籍：如果高管喜欢阅读，也可以推荐一些行动学习的文章和书籍（曾经有位高管用两天业余时间就读完了《破解行动学习：行动学习的四大实施路径》，然后就决定引入行动学习）。

好的工具体验：行动学习重在体验，在条件允许的情况下，你还可以邀请高管参加外部行动学习沙龙或培训，让他亲身体验行动学习的威力。

安排内外部跨界：如果有关系不错的企业开展过行动学习项目，你也可以组织一次跨界学习。如某英语培训机构有一些校区开展了行动学习，取得了不错的成果，其他校区的校长就会过来了解情况，积极引入行动学习。

高管的态度影响着财务和时间的配给，也能影响学员和学员上级。所以对于准备度不高的企业，通过以上手段对高管进行影响，可以在很大程度上提升组织准备度。如果组织准备度不足体现在其他方面，也可以针对性地想办法进行改善和提升。

对于其他原因造成的准备度问题，在此因为篇幅原因就不逐一论述了。总之要见招拆招，发现问题解决问题，尽量提升组织准备度，为项目实施开展铺平道路。

S1-2 界定目的产出

确认了行动学习组织准备度之后，可以继续想前推进。下面来看需求分析的第二个关键任务，界定目的产出。这个关键任务要求深入理解项目目的，确认项目目标和产出。

了解项目目的与目标的重要性

史蒂芬·柯维在《高效能人士的七个习惯》中指出，做任何事情要“以终为始”，先确立目标。筹备和实施行动学习项目当然也不例外。

行动学习项目可以侧重于领导力发展，可以侧重于岗位角色转型，可以侧重于打破部门壁垒，也可以侧重于推动组织变革。项目目的和目标不同，最终呈现的流程和样式也会完全不同。

因此只有明确了项目目的和目标，才有可能进一步开展项目设计。甚至可以说，项目中每个流程和模块的配置，都要参考项目目的和目标进行个性化设计。这就好比一位出色的调酒师，他并不是调出所有人都喜欢的酒，而是根据不同顾客的口味，调出适合不同顾客的酒。

如何准备和实施访谈

为了明确项目目的和目标，你需要访谈重要的项目利益相关人，尤其是项目发起人，以实现如下目的。

- 了解项目背景与目的，明确项目成果的期望。
- 找出战略与业务痛点，明确难题范围与重点。
- 了解行动学习项目参与者的能力要求与现状，明晰差距。
- 影响发起人和项目利益相关人，通过一些实践案例，建立他们对于行动学习的积极认知，澄清误区。
- 获得访谈对象，尤其是发起人和业务负责人，对行动学习的积极表态和支持承诺。

带着以上的目的，你可以设计具体的访谈提纲。不要因为访谈人和自己很熟，就不做提前准备。要知道如果准备不充分，你很容易漏掉一些关键点，尤其是在时间很紧张的情况下。

为了获取全面综合的信息，建议你至少找到以下四类人进行沟通。针对每位访谈对象，你需要设计不同的访谈提纲。

1）发起人

行动学习项目一般由公司高管、业务负责人、企业大学或培训部发起。发起人是最重要的访谈对象，因为你可以从发起人那里获取第一手的项目信息，了解项目要达成哪些目标，以及可以调动哪些资源。整个项目都需要得到发起人的支持。

对于发起人的访谈，主要目的有两个，一个是了解他发起项目的目的和期望，另一个是通过访谈获取发起人的支持。以下几个问题仅供参考。

- 是什么原因让您想要发起这个项目？
- 这个项目跟公司今年的战略与业务重点有什么关系？
- 您希望此次项目能解决什么问题？
- 您认为项目成功的衡量标准是什么？
- 当项目结束时，你希望学员发生哪些改变？
- 解决哪些痛点问题是您所最关心的？
- 这些痛点问题当中，哪些最适合做行动学习难题？
- 学员如何更好地选择和匹配，才能更好地解决难题？

2）课题导师或学员上级

一般情况下，在行动学习圆桌会模式中，学员的直接上级就是他的课题导师；而在有些项目当中，课题导师可能是隔级的上级。为了保证你对课题背景和学员状况有更加精准的把握，除了需要访谈发起人，还需要访谈一些关键有代表性的课题导师。他们一般是公司核心业务部门的领导者，但你不必把所有学员的上级都访谈一遍，访谈几位有代表性的即可。访谈提问可参考发起人的提问列表。

3）企业人力资源管理者、培训或组织发展负责人

圆桌会项目通常由人力资源或组织发展部门承办，而且人力资源部门通常对学员比较了解。如果你是外部顾问，可以跟人力资源管理者了解项目实施的具体问题、学员的信息，以及不方便问发起人的问题。对于人力资源管理者和组织发展负责人，除上面针对发起人的提问之外，你还可以询问以下更为具体的一些问题。

- 学员是如何选拔出来的，他们的基本状况如何？
- 公司对学员有哪些能力要求，他们的能力现状如何？
- 学员的受训基础如何，他们以前参加过哪些领导力培训？
- 为了达成项目目标，还需要输入哪些知识和技能？
- 使用外部催化师、内部催化师，还是内外结合？
- 你期望项目的周期有多长？
- 你期望如何评估项目结果？
- 如何调动发起人和业务领导的支持？
- 如何保证学员高度的参与投入和实践？

4）学员代表

如果学员层级较高，建议你访问部分学员代表，了解学员的岗位挑战、课题状况、学习期待等第一手信息，让你催化时更加心中有数。以下几个问题仅供参考。

- 你提交的行动学习难题跟你今年的工作重点有怎样的关系？
- 结合公司的领导力要求，你如何评价自己的领导能力？
- 你期望项目结束后发生哪些积极的变化？
- 你期望上级在项目当中给予你怎样的支持？

小贴士：测测你对业务了解多少

如果是自己操作公司内的行动学习项目，那么可以通过以下几个问题测试自己的业务思维。

（1）我们公司最重要的业务收入来源是什么？

（2）我们公司最重要的业务增长驱动因素是什么？

（3）我们公司今年的核心战略是什么？

（4）我们公司目前主要的竞争对手是谁？

（5）我们公司目前面临的最大威胁是什么？

（6）我们公司面临的最大挑战是什么？

如果你能非常准确地回答以上 6 个问题，那么恭喜你，你是一个很好的业务伙伴。如果有些答案不清晰或无法回答，你需要更多地了解业务，和业务部门进行沟通，否则你做行动学习项目可能很难打开局面，获得成功。

小贴士：需求访谈中的视觉化呈现

在需求访谈过程中，视觉化呈现（见图 4.3）可以发挥大作用。在访谈会议室准备一个白板架，随时把关键点落在纸面上，这样很容易让对方领会你的意思，可以提高访谈效率。

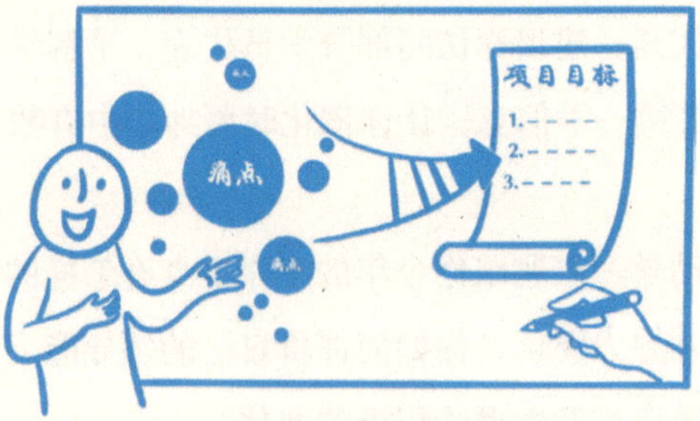

图 4.3 视觉化呈现

在一个行动学习发展领导力项目中，访谈发起人时，计划沟通 90 分钟，结果压缩到 30 分钟。我就是靠着充足的准备和视觉化手段，现场就把项目目的和六大目标全部都在白板纸上梳理清晰，并达成了共识。

后面我们沟通不多，但整个项目都是围绕这 6 个目标设计和实施的。包括项目流程设计、实践期作业、班级积分考核制度，都与这些目标一一对应。最后的结果是这位发起人十分满意。试想如果没有在项目起初用 30 分钟访谈明确目标并达成共识，整个项目方案的执行将存在重大风险。

S1-3 确定难题

经过需求访谈，你已经掌握了大量的信息，包括项目背景、目的、目标、产出等，这时你可以收集并确认行动学习难题了。

为什么要选好行动学习难题

在行动学习圆桌会项目中，每位学员都要选定一个个人难题，并努力在项目期间取得一定的成果。难题是行动学习的起点，没有难题就没有行动学习。

行动学习有一个重要假设，最好的学习发生在解决难题过程中的反思和经验总结。所以行动学习难题不仅是一个棘手的挑战，同时也是个人、团队和组织发展的重要机会。行动学习的过程就是“借题修人”的过程。

然而，并不是任何业务难题都可以作为行动学习难题。也不是难题越重要紧迫，就越适合行动学习研讨。在实际做项目的过程中发现，如果不对难题进行专业把控，那么项目将存在巨大风险。

难题的质量决定着学员在整个项目中的学习效果，也决定着团队和组织的收益大小。选出好的难题，才有好的项目体验。

什么样的难题适合做行动学习难题

1）谜题和难题

行动学习不是为谜题（Puzzle）准备的，而是为难题（Problem）准备的。

谜题具有明确的限定条件，并且可以由专家给出标准答案。例如“如何为企业开通一家天猫品牌旗舰店？”这个问题通过上网搜索，或者咨询电商专家就可以很好地解决，因此属于“谜题”。

难题通常比较开放，没有所谓的标准答案。例如“如何更好地激励下属员工？”这个问题没有明确边界，而且有多种可能的解决方案，因此就属于“难题”。

通过下面的行动学习难题适用性分析表（见图 4.4），可以更容易地区分谜题和难题。

如果一个难题目标明确，而且有已知解决路径（见图 4.4 中的象限 1），那么就属于谜题，更适合通过专家顾问解决，或者查阅文献寻找标准答案。

行动学习更适合解决没有明确解决路径，甚至连问题本质也没搞清楚的难题（图 4.4 中的象限 4），如“如何提升工作主动性”。这样的难题更能发挥行动学习的优势。通过团队研讨，难题本质逐渐清晰（从象限 4 前进至象限 2），课题的创新方案也将慢慢浮出水面。

总结来说，行动学习适合象限 4 和象限 2，象限 3 的难题可以考虑使用行动学习，而象限 1 的谜题通过任务引导的方法达成共识，或许就可以解决了。

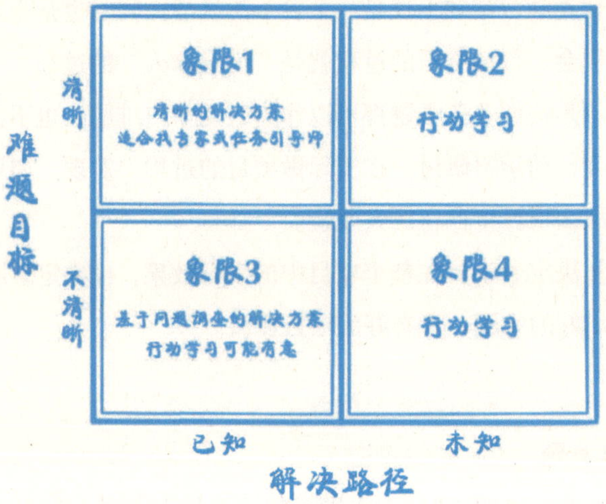

图 4.4 行动学习难题适用性分析表

2）行动学习的难题类型

剔除了谜题之后，剩下的难题也未必都适合行动学习研讨。关于适合行动学习的难题类型，瑞文斯在其著作《行动学习的本质》中给出了如下分类建议：

A. 熟悉的任务，熟悉的环境；

B. 熟悉的任务，不熟悉的环境；

C. 不熟悉的任务，熟悉的环境；

D. 不熟悉的任务，不熟悉的环境；

环境主要是指学员所处的部门、岗位或情境。例如，原来做线下销售，现在改做线上销售，那么环境就变了，而任务类型没有变。

根据这个分类方法，难题可以分为改善型难题和创新发展型难题。行动学习难题类型表，如图 4.5 所示。其中，A 类问题属于解决改善型难题，即把原有任务做得更好的难题，虽然也可用行动学习方法讨论，但这是一类难题的挑战性相对低，还未能让行动学习的方法大展拳脚。B、C、D 类问题随着任务或环境的不熟悉程度增加，其难度系数也逐渐增加，挑战性更强，更适合行动学习研讨，也能让行动学习方法发挥更大的作用。

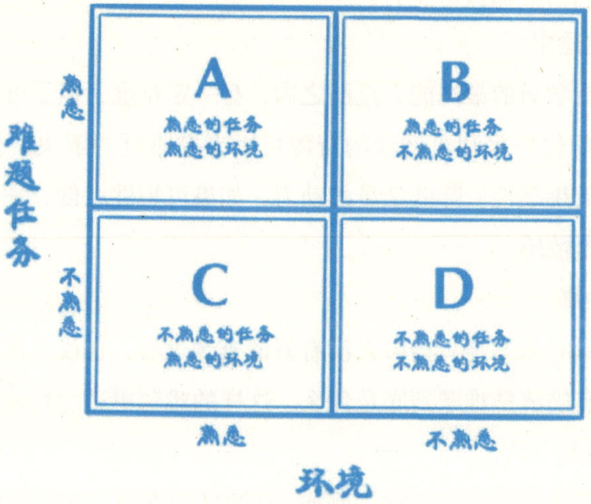

图 4.5 行动学习难题类型表

在当今组织中，人们迫切想知道如何应对变化，把握好新机会。在行动学习中，变换环境和任务，让参与者去到组织的不同层面观察、领会和深入实践，正是可以激发创新和创造力的有力方法。

行动学习有哪些难题选择原则

难题质量是确保项目质量的重要一环，甚至会决定项目成败。根据前面提到的判别标准，可以归纳出行动学习难题选择的几条重要原则。作为行动学习催化师，有责任根据下面的原则，把控学员的难题，用专业水准确保每个难题的质量。

1）重要性高

首先，这个难题对于个人或组织必须是重要而关键的，值得投入时间与资源去解决，并且能带来巨大的收益。如果难题无关紧要，那么学员就不愿意付出时间和努力去解决，更不会产生良好的学习效果。

2）紧迫性高

难题应该有一定的紧迫性。学员必须知道，如果不在一定的时间框架内解决这个难题，就会产生很不良的影响。这种紧迫感可以给学员带来热情和能量，让他们充满激情地去奋斗。

3）可控性适中

难题应该在学员的最高能力范围之内，有一定难度，但是可以达成。换句话说，学员的职位权限和可调动的资源可以支撑难题的解决。如果可控性过高，那么就缺乏挑战性，降低学员的动力。如果可控性太低，学员会感觉难以完成目标，有挫败感。

4）未知性高

难题应该具有未知性。当事人没有看清难题全貌，也没有清晰满意的解决方案，甚至没有搞清楚难题到底是什么。这样的难题更适合行动学习研讨。

5）复杂性高

难题应当具有一定的复杂性。例如，难题是两难的，涉及多个相关利益方，感觉梳理不清头绪；或者因为环境变化太快，难以判断出难题未来的发展趋势；再如难题出在人际冲突、价值观不和上，具有很高的人际复杂性。

6）学习性高

难题的解决可以为个人和团队提供非常有价值的学习机会，能更好地、有针对性地发展个人领导力，同时难题成果对于整个团队和组织都具有学习和推广价值。

如何收集并确认难题

在行动学习项目准备期，必须完成难题的收集和确认工作。这部分工作包含以下四个常规步骤，实际操作过程中要根据组织架构和文化特点进行调整。

步骤一：给出难题选择范围

组织方通过需求访谈，可以和发起人共识确定难题选择范围。例如，某变革圆桌会项目，难题选择范围限定在战略转型背景下遇到的难题。再如某中层领导力发展项目，提前设定了领导力发展模型，要求难题选择落在设定的能力维度上。

步骤二：学员填写难题表

确定难题选择范围之后，组织方给所有学员发邮件，和他们说明难题选择范围和原则，然后要求他们提交难题陈述表，填写 2~3 个难题，以尽量保证难题质量。

步骤三：学员上级确认难题

难题陈述表会发给学员上级，由学员上级给出审核意见与难题排序。

步骤四：组织方会同行动学习催化师筛选难题

最后，组织方和内外部行动学习催化师对难题进行把关，为每名学员筛选一个最适合行动学习研讨的难题。如果学员提交的 2~3 个难题都不符合行动学习难题选择原则，则要求该学员重新提供难题。

基于以上流程，可以把行动学习难题选择模式分为严控型、半控型和弱控型。通常在商业项目上，以严控型和半控型为主。

严控型：严格执行以上流程，从步骤一到步骤四。适用于难题选择质量要求高，且准备时间充足的项目。

半控型：对于一些领导力项目，步骤一可以省去，直接从步骤二开始，让学员更加自由地选择难题。

弱控型：不给定难题选择范围，也不需要学员上级确认，只保留步骤二和步骤四。适用于更加开放的、以学员为导向的领导力项目。

难题提出者如何描述行动学习难题

收集难题时，要给学员提供一定的格式，以确保难题描述详略得当，重点突出。

第 2 篇介绍过行动学习画布研讨的 BAIDUUI 难题陈述法。

- 背景（Background）：这个难题的背景是什么？
- 表现（Appearance）：这个难题有哪些表现？
- 影响（Impact）：这个难题产生了哪些影响？
- 行动（Done）：目前为止，我为解决难题采取了哪些行动？
- 期望（Urge）：我对本次研讨有哪些期望？
- 紧急度（Urgency）：对难题的紧急度进行评分（1~10 分）。
- 重要度（Importance）：对难题的重要度进行评分（1~10 分）。

这是一个不错的选题陈述结构。在项目准备期，也可以按照这个结构收集难题。让参与者对照难题选择原则打分，进行一次初步的难题自检。

下面提供一个需参与者填写的行动学习难题选择陈述表（见表 4.2），供你参考。

表 4.2 行动学习难题选择陈述表

姓名：　　部门：	
1. 请用一句话描述你的难题：	
2. 请描述该难题的背景与现状（请多用事实和数据说明）：	
3. 不解决这个难题会产生什么后果和影响？	
4. 针对这个难题，你目前已经采取了哪些行动，效果如何？	
5. 你对难题解决的期望是什么？	
6. 难题评估的维度（1~10 分）	自评分
①重要性：对个人或组织有重要影响，值得投入时间与资源去解决	
②紧迫性：难题不解决是否会立刻产生不良的影响	

续表

③可控性：个人职位和所拥有资源可以应对该难题	
④未知性：当事人没有找到清晰、满意的解决方案	
⑤复杂性：两难的，或者涉及多个相关利益方的难题	
⑥学习性：难题的解决可以为个人和组织提供有价值的学习和推广机会	
7. 上级意见反馈	

区分难题、目标和方案

除了上面提到的选择难题的范围和原则，还要关注难题的描述方式。需要判断参与者提出的是一个难题，还是一个目标，或者是否在难题中包含了解决方案。

参与者提出的难题可能是这样的：

（1）客户的物业满意度太低，如何提高；

（2）如何将物业满意度提升到 80%；

（3）通过加强内部管控，如何提升物业满意度；

（4）通过加强内部管控，如何将物业满意度提升到 80%。

难题应该是一个需要发生改变的现状。最佳的难题描述方式（见图 4.6）应该是上述 4 种描述中的第 1 种，只有这个描述的是现状。在实际项目中，需要采用正向的难题描述方式来提出难题，如提出“如何提升客户的物业满意度？”这个难题。这个难题也被称为行动学习课题。然而，在现实中，参与者往往使用后 3 种方式错误地描述难题。

上面的描述（2）是“现状 + 目标”形式。使用这种形式来描述，看似对难题的期望更清晰了，但是由于难题还没有被重构，未找到难题的本质，所以过早界定目标会影响解决方案的创新性。

描述（3）是“现状 + 解决方案”形式。

描述（4）是“现状 + 目标 + 解决方案”的混合体。

图 4.6 最佳的难题描述方式

如果在难题中限定了课题的解决方案，会使难题提出者假定这个解决方案是唯一或最佳的解决方案，而这个假设未必经过充分验证，那么相当于直接否认了难题解决的更多可能性。实际上，在行动学习项目中，一般会先对难题进行重新定义，找到难题本质，之后再制定目标和寻找解决方案。如果在难题陈述时过早限定了解决方案，就会缩减行动学习的精华。

所以，对于第（2）、（3）、（4）种形式的难题描述，要及时给予辅导和纠正，使之更有利于提升行动学习研讨的创新性。

S1-4 组建小组

收集到学员的难题之后，可以根据难题情况，以及项目目的和目标，来组建行动学习小组，这是需求分析步骤中的第 4 个关键任务。

谁适合参加行动学习项目

行动学习圆桌会项目的小组成员（学员）名单通常是早已确定的，项目顾问不负责学员选拔。

然而也有一些项目，是先确定项目目的，再确定参训学员名单的。对于这种情况，通常会把学员指标分配到各业务模块，再由业务负责人具体选拔人员。这时，可以给业务负责人这样的选拔建议：

选拔稳定性高，有培养潜质的人才；

尽量保证学员的多样性，如职能多样性、背景多样性、领导力风格多样性等，以便带来多样化视角；

学员职级尽量一致，否则容易造成小组讨论不在一个层级上；

另外也要兼顾学员的意愿程度，有的学员可能觉得参加行动学习耽误工作进度，产生抵触情绪，这样的学员就难以保证学习效果了。

行动学习小组多大规模合适

根据经验，行动学习小组成员在4~8人比较合适，一般控制在5~6人。这样可以提供足够的多样化视角，同时也能确保每位成员的参与度。

如果人数过多，就不容易确保每位参与者都积极参与。强势的参与者可能长时间发言，内向的参与者则可能长期沉默，而且达成共识也需要更多时间。另外，如果人数过多，对于小组的沟通和辅导工作就会变得相当复杂，管理成本会大幅增加。

如果人数太少，也会出问题。人数少，观点的数量就会少，挑战和质疑也会少，不容易确保难题解决的创新性，甚至小组成员会被过于复杂的难题吓到，感觉不知所措。

设计小组成员数量时，还应考虑集中辅导的时长。每位小组成员的课题都要讨论一轮，所以每增加一位成员，研讨时间都要相应增长。例如，项目启动会是2.5天，根据经验可以讨论5个课题，这种情况下，每组5个人比较合适。

搭配小组成员的原则有哪些

学员分组最关键的考虑因素是多样性，以确保难题提出者可以得到不同角度的激发。小组的多样性包括但不限于以下维度。

岗位多样性。例如，我带的一个小组，分别来自产品、策划、运营、设计、法务 5 个部门，他们在一起激发出了极强的创造性，也绽放出来惊人的团队动能。

性别平衡性。因为“男女搭配，干活不累”，清一色的男性或女性会让小组讨论缺少很多趣味。

课题关联性。小组成员的课题分布在多个维度，话题具有丰富性。

资源互补性。小组成员所拥有的资源互补，有助于相互帮助，解决挑战性难题。

性格互补性。很多项目都会对学员进行前期的领导力和性格测评，可以在分组时参考这个测评结果，让不同风格和性格的人混在一组，彼此学习，相互照镜子。

完成学员分组之后，可以根据行动学习小组评估表（见表 4.3），对每个小组进行评估，每个空格可以填写高、中、低 3 个评分。要确保尽量多的空格得分为“高”。

表 4.3 行动学习小组评估表

序号	维度	小组 1	小组 2	小组 3	小组 4
1	岗位多样性				
2	课题关联性				
3	资源互补性				
4	性别平衡性				
5	性格互补性				
6	组长领导力				
7	司龄互补性				
8	职级一致性				

S2项目设计

接下来，继续带你以行动学习项目经理的视角，来看 ADAPT 模型的第 2 个步骤“项目设计”，这个步骤通过 4 个关键任务（见图 4.7）来完成。

图 4.7 项目设计阶段的关键任务

S2-1 选择催化师：根据项目需求，合理选择内部或外部的行动学习催化师，搭配给每个小组。

S2-2 搭配学习内容：合理搭配知识内容输入，嵌入行动学习项目当中，以达成培养目标。

S2-3 设计项目流程：设计项目流程和日程，为项目运行提供时间表。

S2-4 建立管理机制：组建运营管理团队，建立并落地项目管理机制，确保项目运行顺利。

S2-1 选择催化师

在行动学习项目中，除了小组成员，还有一类非常重要的角色——催化师。有些行动学习项目只有一组学员，你可以全身心地只负责这一个小组。更多情况下，项目中不止包含一个行动学习小组。无论是哪种情况，都存在一个问题——谁来担任小组催化师？

催化师的职责和作用

催化师是小组研讨的带领者，不是小组成员之一，并不直接参与问题讨论和解决，但时刻关注小组的研讨情况，并且确保个体和小组学习的发生。

催化师在整个项目周期中，都要紧密陪伴行动学习小组成员。

项目准备期，要熟悉所有学员，并对学员提交的难题进行专业把控，确保难题质量。

集中辅导阶段，和小组成员紧密协作，帮助小组完成每轮难题研讨，并且制定合理的课题目标和行动计划。此外，催化师还负责带领其他学习和互动活动，如团队能力复盘、个人能力发展反馈、360 度测评报告解读等。

进入实践期，虽然不必时刻陪伴个人和小组进行实践，但是也要定期跟进，对学员提供辅导和支持。

为什么要组组配备专业催化师

对于行动学习圆桌会项目来说，需要配备多少名专业催化师？一名、两名，还是更多？建议每个小组都应该配备专业催化师。

我曾经在公开课上一人带领多个小组进行催化。我整体把控每个小组的研讨进度。每个研讨步骤我都会统一给出指令，然后由小组成员带领催化。我观察到这些新手催化师经常会十分紧张，难以进入催化状态。小组成员没有经过专业催化师训练，可能记住了催化的大流程，但难以在时间压力下应对复杂的局面。他们会弄错研讨流程，出现卡壳，甚至把讨论带偏。有的小组陷入难题重构环节，难以达成共识，导致无法在规定时间内完成讨论。而且，如果仅由一两名专业催化师跟进全班的学习和实践，那么这一两名专业人员将承担巨大的工作量。

由此可见，一人带多组较难确保研讨质量，课题成果和学员能力成长会大打折扣。因此我建议最好组组配备专业催化师。

如果你是项目经理，那么你很可能要兼任主讲老师和小组催化师。在全班讲解、反馈和答疑时，你需要站在台前把控全场。进入小组讨论阶段，你则进入一个小组，担任小组催化师。

搭配催化师的 3 种模式

为了确保组组配备专业催化师，以下提供 3 种配备方式：

（1）全部选用外部催化师；

（2）内外部催化师结合；

（3）全部选用内部催化师。

以上这 3 种催化师的配备方式都是可行的，关键要看组织资源及催化师的能力水平如何。

选择外部催化师的好处是专业性容易保证。很多客户选择百年基业作为行动学习供应商，一方面出于对品牌的信任；另一方面因为百年基业拥有多名身经百战的专业行动学习催化师，他们拥有设计和实施复杂行动学习项目的能力，可以确保项目质量。

内部催化师的好处是对组织业务和文化背景十分了解，容易快速和学员建立信任，打成一片。而且内部催化师和学员在一处办公，可以长期陪伴学员，随时对学员和小组进行跟进辅导，这是外部催化师难以做到的。

内外部结合的方式也是一种不错的选择。一方面，可以解决内部或外部催化师人员不足的情况；另一方面，有助于内外部催化师相互学习，共同成长。

如何选择外部催化师

近年来，随着行动学习的普及，市场上出现了许多受过专业训练的行动学习催化师。

在这些专业行动学习催化师之中，有一些接受过系统训练，十分认同行动学习的理念，也有不同行业客户的项目实操经验。他们的能力受到企业客户的广泛青睐和好评。

但是，当前市场上行动学习催化师的数量和质量还远远不够，水平参差不齐。有一些人只学习了简单的行动学习工具，就开始接商业项目。他们在现场不能深入地带领研讨，更谈不上组织学员进行深刻的反思，最后草草收场，还影响了学员对行动学习的认知，使学员对行动学习产生误读。

因此，建议组织慎重选择外部催化师，并从以下维度考察他们的专业实力。

专业资质认证：优先考虑持有专业机构认证的行动学习催化师。他们能够获得专业资质认证，说明接受过系统的专业训练，并且有一定的实践经验，能力上有保证。

项目实操经验：一名优秀的行动学习催化师，至少要有 10 个左右的项目实践经验。很多项目把控的经验和技巧，难以通过书本和课题学会，必须经过真刀实枪的项目积累，总结项目得失，才能更好地驾驭。

综合能力素质：一名优秀的催化师应该具备快速应变能力、随时捕捉学习机会的能力、分析洞察问题的能力、极强的人际敏锐度，同时抗压能力和情绪管理能力也很重要。（关于催化师能力标准的详细介绍，可以参考本书第 7 篇。）拥有这些综合能力素质，才能从容应对各种复杂情形，给个人、团队和组织带来有力量的改变。

如何选择和培养内部催化师

对于内部行动学习催化师，可以着重从内部培训师、引导师、教练、组织发展顾问等人员中择优选拔。选拔标准可以参考本书第 7 篇中关于行动学习催化师的能力标准，重点考察他们的培训项目实操经历，以及对人和业务的洞察能力。同时还要考虑他们自己的意愿程度，是否有志于成为专业行动学习催化师。

选拔出内部催化师队伍之后，还要对他们进行系统而专业的训练。培养内部行动学习催化师最好的办法，是与 CSAL 中国行动学习协会这样的机构一起行动。可以在公司人力资源管理团队中筛选候选人，来参加 CSAL 的行动学习催化师认证课程，培养成为认证行动学习催化师。或者也可以引入 CSAL 行动学习催化师企业内训。

除了选派人员参加认证学习，企业也可以在行动学习项目中培养催化师。例如，某商业银行支行长培养项目，设计了一个内部催化师培养模块，训练了将近 30 名催化师。他们经过初步培训之后，以小组催化师的身份参加后面的项目模块，由他们催化培养 300 多名支行长。

这些内部催化师在项目中经过大量实践，不断达成阶段性的行动学习催化师成长目标，同时也得到专业顾问及时的答疑和精准反馈。通过在实践中学习的方式，他们迅速成长，为该企业储备了大量的行动学习人才。

S2-2 搭配学习内容

第 1 篇中谈到过瑞文斯的学习等式 L=P+Q（学习 = 程序性知识 + 洞察性提问）。通过这个等式可以知道，虽然行动学习以 Q（洞察性提问）为主，但为了达成更好的培养效果，也常需要结合项目目的和学员能力现状适度进行一些知识技能输入，即程序性知识（Programmed Knowledge）。

需要搭配哪些程序性知识

要根据项目需求，决定是否在项目中搭配知识输入，以及搭配哪些知识输入。不同的项目类型、不同的学员层级、不同的课题类型，相应需要输入的知识也不会相同。有时，还需要根据课题解决中的共性问题，插入一些即时性的知识输入。

有不同的行动学习圆桌会项目中，常搭配的知识输入包括以下方面。

1）领导力

在行动学习发展之领导力项目中，常常会根据学员的领导力发展现状，以及组织对他们的能力要求，搭配一门或多门领导力课程，以为学员进行一些领导力方面的知识输入，从而帮助发展学员的个人领导力、团队领导力、协作领导力等。

例如，某企业发生组织架构调整，需要帮助多名新上任的事业部经理快速适岗。因此该公司设计了转型圆桌会项目，搭配了“转型 90 天”工作坊，输入岗位 / 角色转型的专业知识，以帮助这些管理者高效转型，进入状态（详见第 6 篇 D 公司案例）。

2）领导力测评

在行动学习发展领导力项目中，还常会搭配领导力测评模块，如领导力 360 度测评、贝尔宾团队角色测评、学习风格测评、DISC、MBTI 等，以帮助学员更好地实现领导力自我觉察，找到发力点，实现领导力定向发展。

3）行业 / 岗位专业知识

有些行动学习圆桌会项目需要提升学员的专业能力，所以需要行业或岗位的专业知识输入。例如，在一家商业银行的领导力项目中，就安排了支行长的岗位专业能力培训课程（详见第 6 篇 C 公司案例）。

4）企业战略和组织文化

在一些组织发展类的行动学习圆桌会项目中，会输入宏观行业趋势，或者企业战略与政策等内容的分享，以实现促进战略转型和变革等目的。例如，一家食品公司推行渠道下沉战略，但在实际执行过程中遇到了经销商方面的阻力，所以需要在这家企业发起的经销商圆桌会中，安排集团战略解读模块。

5）国家政策和宏观经济等

在一些地产公司的行动学习项目中，因为国家政策对于他们的业务影响较大，所以他们需要安排一个重点培训模块——解读国家政策和宏观经济。

以上列举了几种常见的知识输入类型，你也可以根据自己项目的实际情况，灵活搭配其他类型的内容。另外，输入的方式可以不限于课程培训，还可以采用在线学习、跨界学习、案例研讨、领导座谈、专业阅读、拓展活动等形式。

程序性知识如何嵌入项目中

将程序性知识嵌入项目中，通常有以下三种模式。

1）阶段嵌入式

阶段嵌入式，是指在多阶段的项目中，每一阶段分别搭配不同的知识输入（见图 4.8）。

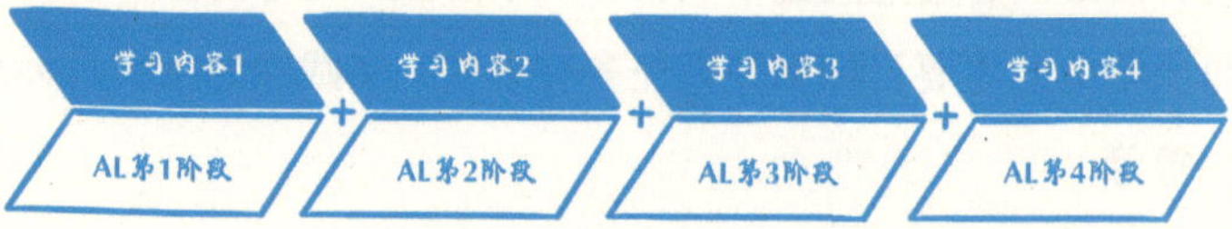

图 4.8 阶段嵌入式内容输入

例如，在一次典型四阶段圆桌会项目中，前 3 个阶段分别输入了 3 门领导力课程，这 3 门课程由浅入深，从个人到团队，系统性地提升学员的领导力觉察和认知。而项目最后一个阶段引入了演讲呈现类课程，以帮助学员更好呈现课题成果。第 6 篇 A 公司和 D 公司的案例就采用了这种嵌入模式。

2）分开进行式

分开进行式，是指项目模块和知识输入模块分开进行，中间有一定的时间间隔（见图 4.9）。

图 4.9 分开进行式内容输入

3）一次嵌入式

一次嵌入式，是指项目 / 工作坊和知识输入一次成型。通常是先进行知识输入，再紧接着开启行动学习（见图 4.10）。第 6 篇 C 公司和 G 公司的案例就采用了这种嵌入模式。

图 4.10 一次嵌入式内容输入

S2-3 设计项目流程

以下可以进入更具体的设计工作——设计项目流程和日程。在设计项目流程和日程时，需要回答这些问题：项目分几个阶段？每个阶段可以安排几天集中研讨？每次集中的主要目标和关键任务有哪些？实践期的主要目标和关键任务有哪些？等等。

项目流程设计有哪几种基本模式

根据项目阶段划分和小组数量多少，项目应用可以分为如下 4 种模式。

1）单组单阶段（见图 4.11）

一个行动学习小组，一个学习阶段。换句话说，就是通过一次集中学习，研讨一位或多位小组成员的难题。这种模式一般不常见于商业项目中，通常应用于行动学习体验沙龙、社群活动、业务团队内的催化型辅导等场景。

图 4.11 单组单阶段

2）多组单阶段（见图 4.12）

多个行动学习小组，一个学习阶段。这种模式广泛应用于商业项目中，适用于周期短、学员多的情况，常称为行动学习工作坊（AL Workshop）。例如，第 6 篇 G 公司的案例就采用了多组单阶段的工作坊模式，每期工作坊一次成型，直接产出行动方案，并进行汇报验收。

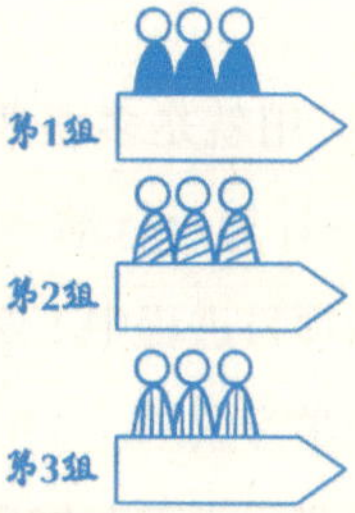

图 4.12 多组单阶段

3）单组多阶段（见图 4.13）

一个行动学习小组，多个学习阶段，常见于企业内部发起的中高层领导力项目。例如，第 6 篇 D 公司的案例就采用了这种模式。该项目只有一个小组，8 名学员，在一位行动学习催化师的带领下，走过 5 次集中学习，最后进行结业汇报。

图 4.13 单组多阶段

4）多组多阶段（见图 4.14）

多个行动学习小组，多个学习阶段，广泛应用于商业项目中。此种模式相对其他 3 种模式来说更为复杂。而且，如果你掌握了这种模式的设计方法，就同时掌握了前面 3 种模式。因此，以下就以这种模式为主，继续介绍项目设计和实施的方法。

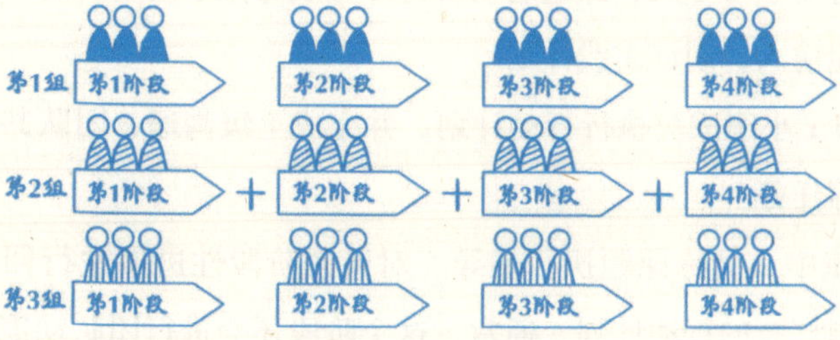

图 4.14 多组多阶段

多组四阶段的项目模式

多组多阶段模式最典型的应用就是多组四阶段的项目模式。简单来说，这种项目模式就是一个“研讨→计划→行动→反思→再研讨→再计划→再行动……”的过程。学员在四阶段项目进程中不断研讨，并采取行动，不断迭代行动方案，最终产出课题成果和学习成果。

四阶段的项目模式包括 4 次集中学习和辅导及 3 个实践期。每次集中学习和辅导通常为 1.5~3 天（不包含行动学习以外的知识输入），每个实践期一个月左右。图 4.15 为一个典型的四阶段圆桌会发展领导力的项目流程，供你参考。

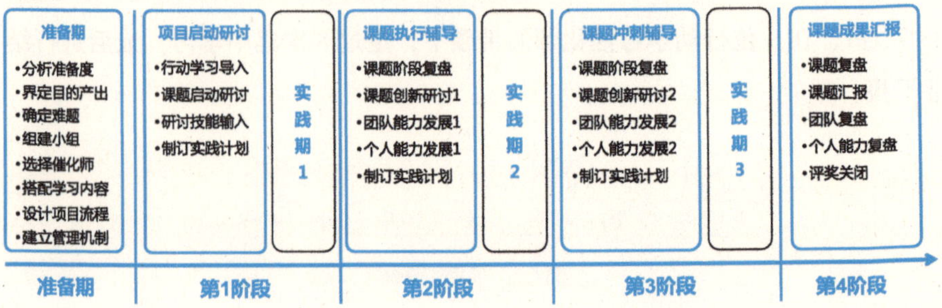

图 4.15 典型的四阶段圆桌会发展领导力的项目流程

一般来说，在典型的四阶段项目中，每个阶段需要完成以下关键任务（仅供参考）。

准备期：完成 **S1 需求分析**和 **S2 项目设计**的全部 8 项关键任务。

第 1 次集中：学员首次集中学习，即项目启动研讨会。这次集中的关键任务包括：行动学习导入、课题启动研讨即完成每位小组成员的第一轮课题研讨，研讨技能输入，制订实践计划。

实践期 1：小组成员执行行动计划，并完成上级沟通、团队共建、行动学习工具实践等任务。

第 2 次集中：又称课题执行辅导。对课题阶段性进展进行回顾，并再次研讨课题，制订新的行动计划。通常，这个阶段还会进行团队动能复盘，增强团队的干劲。

实践期 2：小组成员执行行动计划，并完成上级沟通、团队共建、行动学习工具实践等任务。

第 3 次集中：又称课题冲刺辅导。到了这个阶段，课题执行已经初见成效，需要对课题进行再次回顾和冲刺辅导，为课题汇报验收做好准备。

实践期 3：小组成员执行行动计划，准备课题汇报材料，并完成上级沟通、团队共建、行动学习工具实践等任务。

第 4 次集中：课题成果汇报仪式。优秀学员汇报课题成果，评出优秀个人和小组，并对项目做整体验收评估。

行动学习项目常见的 3 条主线

以上从横向时间轴的视角，解读了典型的四阶段项目各个阶段的关键任务。为了更深地理解四阶段的项目流程，还可以换一个纵向的视角，抽象出 3 条项目主线：课题实践线、个人能力发展线、团队动能线（见图 4.16）。

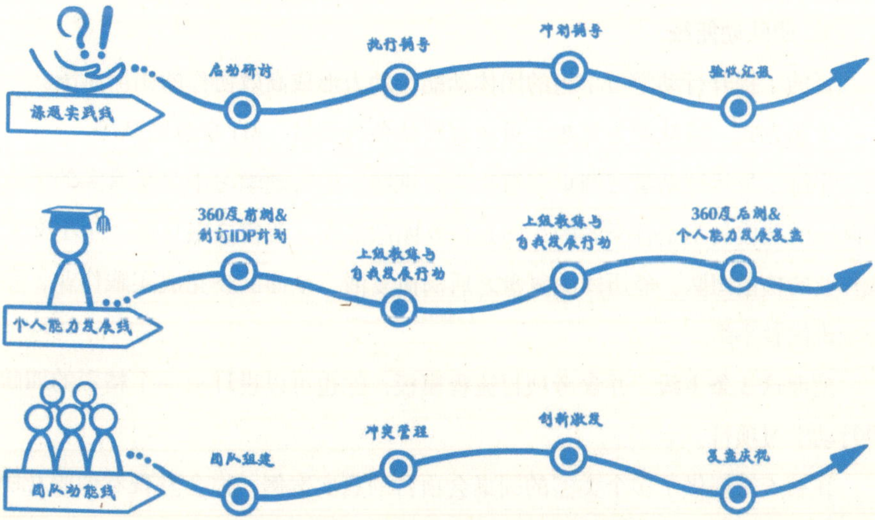

图 4.16 行动学习圆桌会项目的 3 条项目主线

1）课题实践线

目的：助力每位学员切实解决个人课题，带着问题来，带着成绩和学习收获离开。

干预方式：启动研讨、执行辅导、冲刺辅导、汇报验收。

小结：课题实践线是行动学习项目的基础，通过多次干预确保学员既解决难题，又产生学习。

2）个人能力发展线

目的：助力学员发展个人领导力，收获能力成长。

干预方式：360 度前测、制订个人发展计划、上级教练与自我发展行动、360 度后测和个人能力发展复盘。

小结：个人能力发展线通常是行动学习圆桌会项目的标配。对于领导力发展类项目，这条线尤为重要。通常采用 360 度前后测评的方式进行能力发展的评估。此外，还可以通过领导力课程输入、个人发展计划、个人能力复盘、同伴教练、能力发展重构法等工具加速提升学员的领导力。

3）团队动能线

目的：提升行动学习小组的团体动能，助力形成高效协作的团队氛围。

干预方式：团队能力复盘、贝尔宾团队角色测试、4D 卓越团队等。

小结：虽然行动学习圆桌会解决个人难题，但行动学习小组是真实的学习团队。团队成员不是各干各的，而是需要团队协作。我曾亲眼见证一个不交实践作业的松散团队，经历团队复盘之后满血复活，全面圆满完成实践作业，夺得全班优胜小组。

把握这 3 条主线，并参考项目流程模板，你也可以设计出一个精彩的四阶段行动学习项目。

在第 6 篇提供了多个类型的圆桌会项目的真实案例，你会发现看似眼花缭乱的项目，核心关键就是这几条线的组合。

S2-4 建立管理机制

为了确保行动学习项目在组织中持续稳定运行，还需要建立一套项目管理机制，并组织专门的项目管理运营团队，确保这套机制的落地实施。

为什么需要做好项目管理机制

行动学习的项目流程看似很简单，好像一轮又一轮的研讨和实践，甚至让人感觉有些重复，缺乏多样性。然而无数成功的项目实践证明，这样的“重复”十分有价值。对于复杂而有挑战性的课题，必须经过多次干预，才能取得优质的课题成果和学习收获。

所以，为了让行动学习项目取得成功，就要确立并严格执行项目管理机制，以保障干预频次和质量，做到管控到位。这包括设立每项作业任务的时间节点，督促小组教练和学员按时完成规定步骤，对偏离项目目标的行为随时纠偏和复盘，激发学员参与，保持小组的学习热情。

回顾过往失败的行动学习项目实践，往往是在过程中未进行积极有效的跟进和督促，造成参与者能量降低。甚至可以说，一旦项目设计好之后，项目管理就是项目成功的决定因素。

如何搭建项目管理团队

项目启动实施之前，除了配备专业催化师队伍，还要搭建项目管理团队，共同建立一套项目管理与支持系统，以确保项目成功实施。通常来说，项目管理团队由以下角色组成。

项目发起人

项目发起人通常是承担战略领导责任的高层管理人员。在项目启动之前，他根据组织战略和业务重点与难点，确定难题的方向和范围，确定参与项目的成员，并给予项目人员和资源支持。在项目启动时，他有责任向行动学习团队说明行动学习课题（难题）的组织背景与结果期待，并提出对参与者能力发展的要求与期待。在项目结束时，他对项目成果汇报给出点评反馈。

课题导师 / 学员上级

在多课题模式当中，课题导师通常是学员的直接上级。在项目启动之前，他根据业务重点，给出难题的具体指导意见，并具体说明对课题和下属能力发展的要求与期待。在项目实施过程中，他定期和下属沟通，对下属课题推进给出具体指导意见，并给予时间和资源的支持。在项目结束时，他参与课题汇报与点评，并对下属的课题完成情况和能力发展给出结果性反馈意见。

项目经理

多组多阶段的行动学习项目中，通常会委派一名项目经理，来推动整个行动学习项目的管理进程。在项目启动之前，他需要：

- 推动行动学习项目立项和资源保障。
- 推动发起人和催化师沟通，明确项目期待和课题的选择范围与重点，确定参与项目的成员。
- 推动学员和上级沟通，确定难题。
- 选择并确定催化师，与催化师协同设计，确定项目的流程与日程。
- 做好项目实施的各项准备，建立项目管理机制。

在项目实施过程中，他需要：

- 搭建项目管理架构和班级学习社群。
- 协助催化师做好项目实施协调工作。
- 在小组成员遇到困难时，给予必要的资源和情感支持。
- 及时与发起人和学员上级保持项目进度的良好沟通。
- 做好各项实践作业的回收与管理。

在项目结束时，他需要：

- 组织项目验收会，并协调项目发起人、课题导师和学员上级出席验收会。
- 组织行动学习小组和学员表彰评优。
- 组织项目复盘与评估。

小组成员

小组成员负责提出或承接难题，并在解决难题的过程中，获得学习和成长。

在项目启动前，小组成员需要根据业务重点，提出自己的难题并和上级确认，明晰自己能力发展的现状与目标。

在项目实施过程中，他主要的责任是参与研讨，提出创新性的难题解决方案，并推进行动方案的执行落地。在这个过程中，他要主动找上级沟通，寻求课题指导意见、时间与资源的支持，以及个人能力发展的反馈。在行动学习小组中，他要主动为小组成员提供必要的帮助与支持，并对他人的成长提出积极真诚的反馈。

在项目结束时，他需要整理和汇报课题成果，对课题和个人能力发展做系统复盘，并主动推广课题成果。

行动学习催化师

行动学习催化师最核心的责任是确保小组成员在解决难题的过程中获得学习和成长，满足项目发起人的期待。

他需要履行好项目设计顾问、团队学习教练、组织发展催化者的三大角色。

在项目启动前，他作为项目设计顾问，通过多方沟通明确业务需求、确定难题、组建小组、设计项目方案和催化日程，并积极影响发起人和学员上级，给予项目更多的支持。

在项目实施过程中，他作为团队学习教练，在集中研讨时把控问题研讨，激发团队学习。在项目管理过程中，对行动学习小组进行及时干预和赋能，激发小组的协作与课题的创新。

在项目结束时，他作为组织发展催化者，组织小组成员的课题复盘、团队能力复盘和个人能力发展复盘，并且推进行动学习的组织实践与转化，让行动学习画布在组织里各层级、多场景中得到应用，推动领导力发展和组织发展。

如何设立并执行项目管理与支持机制

为了让运营管理团队的工作有序，你需要和他们共同设立一套项目管理与支持机制。这套机制通常包含以下几个方面。

（1）制定并执行班级考核激励机制：可以根据项目目标，设置多个维度的班级考核激励机制。例如，从课堂表现、课题实践、上级沟通、团建活动等维度，对学员和小组进行积分排名。这有助于调动学员参训积极性，提升团队动能。

（2）督促学员与上级进行沟通辅导：督促学员在实践期与上级 / 课题导师沟通课题进展、行动计划、个人发展计划执行情况等内容。项目运营团队需要对沟通进度做统计，并督促沟通进度。

（3）跟进催化师对小组的课题辅导：小组催化师要在实践期进行小组和个人辅导，项目运营团队要跟进统计辅导进度。

（4）管理学习平台和班级社群：运营管理项目在线学习管理平台，以及学员微信群等。

（5）实践作业的管理与通报：实时通报学员和小组的作业提交情况，公示积分排名，这对于激发个人和团队的学习积极性很有帮助。

（6）制定项目成果汇报与评估策略：与发起人和主顾问进行沟通，确定最终成果汇报评分的考核标准，以及项目评估的维度。

5

实施篇：

在项目中应用行动学习画布（下）

在设计篇中，介绍了 ADAPT 项目设计实施模型的前两个步骤，即需求分析和项目设计。完成这两个步骤，就完成了行动学习项目的前期筹备工作。

接下来，讲解行动学习项目的实施部分，即 ADAPT 模型的后面三大步骤：**启动研讨、实践辅导、验收复盘**。

- 根据这 3 个步骤的划分，可以把行动学习的项目实施分成三部分（见表 5.1）。本篇用 3 个小节的内容，分别介绍这三大部分的实施流程（见图 5.1）。

表 5.1 行动学习项目的三大实施阶段

项目阶段	主要任务	学习形式
启动研讨	• 实施准备 • 开场启动 • 课题研讨 • 行动承诺	1 次集中（启动研讨会）
实践辅导	• 社群运营 • 小组实践 • 集中辅导 • 管理支持	2 次集中 + 3 个实践期
验收复盘	• 课题复盘 • 汇报验收 • 项目评估 • 持续深化	1 次集中（汇报验收）

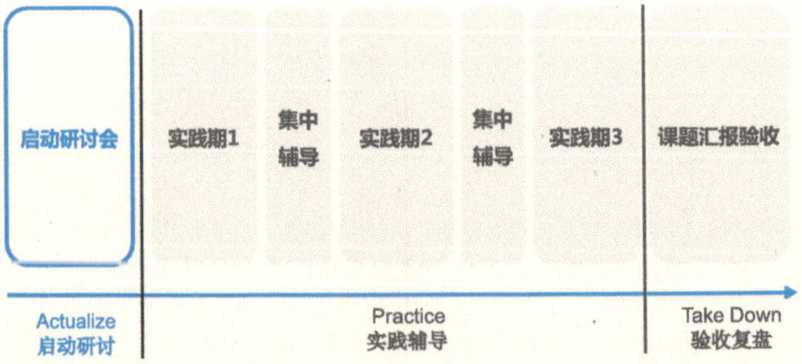

图 5.1 启动研讨、实践辅导、验收复盘的实施流程

S3启动研讨

启动研讨阶段，主要任务是开好项目启动研讨会。这是整个项目的第一次集中，标志着项目正式开启。

启动研讨会一般需要 2~3 天，主要完成以下几个任务（见图 5.2）。

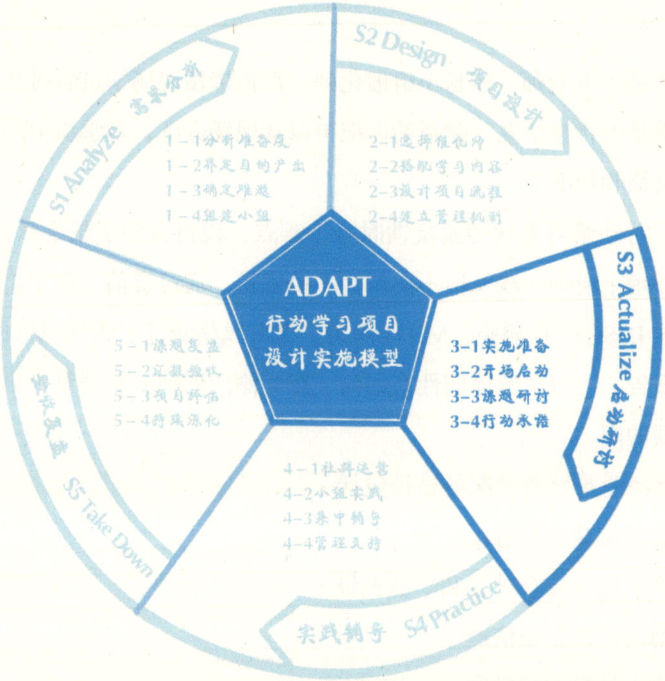

图 5.2 启动研讨阶段的关键任务

S3-1 实施准备：在启动研讨会开始前，熟悉学员和课题，做好场地和物料等准备。

S3-2 开场启动：开启整个项目，说明项目目的，介绍角色、学习规则和项目流程。

S3-3 课题研讨：输入行动学习概念和研讨技巧，完成课题的第一轮研讨。

S3-4 行动承诺：帮助每位学员制订精准的课题行动计划，在实践期执行。

S3-1 实施准备

同其他类型的培训项目一样，行动学习项目的启动研讨会也需要认真细致的培训前准备，以确保课程环节顺利开展，主讲老师从容发挥，学员研讨效果得到保障。对于主讲老师 / 催化师来说，启动研讨会的主要准备工作包括：熟悉学员、熟悉课题、选择场地、准备物料。

1. 熟悉学员

无论你是主讲老师，还是小组催化师，都将带领现场学员研讨互动。提前了解这些学员的背景信息，能帮助你把控课堂现场进度，对学员个体给出更有针对性的反馈和帮助。

例如，行动学习催化师给反馈时有个难点，说得太深了怕学员接受不了，产生抗拒心理；说得太浅又怕不能帮到学员成长。通过提前了解学员的测评资料，如通过 DISC 个性测验、MBTI 测验、学习风格测评、领导风格测评、360 度测评等报告，可以了解他们性格如何、行为倾向如何，这样就可以有针对性地把控反馈的度。

提前熟悉学员背景情况的途径包括：

- 了解学员基本信息；
- 访谈人力资源管理者和学员上级；
- 提前组建班级微信群；
- 研究学员提交的难题；
- 分析学员的领导力测评报告等。

2. 熟悉课题

提前熟悉学员的课题是重中之重，毕竟课题是行动学习的核心。如果你能提前研究本组学员的全部难题，进行初步的分析和思考，那么你催化研讨时将更加省劲。

3. 选择场地

行动学习启动会的场地选择，可以参考如下6个标准。为了达到理想的研讨和培训效果，在选取场地时不能有任何妥协。我有位同事曾经组织一场行动学习研讨，因为特殊原因，临时更换到一个没有窗户的场地。结果整场活动都感觉很压抑，而且稍稍有点透不过气来。所以说这些点看似细节，但是绝不能打折扣。

- 有墙面：每个小组配一面墙，张贴行动学习画布，画布之间不要离太近。
- 有窗户：充足的自然光让人心情舒畅。
- 有亮度：确保灯光亮度充足，傍晚和夜间不至于太昏暗。
- 有空间：场地不要太局促，因为会有很多互动环节，甚至有时要变换桌型。
- 有海报：张贴一些与行动学习相关的视觉海报，用来营造场域。
- 有音响：确保课堂上可以播放教学视频，课间可以播放音乐。

跟其他类型的培训相比，行动学习项目在选择场地时，最需要特别注意的是墙面问题。一张行动学习画布宽2米左右，必须贴在平整的墙面上，中间不能有突起和凹陷。而且两张画布之间要隔开一定的距离，否则两个小组的讨论会互相干扰，互相打扰。

4. 准备物料

在第2篇、第3篇介绍过单组单轮研讨的物料准备，主要包括行动学习画布、海报架、白板纸、三色马克笔、研讨卡片纸、即时贴、喷胶、美纹纸等视觉化材料。

除此之外，配合启动研讨会的各个教学环节，还需要准备更多的材料，如学员手册、阅读材料、教学卡片、计时器、视觉化海报、散页等。

建议你对照课程大纲，提前核对每个教学环节需要用到的物料。为了避免忙中出错，请提前列好物料清单，交给会务人员落实。如果你认真完成了前面的工作，那么你在启动会现场会感觉十分轻松，毕竟该准备的都已经准备好了，就带着高昂的斗志向前冲吧，用你的能量感染现场的学员。

S3-2 开场启动

到了启动研讨会现场，老师和学员到场之后，要先开场。

学员刚刚进入场域，并不了解即将发生什么，也不熟悉主讲老师、小组催化师和其他同学。为了让他们快速进入状态，并熟悉彼此，可以安排如下几个开场步骤。

1. 发起人讲话

首先，最好邀请项目发起人来到现场，由他来讲解为什么要发起这个项目，以及他对学员们有哪些期待。这是发起人和学员见面的重要机会。

2. 课题导师和学员上级讲话

你还可以邀请课题导师和学员上级代表，在开场时简短发言。他们将成为学员解决课题和个人能力成长的重要支持者。

3. 介绍日程与目标

然后主讲老师上场，向学员介绍项目整体流程、每阶段的关键任务、学习目标，以及启动研讨会的日程安排。

4. 建立学习规则

为了确保学习和研讨有序开展，保证班级秩序，减少不适当行为的发生，在开场时需要请学员建立班级和小组的学习规则。常见的规则包括：不玩手机和笔记本电脑、全程投入参与、心态开放坦诚、遵守发言时间、认可和欣赏他人等。可以鼓励各小组把学习规则写在海报纸上，张贴出来，以起到提醒作用。

5. 团队组建

除了确立规则，在开场阶段还需要专门抽出时间，进行班级小组内部的暖场连接，以增进小组成员之间的相互了解，建立彼此的相互信任。常用的破冰方式具体如下。

高点低点

邀请小组成员轮流分享自己最近一个月在工作和生活中的一个高点事件、一个低点事件，以及这些事件给自己带来了怎样的感受。分享前可以给成员 2 分钟时间思考和准备，提前把分享要点记录在纸上。

天气报告

让小组成员轮流报告自己过去一个月在工作、家庭、健康、娱乐等方面的打分（满分 10 分）。简要说明打分理由，其他小组成员保持倾听状态。

视觉探索

提前把视觉探索卡（见图 5.3）散落在桌面或地面上，然后让每位小组成员从中选择两张卡片，一张代表自己的工作状态，另一张代表生活状态。选好之后，小组成员轮流展示自己的卡片，并对照卡片分享自己的工作和生活状态。

图 5.3 视觉探索卡

破冰之后，小组还要进行团队建设，选出小组的组长和组秘等角色。这些角色将负责小组活动召集、发布组内通知等工作。

S3-3 课题研讨

表 5.2 是一份启动研讨会的参考日程模板。通过这个模板，可以看到启动

研讨会包含 3 个核心任务：① 行动学习概念与技能输入；②多轮次研讨催化；③ 建立行动承诺。本小节主要介绍前两项任务。

表 5.2 启动研讨会的参考日程模板

	第 1 天	第 2 天	第 3 天
上午	• 项目启动仪式 • 团队组建 • 行动学习概念输入	• 研讨技能输入 • 行动学习画布研讨（第 2 轮） • 学习反思	• 研讨技能输入 • 行动学习画布研讨（第 4 轮） • 学习反思
下午	• 行动学习画布研讨（第 1 轮） • 研讨技能输入	• 研讨技能输入 • 行动学习画布研讨（第 3 轮） • 学习反思	• 研讨技能输入 • 行动学习画布研讨（第 5 轮） • 学习反思 • 实践期行动计划

1. 行动学习概念与技能输入

为了开展行动学习画布研讨，你需要让学员知道行动学习是什么。这个输入不宜过长，先让学员有一个基本的概念，即可以开始进入研讨。学员经过几轮研讨之后，自然会慢慢体会到什么是行动学习。

每轮研讨之间，可以循序渐进地输入一些研讨技巧。一来可以让学习内容更加丰富，二来也能有效提高小组研讨质量。

建议先从聆听和提问技巧开始输入，再逐步讲解和练习重构、分享、反思、反馈等技巧。

根据经验，这些技能输入可以带来明显的研讨效果提升。例如，输入四层次聆听之后，参与者聆听的意愿度和讨论的参与度会明显提升。讲完四层次重构和 4R 反思法，整个团队的学习反思水平都提升了。

附：学习风格测试简介

在启动研讨会上，可以设计“学习风格测试”模块。学习风格理论最早由大卫·库伯（David Kolb）提出，他将学习者的学习风格分为四类：行动型、理论型、发散型、聚焦型（见图5.4）。每个人的学习风格不同，相应的风格特征，以及偏好的学习方式也不同。

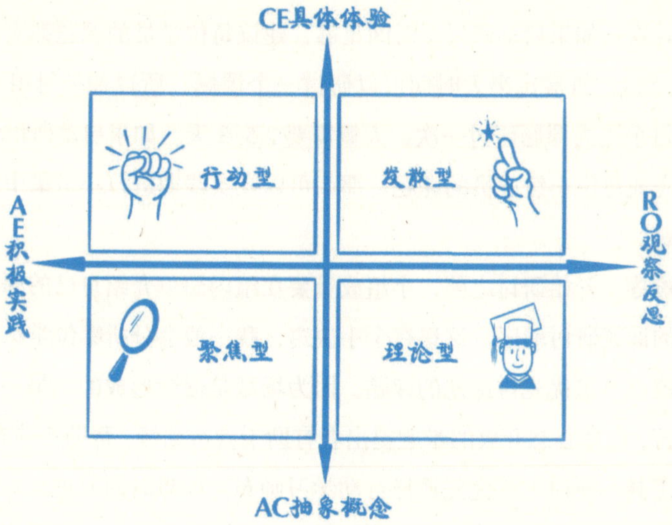

图5.4 四种学习风格

通过讲解和测评，小组成员可以发现自己属于哪种类型，其他小组成员分别属于哪种风格，并了解每种学习风格有什么特点，喜欢什么样的学习方式。

对于学员个体来说，这个活动可以帮助更好地了解自己的学习偏好，与不同学习风格的人建立良好关系，并在不同场景下，尝试灵活改变自己学习风格，以提升个人和小组的效率。

对于整个小组，学习风格测试可以让成员加深彼此了解，并发挥各自的优势，取长补短，以提高协作和研讨效率，减少相互冲突。

对于小组催化师来说，这个活动可以帮助更好地了解每位小组成员和整个小组的情况，以便针对不同的学习风格，采用针对性的催化干预措施。

2. 多轮次研讨催化

启动研讨会的重点在于课题研讨。每个小组在催化师的带领下，使用行动学习画布工具，按照第 2 篇的操作步骤，研讨每位小组成员的课题。

研讨轮次：如果启动研讨会时间足够，建议每位学员的课题都应该研讨一次。根据经验，通常每半天时间可以研讨一个课题。所以如果每组 5~6 位学员，那么每个人的课题研讨一次，大概需要 2.5~3 天。如果启动研讨会日程紧张，无法完成每位小组成员的课题，那么可以在实践期进行小组集中，研讨完剩余的课题。

研讨顺序：开始研讨之前，小组成员要在组内简单介绍自己的课题，然后确定小组的课题研讨顺序。这里有个小诀窍，我一般会分析哪位学员打开度最高，然后建议小组优先讨论他的课题。因为场域是逐渐形成的，第一轮催化往往最为艰苦，选择心态开放的难题提出者有助于营造场域，帮助快速打开局面。

研讨工具：研讨工具优先选择行动学习画布。如果时间紧迫，可以采用非视觉化的重构法，以节约总体时间。如果遇到特别固执己见的难题提出者，可以适时加入“流言蜚语”环节，帮助难题提出者更好地觉察自我。

时间把控：主讲老师要提前限定每轮的研讨时间（如 2 小时），让每位小组催化师确保按时完成研讨。否则如果各个小组进度不同，有的小组聊得热火朝天，有的小组却只能干等着，那样就比较尴尬了。

而且根据经验，并不是时间越长，研讨就越深入。如果讨论得拖拖拉拉，反而不容易出成果。如果到了时间没有研讨完，也不必过于纠结，可以等到休息吃饭的时候再继续讨论。

S3-4 行动承诺

启动研讨会结束之后，学员迎来第 1 个实践期。所以在研讨会现场，必须推动学员制订行动计划，明确实践期要采取哪些具体行动。这个行动计划包括个人和小组两方面。

1. 个人行动计划

首先，每位学员要有个人行动计划，以指导实践期的课题执行。

通过行动学习画布研讨，每位学员会制定若干条解决难题的“行动策略”。研讨会结束时，我通常会留出时间，让学员把行动策略细化，形成清晰而具体的行动计划（见表 5.3）。这份行动计划包含每个动作的起止时间、执行人（有些行动可以授权他人来做）和监督人。而且要制定行动承诺，如不完成计划就上交 1 000 元小组经费。

表 5.3 行动学习个人课题行动计划表

姓名：张三　小组督导人：李四　日期：3 月 20 日					
课题名称：如何顺利完成岗位转型					
序号	**行动事项**	**开始时间**	**结束时间**	**执行人**	**监督人**
1	阅读《创始人》前三篇	4 月 1 日	4 月 15 日	张三	李四
2	和直属上级领导沟通业务方向	4 月 5 日	4 月 5 日	张三	李四
3	……	……	……	……	……
4	……	……	……	……	……
5	……	……	……	……	……
承诺 / 代价：（如果不按期保质完成任务，我承诺愿意承担的惩罚） 如果不能按期完成任何一项行动，我自愿贡献 1 000 元小组活动经费——张三					
备注：……					

2. 小组行动计划

行动学习作为一种团队互助学习方法，除了要求个人采取课题实践，还要求整个小组共同协作，完成规定行动。

因此在制订个人行动计划之后，整个团队也需要制订小组的行动计划。一是为了在解决难题的过程中提供相互支持，二是为了增强小组的情感连接，提升团队动能。

在设定小组行动计划时，应该参考项目目标。表 5.4 就是一个很好的小组实践计划样例，对应五大项目目标，分别设置了个人或小组任务。这些任务的完成情况，将影响个人和小组的积分。

表 5.4 行动学习小组实践计划样例

项目目标	小组作业任务	完成日期
课题执行	实践作业：执行行动计划，并上传一阶训后课题实践作业	×年×月×日
个人发展计划	个人发展计划：与上级沟通并修订个人发展计划（不低于 30 分钟），整理会议纪要上传，并认真执行该计划	×年×月×日
小组练习	小组练习：小组内至少进行一次不低于 90 分钟的行动学习研讨练习，并整理研讨纪要提交	×年×月×日
团队共建	团队共建：找一个不同的小组一起，进行不低于 90 分钟的跨小组团建交流活动，并提交活动合影照片	×年×月×日
工具实践	工具实践：在自己的团队担任催化师，进行行动学习工具实践，不低于 1 小时，并提交实践记录和照片	×年×月×日

通过表 5.4，可以看到一些常见的小组行动任务。

小组自组织研讨：小组成员轮流担任催化师，在实践期进行课题跟进研讨。目的是推动课题执行，加强组内连接，并把行动学习变成组织文化的一部分。

行动学习工具实践：小组成员把行动学习工具带到自己的业务团队，用行动学习的方式，辅导下属解决业务难题。这可以帮助学员成为支持型领导者。

跨组团队共建：小组之间进行团队共建活动，目的是在更大范围内加强学员的相互连接，打破部门壁垒。

跨界学习活动：更适合不在同一城市办公的小组，小组成员可以约定互相拜访，彼此跨界学习。

个人发展计划沟通：如果项目包含领导力 360 度测评和个人发展计划，那么可以要求小组成员定期和上级沟通，跟进个人发展计划的执行情况。

以上就是项目启动研讨阶段的常见任务。除此之外，你还可以根据实际的项目需求，个性化设计一些研讨 / 教学环节，以帮助实现项目目标。本书第 6 篇有很多真实项目案例，里面有很多有趣的个性化设计的环节，供你参考。

S4实践辅导

下面进入 ADAPT 模型的第 4 个步骤——实践辅导。

在实践辅导阶段，要帮助小组完成 4 个关键任务（见图 5.5）。

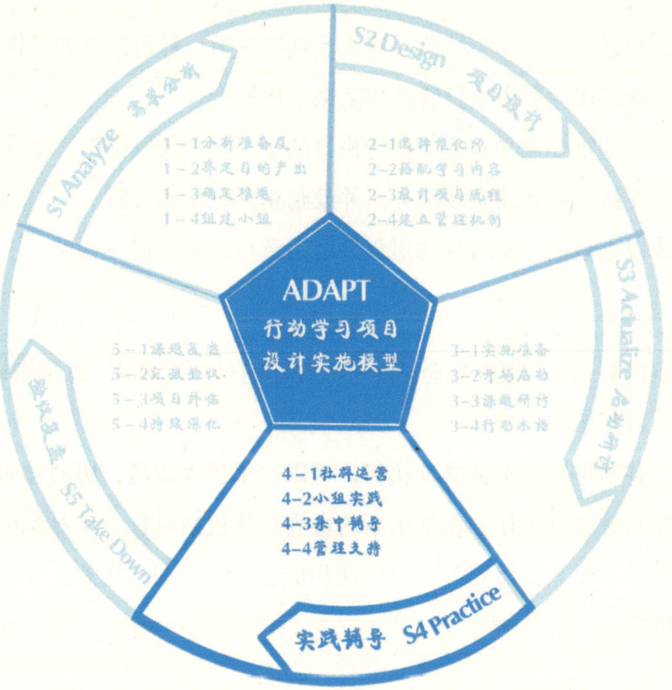

图 5.5 实践辅导阶段的关键任务

S4-1 社群运营：运营班级社群，督促小组成员在实践期执行各项行动任务，鼓励经历分享和答疑。

S4-2 小组实践：鼓励小组成员在实践期应用行动学习，帮助彼此解决难题，并让行动学习成为一种工作方式。

S4-3 集中辅导：全班集中，对课题进行中期回顾复盘，解决课题执行中遇到的障碍，并制订下一阶段的行动计划；同时还可输入新的知识技能，并对团队动能进行干预。

S4-4 管理支持：调动项目发起人、课题导师或学员上级、外部顾问对学员进行辅导反馈，帮助学员解决难题、发展能力，以及应对学员岗位变化、课题变化等情况。

S4-1 社群运营

整个班级就是一个学习社群。进入实践期之后，社群运营的工作就变得尤为重要。这项工作主要由项目管理团队来落地执行。

社群运营的重要意义，在于保持班级的学习氛围持续活跃，激发社群内的交流互动，支持学员完成实践任务，并鼓励相互分享和支持。

为达成以上目的，实践期的班级社群运营可以采取以下行动。

1. 选举班委

启动研讨会上，小组成员会制定个人和小组的行动承诺，以推进课题执行，并完成各项目目标。

为推动各项任务目标的落地执行，可以选举班委成员，协助完成协调、督导、活动发起等管理工作。通常选举的班委角色包括班长、学习委员、活动委员、组织委员、文艺委员等。可以给这些班委成员分别派任务，并为他们的付出提供奖励积分。

2. 建立积分管理制度

学员在实践期需要照常完成本职工作，又要抽出时间完成行动学习的多项任务，因此很容易出现懈怠和拖延的情况。为了激励学员采取行动，可以根据任务目标，设立一套班级积分管理制度。

例如，按时完成课题行动计划，并提交作业，可以获得积分；完成和上级的沟通任务，可以获得积分；完成小组之间的团建活动，也可以获得积分。

积分制度能够调动个人和小组之间的竞争，让学员相互比着学，比着实践，增加学员的实践动力。

3. 运营学习管理平台

根据经验，作业的催收、归类整理、评估反馈，以及相应的积分计算，是一项繁杂的工作。全靠人力手动完成很耗精力。为此，定制开发了项目在线学习管理系统，提供项目进度展示、个人测评报告、相关学习资料、作业类别说明、作业上传入口、个人和小组积分展示等功能。

在这套系统的帮助下，学员作业数据一目了然，积分可以自动计算，省心省力。而且学员还能看到个人和小组的实时积分，对团体动力有很好的促进作用。

4. 运营班级微信群

另外，还要关注班级的微信群。小组催化师和项目管理团队都可以进入班级微信群，和学员打成一片，经常自由交流。

作为催化师，可以定期在群内发一些行动学习和领导力方面的干货内容，并鼓励学员就这个话题发表自己的观点，以促进群内的学习氛围。

还可以鼓励学员聊一聊实践过程中取得的阶段成果，以及自己遇到的困难，并号召学员给出鼓励和支持。

总之，可以通过班级微信群持续关注学员需求，提升学员的学习体验，解答学员的实践困惑。为学员构建一个线上学习和交流的阵地。

S4-2 小组实践

进入实践期，虽然学员已经制订了详细的行动计划，也有了社群管理机制，但是他们在采取行动的过程中难免遇到各种障碍。当他们遇到困难，摸不着方向时，难免出现不知所措的怠惰心理。

因此，在实践期要继续推动学员，让他们自组织地进行行动学习研讨与实践，不断发现问题，解决问题，产生学习。以下几种推动学员的行动学习实践的方法供你参考。

1. 小组课题研讨

可以通过积分机制，鼓励各小组在实践期持续发起行动学习研讨。课题研讨次数越多，越容易出成果。

实践期的小组课题研讨可以更加灵活。例如，可以利用午餐时间进行，组织“午餐圆桌会”。由小组成员轮流担任催化师，使用 CSAL 行动学习六步法进行课题研讨。如果小组成员不在一处办公，很难实现线下聚会，那么在线研讨（虚拟重构法）也是一种很好的解决方案。

小贴士：在线研讨（虚拟重构法）

在行动学习项目的实践期，小组成员不容易凑齐，甚至有的小组成员在外地工作。这时可以采用在线研讨的方式，以降低沟通成本，增加沟通的次数和提高效率。

虽然虚拟在线研讨更加便捷，但也要克服一些障碍。例如，要解决技术上的故障，有时会出现杂音和断线的情况；再如小组成员可能不专心研讨，他们也许一边做饭，一边讨论。这要求线上研讨的催化师掌握一些小技巧：

（1）选择大家都熟悉的平台，如微信语音聊天；

（2）提前提醒会议时间，因为有些成员会忘记会议时间，导致无法连接，耽误成员时间；

（3）开始研讨之前，轮流点名签到，并汇报自己所处的位置，以及是否有分心的事情；

（4）如果出现杂音，确认是哪位成员造成的，并让该成员保持静音，发言时再打开话筒；

（5）如果有成员信号不佳，可以建议他先检查 WiFi 状态，如果不行就退出重连；

（6）催化师要保持高能量状态；

（7）设定明确的发言顺序，不轻易打断他人发言；

（8）催化师要给出更明确的指令，每个环节要做小结。

2. 跨界会

百年基业在一些高管层级的圆桌会项目中，组织过实践期的“跨界会”，反响非常好。这是一种以小组为单位的“课题研讨 + 跨界学习”，适用于不在同一城市办公的小组成员。

跨界学习：以组为单位，前往小组中的一位“东道主”的分公司。东道主先带领大家参观公司，分享业务经验。其他小组成员提问，并花一定时间总结反思。

课题研讨：完成跨界学习任务之后，小组成员坐下来进行课题研讨，解决实践中遇到的困难。

跨界会给学员提供宝贵的交流学习机会，既能学到同事的先进经验，又能解决自己的难题，还能增进彼此连接，可谓一举三得。跨界会的详细情况请参考第 6 篇 B 公司案例。

3. 伙伴教练

除了小组研讨，还可以鼓励“结对子”研讨，让小组成员之间两两组对，使用第 2 篇中介绍的“一对一重构教练法”相互教练。相比于小组聚会，这种“结对子”的关系更加紧密，可以更高频地进行。

4. 跨组团队共建

行动学习小组的组内连接通常都很紧密，但是整个班级作为一个整体，也需要打破小组的界限，增加跨组互动。我和很多互联网公司的发起人沟通时，他们都特意提出要增加全班学员之间的“刷脸”次数，为的是打破部门壁垒，增强部门之间协作的流畅度。

小组之间的团队共建活动可以从聚餐吃饭开始，然后彼此互动交流。例如，有一次年初聚餐，到场每个人都谈了自己 2017 年的收获、2018 年目标、能给他人提供的资源，以及自己需要的支持。两组 10 个人谈完了，都有了一种重新入职的感觉。

5. 部门内工作实践

鼓励学员在自己的业务团队中实践行动学习，帮助自己的下属解决业务难题。

这种实践有助于打造“催化型领导力”，成为下属的支持者。有的学员做了几轮之后，下属纷纷反映说他“好像变了一个人”，领导力风格有了积极的变化。

S4-3 集中辅导

如何设计课题集中辅导的日程

如上文所述，典型的四阶段项目的实践辅导阶段，设计有两次集中辅导，即项目第 2 次和第 3 次集中。

集中辅导是为了增加对课题和小组的干预次数，提升课题解决的成效，干预团队动能。通过集中辅导，可以对课题进行阶段性总结，并且针对解决问题过程中遇到的障碍再次研讨。这正是行动学习的魅力所在，行动和学习交织在一起，在行动中收获学习，用学习指导行动。

通常来说，第 2 次、3 次集中的日程设计比较相似（见表 5.5 和表 5.6），主要目的都是进行个人课题研讨。同时还可以融入团队动能的干预，提升小组的动力，以及根据课题研讨的需要，配套输入一些知识技能。

表 5.5 行动学习圆桌会项目第 2 次集中参考日程

第 2 次集中参考日程	
上午	根据课题做即时性输入（如刻意练习）
	一阶实践团队动能复盘
	圆桌会研讨（第 1 轮）
午餐	
下午	相关技能输入（如提问进阶训练）
	圆桌会研讨（第 2 轮）
	圆桌会研讨（第 3 轮）
	圆桌会研讨（第 4 轮）
晚餐	
晚上	圆桌会研讨（第 5 轮）
	个人能力发展反馈
	个人与小组行动计划

表 5.6 行动学习圆桌会项目第 3 次集中参考日程

第 3 次集中参考日程	
上午	根据课题做即时性输入（如 Q12 员工敬业度）
	二阶实践团队动能复盘
	汇报模板要求与课题成果提炼
	圆桌会研讨（第 1 轮）
午餐	
下午	圆桌会研讨（第 2 轮）
	演讲技巧输入
	圆桌会研讨（第 3 轮）
	圆桌会研讨（第 4 轮）

续表

第 3 次集中参考日程	
晚餐	
晚上	圆桌会研讨（第 5 轮）
	个人能力发展反馈
	个人与小组行动计划

单就课题研讨来说，第 2 次集中更加侧重于问题解决，毕竟刚刚采取了一些行动，可能遇到了很多阻碍，有很多新问题亟待解决。到了第 3 次集中，问题解决可能已经初见成效，所以侧重点可以放在汇报准备和课题创新，让最后的课题汇报验收更加精彩。

集中辅导阶段，如何进行课题研讨

集中辅导阶段，与启动研讨会的课题研讨方式略有不同。因为学员的课题已经经过第 1 轮研讨，而且经历了一两个月的实践期，发生了很多变化。所以再次集中时，要先在小组内共享信息，请每位小组成员轮流汇报自己的实践情况。经过一两个月的实践行动之后，学员一般会遇到以下几种情况：

- 解决难题过程中，发现了新的问题 / 障碍；
- 难题超出学员的控制范围，无法被解决；
- 难题顺利解决了。

无论是哪种情况，小组催化师 / 教练都需要对课题进行新一轮的干预。干预的方法可以比启动研讨会更加灵活，常用的方法有以下几种。

1）行动学习重构法（跟进版）

目的：使用行动学习重构法，对难题进行再次研讨。

操作说明：课题集中辅导阶段，研讨工具依然可以使用 CSAL 六步法，但是研讨流程要比第 1 轮更灵活。

- 如果实践中遇到了新问题 / 障碍，那么可以直接从第 1 步“提出难题”开始研讨，对难题进行再次重构。

- 如果难题已经很明确，只是需要优化解决方案，那么可以跳过前 3 步，直接从“创新方案”开始研讨。
- 如果难题已经被解决了，或者难题根本无法解决，那么可以请学员重新提出一个难题，从头开始解决。

研讨之后，依然要督促学员制订清晰明确的行动计划，包括个人计划和小组计划，让下一个实践期的行动有据可依。

2）创意集市

目的：创意集市是一种很有活力的课题辅导形式。这种方式可以暂时打破原有小组建制，让全班学员重新组合进行研讨。这样一方面可以加强全班学员的连接，另一方面也可以汇集更多人的智慧，共同解决难题。

操作说明：创意集市通常会经过课题发布、兴趣分组、汇报反馈、总结优化 4 个步骤，操作示意如图 5.6 所示。

图 5.6 创意集市操作示意

- 课题发布：学员将实践中遇到的难题发布出来。催化师同成员把这些问题分为多个轮次，每轮研讨一小部分难题。
- 兴趣分组：每个轮次，难题提出者公布自己的难题，其他学员根据话题熟悉程度和个人兴趣，选择自己想参与研讨的难题，并站到相应难题提出者的身后。这样每位难题提出者都会招募到一个全新的小组，来共同研讨自己的难题。
- 汇报反馈：难题提出者介绍自己的难题及进展，其他参与者从给出欣赏、创新提问、风险质疑等角度给难题提出者反馈。
- 总结优化：难题提出者回到原有小组中，向原来小组的成员分享自己听到的最新的观点和看法，以及自己基于此要去采取的行动的调整，产生新的实践计划。

3）模拟汇报法

目的：模拟汇报常用于第 3 次集中，对课题执行进行冲刺辅导，并为最终的成果汇报做一次预演。

操作说明：小组成员聚集在一起，小组成员轮流进行模拟汇报。汇报者可以用 10~15 分钟时间，汇报自己的课题背景、课题目标、关键策略、取得成果和学习反思等内容。其他小组成员作为评委，从多个维度对模拟汇报给出评估和反馈，帮助每位成员综合提升课题汇报的质量。

集中辅导阶段，还可安排哪些其他活动

在集中辅导阶段，除了可以对课题本身进行跟进，还可以设计以下一些丰富多彩的学习活动。

1）即时性知识输入

单纯的一轮又一轮的课题研讨，容易造成审美疲劳，让学员感觉有些乏味。为此，可以穿插一些知识输入。例如，学员带团队的挑战比较大，就可以输入

“Q12 员工敬业度测评”，增进他们对于团队氛围的觉察和干预能力。

2）TED 管理经验分享会

“TED 管理经验分享会”是一种学员相互学习的活动。其主要形式是学员轮流进行 TED 式的全班分享。分享的主题可以是自己在管理方面的成功案例，或者是突出的业务成果。每个人的分享时间一般控制在 15~20 分钟。

这个环节可以加强学员之间的熟悉程度。每个人谈到自己的光辉岁月，对自己，对其他学员都是一种赋能。而且这个活动可以萃取组织中管理智慧，传承组织优秀管理 DNA。

3）拆书分享

拆书分享是另一种学员相互学习的方法。一般的做法是，结合项目主题，选定不同书籍和章节，交给不同小组进行阅读，并回答相应的思考问题。

为了促进班级融合，可以将小组成员打散。分配到不同阅读任务的学员重新组合，针对自己的阅读内容，结合思考问题，轮流进行拆书分享。

4）个人能力反馈

虽然行动学习课题研讨本身就可以发展个人能力，但也可以增加更多的个人能力发展活动。例如，在项目中常用的“爱心挑战”，就是一种集体反馈活动。这个活动可以帮助团队成员肯定优点，发现盲点，激发成长。

“爱心挑战”通常从自我分享开始，小组成员分享自己在项目中表现出来的优点与不足。然后其他几位小组成员轮流给他反馈，包括一个正向反馈，以及一个建设性反馈。这里要求每个人的反馈内容尽量不要重复。最后，这位被反馈的小组成员自我表态，感谢其他伙伴的欣赏，反思自己的不足。然后轮到下一位伙伴接受反馈。

这个活动常常能调动出参与者内心最热烈的欣赏和感激，以及最真诚的反馈，将现场氛围推向一个高潮。

小贴士：敏捷调整项目计划

既然行动学习圆桌会是“轻”行动学习，那么就有敏捷的特点。在项目中期，通过对团队和组织的深入接触和诊断，可能发现新的问题。这时，可以根据情况，对接下来的项目设计进行灵活调整。当然，这个调整要争取到其他利益相关人的共识。

例如，在某个项目中发现学员的动力不足，经常迟交甚至不交课题作业，于是催化师及时增加了一轮学员、上级、人力资源管理者、小组教练的四方沟通，以了解真实情况，推动课题执行。

再例如，在另一个项目中，学员普遍反映希望学到更丰富的内容，于是催化师根据项目目标，添加了领导力视频研讨、爱心挑战、TED演讲技巧等新鲜内容，让学员的热情更加高涨。

如何维持和激发小组动能

为什么激发团队动能至关重要

行动学习圆桌会项目中，虽然行动学习小组是专门组建的临时团队，但依然要关注其团队发展状况。因为团队状态的好坏，决定着每位小组成员是否能高效地解决课题、产生学习。

项目启动初期，每位小组成员对于解决难题充满信心，整个小组的能量状态通常很高。然而进入项目中期，小组成员在实践中遇到各种阻碍之后，常常出现集体倦怠的情况。

有时，整个小组可能集体迟交作业，不发起小组活动，甚至怀疑项目的意义和价值。这些都是团体动能不足的表现。在这种情况下，小组催化师可以加入一些团体动能干预措施，给小组再次赋能。

如何持续激发小组动能

作为行动学习催化师，希望行动学习小组能够充满动力，形成高效团队。

然而团队从刚刚组建到高效配合，并不是一蹴而就的，而是需要经历一定的发展阶段的。

布鲁斯·塔克曼（Bruce Tuckman）曾经提出著名的团队发展四阶段模型（形成期、风暴期、规范期、表现期）。另外，由于行动学习小组是临时团队，所以在此基础上应该还会有第五个阶段——解散期。成功的行动学习小组会经历全部五个团队发展阶段（见图 5.7），而不太成功的行动学习小组可能卡在一个阶段停滞不前。因此，催化师要采取干预手段，让行动学习小组达到更高的发展阶段，更快地形成高绩效团队。

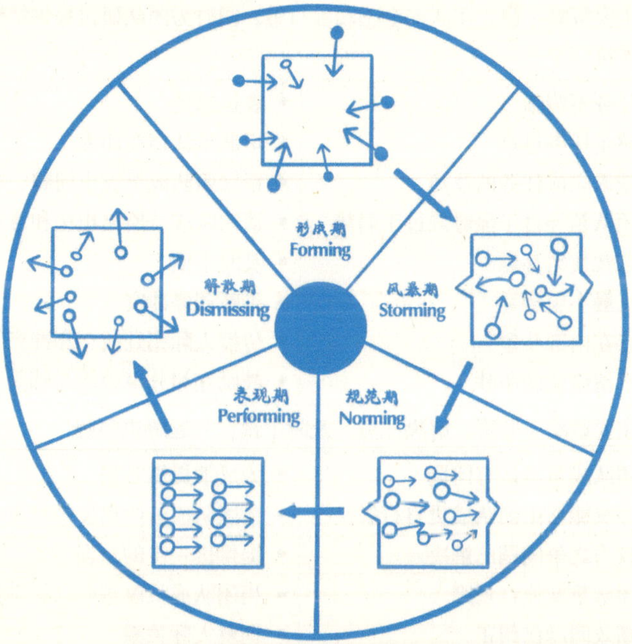

图 5.7 行动学习团队发展的五个阶段

每个发展阶段的团队特征不同，相应的干预手段也不同，以下提供各阶段的干预策略（见表 5.7，仅供参考），帮助你更好地识别团队所处阶段，找到更好的干预手段。

表 5.7 团队发展阶段与相应干预策略

团队发展阶段	小组关键特征	催化师干预策略
形成期	• 可能相互陌生 • 没有清晰的目标 • 信任程度低 • 团队需要指导 • 承诺度低 • 比较依赖领导	• 热身练习 • 进行相互了解和交流 • 建立认同感 • 设立共同目标 • 建立并使用团队规则 • 定义各自的责任 • 鼓励团队成员参与
	主要策略：建立团队安全感和参与感，同时为团队研讨提供结构化的过程支持	
风暴期	• 任务不清晰 • 感觉任务过难 • 缺乏完成任务的技巧 • 团队领导过于强势或过于弱势 • 悲观情绪蔓延 • 抵触小组领导 • 存在内部斗争 • 有情绪化的争吵	• 表达感受 • 坦诚承认存在冲突 • 帮助团队成员找出问题、解决问题 • 请团队成员给出想法和意见 • 及时干预 • 果断调停冲突 • 传授人际相处技巧和冲突管理技巧 • 鼓励互相分享想法与感受
	主要策略：聆听，解决冲突，及时干预，一起解决问题	
规范期	• 团队成员承认有问题 • 冲突能够由团队成员自行解决 • 权力之争问题已解决 • 团队重新修订规则 • 绩效问题已纠正 • 建立授权计划	• 为反馈提供方法 • 请团队成员给出反馈意见 • 提供进一步的培训 • 当团队成员改进时，给他们提供支持 • 调解人际关系 • 给个人提供指导和咨询 • 共享领导角色与权力
	主要策略：帮助小组重新聚焦，支持团队改进工作	

续表

团队发展阶段	小组关键特征	催化师干预策略
表现期	• 高生产力 • 自己管理冲突 • 对目标承诺度高 • 角色和责任明晰 • 团队成员群策群力 • 团队在持续改进 • 团队成员承诺度高，凝聚力强	• 在过程中与团队成员合作 • 让团队成员轮流担任催化师 • 提供专业催化技巧支持 • 帮助团队成员彼此鼓励，清楚成果
	主要策略：共同建立议程，分享催化的责任，与团队成员合作，把自己看作小组可使用的资源	
解散期	• 工作结果复盘 • 彼此给出真诚反馈 • 表达感谢 • 庆祝成功	• 支持团队成员的坦诚表达 • 提供安全的互相反馈的工具 • 享受团队的庆祝活动
	主要策略：鼓励坦诚表达，针对给予和接受反馈的原则进行指导，帮助团队成员庆祝成功	

资料来源：《引导——团队群策群力的实践指南》，做了一些局部修改。

团队发展阶段干预策略关键点说明

表5.7列举了行动学习小组在各发展阶段的特征，以及相应的干预策略。为了帮助加深理解，以下补充介绍一些干预关键点。

1）如何催化形成期的团队

在形成期，制定团队规则至关重要。一旦团队规则制定好了，就可以成为干预小组动能的基础。当成员违反了某条规则时，催化师可以指出来，让成员尊重约定。

规则通常要由小组成员自己设立并达成共识，否则成员可能不会对规则有较高的承诺度。对于成员自己确立的规则，小组成员会更愿意遵守一些。作为小组催化师，可以在制定团队规则时，给出一些参考规则和专业指导意见。

2）如何催化风暴期的团队

很多人认为，小组进入风暴期的本质原因，是出现了人际矛盾。然而人际矛盾通常只是风暴期的表象，根本原因很可能是因为小组的任务分工、工作流程、执行技巧、领导方式等方面出现了问题。

风暴期是最难催化的阶段，因为这个阶段的小组存在很多负面情绪。在这个阶段，催化师要保持冷静和中立，不要偏袒冲突中的任意一方。同时，催化师还要表现出自信并坚定地采取以下行动：

- 发现团队中的问题，并把问题放到桌面上解决；
- 明确规则，鼓励参与者对公平的进行讨论，对事不对人；
- 清晰地提供多个选项，鼓励对自己的选择承担责任；
- 帮助确定难题，解决问题。

3）如何催化规范期的团队

规范期是小组从风暴期到表现期的一个过渡阶段。在这个阶段，小组安全度过了风暴期，新的规则被建立，并得到了更高程度的共识和承诺。在这个阶段，可以组织以下 3 种团队活动。

- 团队回顾：回顾团队中存在的问题，总结做得好的方面，以及可以更好的方面，并找到改善行动方案。
- 互相反馈：提供一些工具，让小组成员安全地相互给出一些建设性反馈。
- 制定新规则：帮助小组成员检视现有规则，减少一些不必要的规则，增加一些提高团队效能的新规则。

4）如何催化表现期的团队

表现期的团队最容易催化。对于这个阶段的小组，成员都学会了管理冲突，并且都具备了成熟的人际互动能力。对于这样的小组，催化师需要：

- 多和小组成员沟通，以获得更多的意见；
- 让小组成员分担催化的任务；

- 给小组成员提供专业知识；
- 观察并给出反馈意见，进一步提高团队水平。

5）如何催化解散期的团队

行动学习小组是临时组建的团队，随着项目结束，小组最终会迎来解散期。这时，很有必要对过往经验有一个收尾，总结团队的经验教训，争取在以后工作中做得更好。这时催化师可以做的是：

- 帮助小组成员做好复盘回顾，发现项目成功因素；
- 帮助小组成员看到自身不足，从中吸取教训，用于未来；
- 让成员分享自己的体验，互相表达欣赏；
- 鼓励成员庆祝成功。

团队动能干预工具——GRPI 团队能力复盘

在实践辅导阶段，即项目第 2、第 3 阶段，可以采用团队能力复盘的方式，帮助小组更好地觉察自己处于哪个团队发展阶段，并对团队动能进行巩固和提升。

团队能力复盘的工具很多，这里介绍一下 GRPI 团队复盘工具（由百年基业开发，以下有介绍）。这是在 GRPI 模型的基础上开发的。这个工具可以让小组成员停下来共同反思，“共同看见”团队绩效和团体动力方面的问题。

GRPI 是测试团队能力发展的模型，包含 Goals（目标）、Roles（角色）、Processes（工作流程）、Interpersonal（人际关系）4 个维度和 12 个子维度。

GRPI 团队能力复盘是针对团队设定的 GRPI 团队能力发展目标，进行阶段性复盘总结的工具。通过对团队能力发展目标和事实过程的回顾，分析总结团队能力发展过程中存在的经验教训，从而更好地促进团队能力的发展。以下两个活动可以更好地帮助你提升团队动能。

活动一：GRPI 团队能力前测

首先向小组成员说明目的和流程，然后要求小组每位成员填写团队能力测评表（见表 5.8），进行团队能力前测。

表 5.8 GRPI 团队能力发展测评表

姓名：__________ 所在小组：____________					
G（Goals）目标：什么是我们共同的目标					
1. 团队具有清晰明确的使命与目标	1	2	3	4	5
2. 全体成员对团队目标有高度承诺	1	2	3	4	5
3. 团队有共同认可的关键任务	1	2	3	4	5
R（Roles）角色：我们的角色与职责是什么					
4. 团队每位成员的角色和职责清晰明确	1	2	3	4	5
5. 团队成员的任务分工均衡且合理	1	2	3	4	5
6. 团队成员有足够的能力和资源来完成自己的职责	1	2	3	4	5
P（Processes）工作流程：我们如何开展工作					
7. 团队有清晰且共识承诺的团队规则	1	2	3	4	5
8. 团队决策有明确的流程和方法	1	2	3	4	5
9. 解决矛盾冲突有明确的流程和方法	1	2	3	4	5
I（Interpersonal）人际关系：我们如何相互支持					
10. 团队成员相互接纳，保持开放，相互信任	1	2	3	4	5
11. 团队成员相处融洽，具有日常的团队建设机制	1	2	3	4	5
12. 团队讨论允许开放地表达不同意见和感受	1	2	3	4	5

请小组成员根据团队现状，为表 5.8 中 12 个子维度分别打分。个人完成打分之后，小组计算出每个维度小组均分。然后，小组成员共同选出需要重点发展的能力，设定发展目标。

活动二：GRPI 团队能力复盘研讨

进行团队能力复盘研讨之前，小组成员要进行 GRPI 团队能力后测，小组成员再次对表 5.8 中的 12 个子维度打分，并计算小组均分。重点关注两个能力发展目标是否达成。

然后行动学习催化师带领小组进行复盘研讨。首先回顾团队能力发展目标的达成情况，共同找出团队做得好的行为（事实）及其影响，以及团队可以做得更好的行为（事实）及其影响；其次研讨分析原因，总结反思；最后讨论出小组接下来要刻意表现的改进、改善性行为。

通过这样的团队能力复盘研讨，很多小组会发现当初设定的团队目标并不清晰。例如，小组目标是“提升小组积分排名”，结果有的小组成员认为这个目标是说必须力争小组积分排名第一，有的人认为是“保三争二”。

也有很多小组会发现，他们的角色分工和团队协作流程也不明确，到底由谁发起小组活动，由谁催收作业，这些都没有定。而且互动关系也仅仅是表面上的客气，没有发展到更深一层的信任关系。

经过一轮团队复盘，行动学习小组可以更好地觉察团队能力发展现状，并走向更高的团队发展阶段。而且，团队动能会有明显提升。我带过一个小组，他们因为比其他小组缺少一名成员，导致团队积分落后，有些沮丧。经过GRPI团队复盘之后，很明显看到他们能量值提升了，他们说：“只要我们人人早交作业，多交作业，一定能拿到团队积分第一名。”于是第二天晚上，他们就组织了小组聚会，后来还提交了额外的作业，赢得了奖励积分，团队状态大有改观。这种团队氛围对小组成员的课题推进给予了很大的动力与赋能。

S4-4 管理支持

在项目实践辅导期，学员执行课题的过程中很可能遇到各种障碍。有时仅通过小组研讨和其他成员的支持，未必能够彻底解决这些障碍。学员常常还需要得到一些管理支持，如上级的支持、导师和外部顾问的课题辅导、相关资源的配给、个人能力发展反馈等。

在多阶段圆桌会项目中，通常会涉及以下3种管理支持方法。你也可以根据自己项目的情况，灵活设计其他形式的管理支持方法。

1. 课题导师辅导

目的：安排课题导师为学员提供课题辅导和支持。

具体做法：在行动学习项目中，可以选出若干课题导师，定期为项目学员提供课题方面的专业支持。学员在课题解决中遇到困难时，也可以主动需求导师的帮助。

课题导师一般比学员高一两个层级，他们可以通过一对一教练辅导的方式支持学员，他们拥有的经验和资源可以给学员提供很大的帮助。

2. 直接上级教练

目的：学员直接上级提供个人能力发展反馈，以及课题辅导支持。

具体做法：要求学员定期（如在项目每个阶段）找自己的直接上级进行一对一沟通。沟通内容可以包含以下两个方面。

1）个人能力发展辅导与反馈

在行动学习发展的领导力项目中，通常会安排360度前后测，以及个人能力发展计划。在这种情况下，可以要求学员和上级共同制订个人能力发展计划，并要求学员定期找上级进行个人能力发展跟进沟通，寻求能力发展方面的辅导和反馈。

2）课题辅导与资源支持

在行动学习多课题项目中，有时学员上级会兼任课题导师的角色。因此在一对一沟通过程中，上级也可以对学员的课题执行给出指导和执行许可，并为学员的课题解决提供必要的资源支持。

3. 三角教练会谈

目的：组成协同沟通小组，从不同视角为学员提供能力发展等方面的支持、辅导与反馈。

具体做法：一般在项目前期、中期、后期各进行一次。由学员、学员上级、外部顾问组成三人小组（如果必要，也可让人力资源管理者加入，组成四人小组），进行协同沟通与反馈。沟通和反馈的内容主要涉及学员的个人能力发展，也可以包括课题与资源方面的支持。这种沟通和反馈能够帮助学员更加清晰地了解上级对他的期待，也能够观察他们的互动模式，促进他们之间的有效沟通。同时也能够有效传递组织对学员成长的意图与方向。

S5验收复盘

最终，进入 ADAPT 模型的最后一个步骤——验收复盘。这个步骤围绕课题汇报验收环节展开，并延续至项目结束后的评估和持续深化。

验收复盘阶段包含以下 4 项关键任务（见图 5.8）。

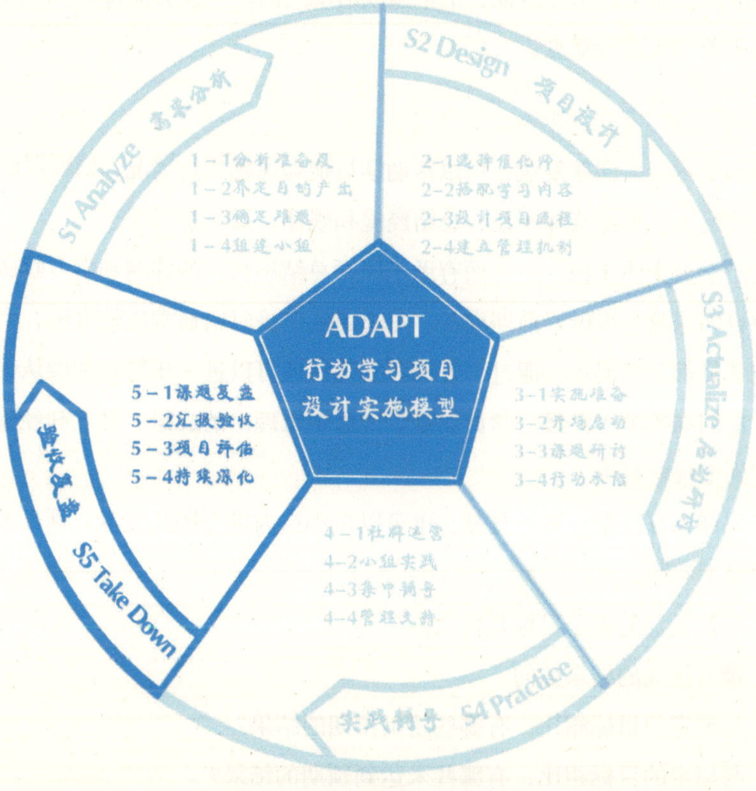

图 5.8　验收复盘阶段的关键任务

S5-1 课题复盘：帮助小组成员复盘课题成果，为课题汇报做好梳理，同时对个人和团队的能力发展情况进行复盘。

S5-2 汇报验收：组织优秀学员汇报课题成果，评选出优秀学员和优秀小组。

S5-3 项目评估：从个人、团队、组织 3 个维度，评估行动学习项目的价值。

S5-4 持续深化：在组织中持续推广行动学习课题成果，深化行动学习在组织中的应用，让项目成果在组织中持续落地，发挥作用。

S5-1 课题复盘

行动学习圆桌会项目通常包含 3 条主线：课题实践线、个人能力发展线、团队动能线。在项目第 4 阶段，汇报验收活动之前，一般会安排专门时间，分别对这 3 条主线进行复盘。

1. 行动学习课题复盘

行动学习个人课题复盘，可以帮助学员梳理课题执行情况，回顾课题目标与执行情况，发现优点和不足，总结经验和规律，深化学习反思。

对于学员个体来说，一方面有助于回顾总结项目中的课题和学习收获，另一方面也为课题汇报做好前期准备。由于课题汇报时间通常比较有限，不可能让每位学员都上台展示。通过个人课题复盘，还可以进一步筛选和确认优质课题，让他们准备进行汇报。学员在复盘过程中梳理出的成果、亮点和经验，都可以用到汇报材料中。

个人课题可以做一对一复盘，也可以在小组内进行团队复盘。课题复盘时需考虑以下问题。

- 当初设定的课题目标是什么？
- 最后达成的结果如何？
- 与原定的目标相比，有哪些超出预期的结果？
- 与原定的目标相比，有哪些未达到预期的结果？
- 成功的关键因素有哪些？（主观 / 客观）
- 不足的根本原因有哪些？（主观 / 客观）
- 可以总结出哪些经验教训和规律？
- 接下来的行动计划是什么？

图 5.9 所示为一个行动学习课题复盘流程的参考模板。

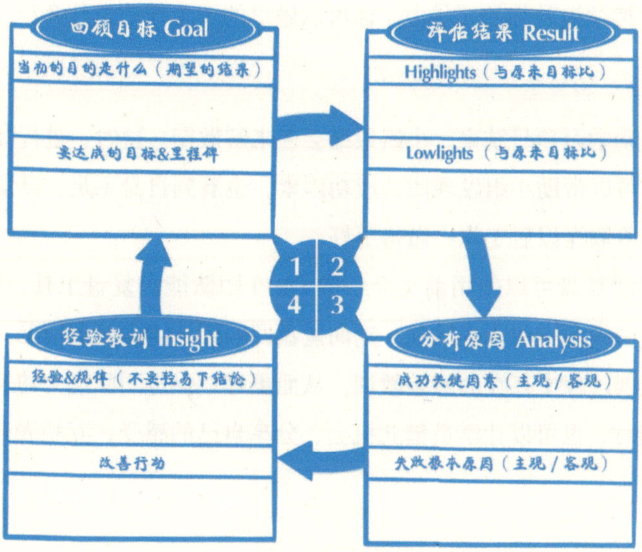

图 5.9 行动学习课题复盘流程参考模板

2. 个人能力发展复盘

针对个人能力发展这条线，小组催化师可以基于每位学员的领导力 360 度前后测评的报告，对学员进行领导力 360 度测评解读，并进行一对一辅导。

小组催化师可以根据学员的能力发展目标达成情况，帮助学员回顾个人能力发展状况，以及个人能力发展计划的执行情况，并进行复盘教练对话。以下教练提问仅供参考。

- 个人领导力总体提升情况如何？哪个维度提升最明显？哪个维度提升不明显甚至退后了？
- 结合自己的个人领导力发展计划设定的 2~3 项能力提升目标，是否达到了？
- 对照行动计划落实情况，分析达到目标的成功原因有哪些？
- 对照行动计划落实情况，分析未达到目标的不足有哪些？
- 从个人发展计划能力提升的过程当中，你能得到哪些个人领导力发展的经验或教训？

- 为了持续提升你的领导力，你可以做出的3个行动是什么？

3. 团队动能复盘

随着行动学习项目结束，小组最终会迎来解散期。这时，进行针对团队动能的复盘，可以帮助小组发现团队成功因素，也看到自身不足，以便总结团队经验教训，争取在以后工作中做得更好。

团队动能复盘可以使用前文介绍的GRPI团队能力复盘工具，针对GRPI团队能力发展模型中的4个维度，定向复盘回顾团队能力发展情况，分析总结团队能力发展过程中存在的经验教训，从而更好地促进团队能力的发展。

与此同时，也可以让学员借此机会，分享自己的感受，互相表达欣赏，庆祝项目成功。

S5-2 汇报验收

在项目的最后一个阶段，有一个备受瞩目的环节，即课题汇报验收活动。这个活动会对项目各方面的成果进行集中展示，并接受项目发起人/高管点评反馈，评选出优秀学员和优秀小组。

项目汇报验收的呈现效果，将影响公司高管对行动学习的看法。如果成果显著，公司可能更加重视行动学习的价值，并投入更多资源和精力，启动更多行动学习项目。反之，公司高层可能觉得行动学习就是浪费时间和金钱，不愿意再发起行动学习项目。

1. 汇报辅导

汇报验收通常包括3个部分：项目总体成果汇报、课题成果汇报点评、团队风采展示，其中和小组成员最直接相关的就是课题汇报。

课题汇报的效果，不仅和课题本身相关，而且还要看学员演讲呈现的质量。课题成果再好，如果呈现时说不到点子上，那么评委也不会买单。

由于时间原因，在多组多阶段的项目中，通常不会要求每位学员都进行课题汇报，而是会筛选出相对优秀的课题。为了确保课题呈现效果，建议在汇报之前安排汇报辅导环节。让选拔出来的学员轮流进行模拟汇报，行动学习催化师和其他学员伙伴在台下给出点评反馈。必要的话，行动学习催化师可以进行一对一的汇报辅导，帮助学员重新编排汇报内容，优化呈现逻辑。

如果时间充分，还可以输入演讲呈现类的课程，让学员学习更多演讲技巧，让汇报更加主次分明、条例清晰、生动有趣。

2. 课题汇报与点评反馈

课题汇报通常采用PPT汇报模式，也可以采用视觉绘画、舞台剧等新鲜有趣的呈现形式。你可以给学员提供统一的参考汇报框架，让每位学员的讲解逻辑大体一致。下面的汇报框架仅供参考：

- 背景目标；
- 解决方案；
- 执行过程；
- 解决成效；
- 推广应用；
- 学习反思。

台下的专家评委，可能包括项目发起人、课题导师、公司高管、外部专家等，会对每位学员的课题汇报进行打分和点评反馈。以下评价维度仅供参考：

- 课题代表性；
- 行动创新性；
- 成果显著性；
- 应用推广性；
- 反思深刻性；
- 呈现生动性。

在点评反馈环节，公司高管可以对项目成果、课题成果，以及个人和团队能力发展情况给出反馈，肯定现有成果，鼓舞团队士气，并提出赋能的建设性意见。有时对于尚未完全解决的课题，公司高管还可以给予支持和帮助，甚至可以做出现场管理支持和资源需求决策。

3. 评优奖励

项目最后，评优评奖环节当然必不可少，一般要评出优秀小组和优秀个人。项目主顾问要和评委会提前设计评价考核维度。如项目积分多少、课题价值、完成情况、问题解决创新性、经验的推广性等。

S5-3 项目评估

不仅要评价学员和小组的课题成果，还要对项目整体的效果进行评估。可以从个人、团队、组织这 3 个维度来评价行动学习项目的影响（见表 5.9）。

表 5.9 行动学习项目评估方法列表

评估维度		评估内容	评估方法 / 工具	评估时间
个人	评估课题成果	课题目标的达成情况 课题成果给岗位、部门与组织绩效带来的收益	评估关键绩效指标的变化	项目开始时和项目结束时
	评估个人能力发展	评估小组成员的领导力提升，并反馈给个人和组织	领导力 360 度前后测评 IDP 个人发展计划	项目开始时和项目结束时

续表

团队	评估团队能力发展	评估团队能力发展情况，并反馈给团队和组织	团队能力复盘，如 GRPI 小组催化师反馈	项目中和项目结束时
组织	评估对组织发展的影响	评估行动学习项目给组织带来的收益，如绩效、敬业度、组织氛围	发起人访谈 学员及学员上级访谈 组织氛围调研表	项目结束时和项目结束后 3~12 个月

1. 评估课题成果

对于行动学习圆桌会项目，课题成果的评估相对较为直观。

通常来说，每位学员的课题都设定了具体可衡量的目标，并且有明确的行动方案。项目结束时，通过考察每个课题目标达成率，以及行动方案的执行情况，就可以对课题成果有一个相对量化的评估对比。

2. 评估个人能力发展

对于个人能力发展情况，可以使用一些能力量化指标进行评估。例如，通过领导力 360 度前后测评结果的对比，分析学员领导力各个维度的提升情况，就可以对学员的能力成长有一定的了解。此外，也可以看学员个人发展计划的执行情况，这能帮评估学员在几个定向发展的能力维度上的进步情况。

3. 评估团队能力发展

对于团队能力发展的评估也十分有意义。因为学员在行动学习小组中获得的团队能力，在他回到真实工作团队中也是可以用到的。

对团队能力的评估从项目中期就已经开始了，前文提到的 GRPI 测评模型，以及配套的 GRPI 团队能力复盘工具，就是一套很好的团队能力评估和发展工具。另外，在项目结束之后，小组催化师也可以根据自己的观察，对小组团队能力的成长给出自己的专业反馈和评价。

4. 评估对组织发展的影响

在组织层面，可以根据项目目的，选取相关维度进行评估。

如果行动学习项目是绩效导向的，那么可以通过关键绩效指标的提升，来评估项目对组织发展的影响。例如，某食品集团的项目目的是推进渠道下沉，那么就可以通过新增渠道的数量，来评估项目的绩效成果。如果项目更偏领导力发展，或者战略转型，那么更多要靠访谈和调研的手段，来评估项目成果。

调研问卷

你可以采用发放调研问卷的方式，对行动学习项目的组织收益进行评估。例如，可以通过发放问卷，来调研组织氛围和员工敬业度方面的改变。或者你也可以结合项目目的，专门设计一份调研问卷，在组织范围内收集数据，以帮助评估组织收益。

利益相关者访谈

项目介绍之后，你还可以跟利益相关人发起再次发起访谈，如项目发起人、学员上级、人力资源管理者等。通过访谈，可以了解项目在组织层面的影响。下面是一份利益相关者访谈提纲，供你参考：

- 项目成果汇报给你留下了怎样的印象？
- 学员课题执行之后，给组织带来了哪些影响？
- 你预估动学习项目的还会带来哪些持续收益（绩效、团队建设、组织氛围等）？
- 这些收益对你有什么价值？对组织有什么价值？
- 你还有其他的评价或建议吗？
- 你还愿意再次发起其他的行动学习项目吗？为什么？

S5-4 持续深化

行动学习是一种长期的陪伴。不希望行动学习仅仅解决项目中的若干课题，而是希望行动学习能够成为组织文化的一部分，融入日常工作实践中，融入领导力风格之中。

所以，行动学习项目成功实施之后，工作并没有结束。还需要帮助组织持续深化项目成果，让项目收益持续转化为组织收益。可操作的方法具体如下。

1. 做好项目宣传

学员在项目中收获的新方法、新流程、新制度，经过验证之后可以形成总结报告，在组织内部宣传拓展。这样一方面可以宣传行动学习的价值；另一方面也可以让更多人共享项目成果，学习难题解决的实践经验。我经历过的一些项目中，最后会进行经验萃取，把项目成果提炼成看得懂、能执行的通用经验。

2. 督促持续行动

部分课题在结项时可能并没有完成。小组催化师要尽到责任，持续督导课题执行，把行动和学习进行到最后。

3. 推动小组持续运行

行动学习小组在项目中形成了紧密的情感连接。根据经验，很多小组在项目之后还会经常一起午间聚餐，讨论问题。这种关系来之不易，而且很有价值。小组催化师可以在维系小组关系方面起到持续推动作用。

4. 定期回访

可以定期进行项目回访。访谈项目发起人和部分项目学员，询问行动学习项目给他们个人和组织带来了哪些持续的收益，以及他们需要得到哪些专业支持。通过回访，你还能挖掘到新的项目机会。

5. 内化行动学习

作为行动学习催化师，可以帮助组织将行动学习内化成一种组织能力，让行动学习成为一种工作方式。

解决问题：学员经历了多次行动学习画布研讨，已经熟悉了这套研讨流程。可以帮助他们掌握更多催化技巧，推动他们在真实团队中持续应用行动学习，解决业务难题。

转变领导力：持续推动行动学习实践，有助于在组织内传播提问的力量、质疑反思的精神，帮助管理者成长为探询式的、催化型的领导者。

培养催化师：如果组织有需要，可以帮助培养更多专业催化师，让他们持续推动组织内的行动学习实践。

构建互助学习文化：项目结束后，可以协助打造管理者互助学习文化。这是一种更轻便灵活的工作和学习方式，管理者随时可以发起团队研讨，以增进跨部门协同，敏捷地解决业务问题。而且他们在互助学习中收获学习反思，能够帮他们以新的方式开展工作，带给团队更丰盈的成果。

以上就是典型行动学习圆桌会项目的实施过程。以下将为你展示一些真实的行动学习项目案例，帮你理论结合实际，理解如何在不同的场景下应用行动学习圆桌会。

6

案例篇：

行动学习画布的组织场景应用

在设计篇和实施篇中，从项目设计和项目实施两个方面，介绍了行动学习画布在组织中的项目应用方法步骤。然而，面对组织和人才发展的真实挑战，到底应该如何切入，如何根据具体场景，调适性地引入行动学习圆桌会项目，这是本篇要解决的问题。

下面将介绍一系列由百年基业主导的，以行动学习圆桌会为基础的真实项目。通过实践应用上的探索，可以发现，行动学习圆桌会不仅可以应用在领导力发展领域，在组织发展领域也有广阔的应用空间。

基于保密原则，对每个项目都进行了一些必要的处理，同时把项目设计和项目实施的特色结构化地提炼出来，帮助热爱行动学习且在行动学习道路上不断探索的同人，来理解行动学习圆桌会的工具方法是如何在真实场景中实操落地的。

如图 6.1 所示，结合企业的不同特点，人才培养的不同层级，不同难度的业务问题，组织不同的行动学习准备程度，以及人才培养方面的预算，可以采取 3 种不同的项目催化师配备模式。

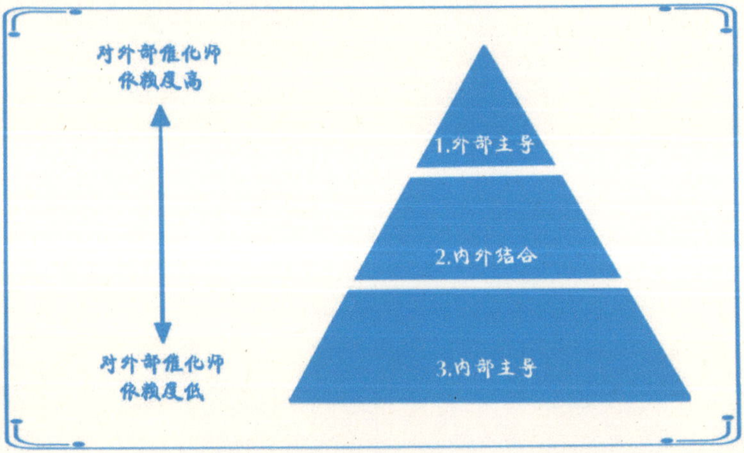

图 6.1 行动学习圆桌会项目应用的 3 种催化师配备模式

（1）外部主导：由外部专业行动学习催化师主导项目设计和实施，采用每组配备专业外部行动学习催化师的方式，支持小组单阶段或多阶段的个人难题解决。通常，在中、高层的及高潜人员的培养上会采用这种模式。由于外部催化师使用工具的技巧更熟练，项目经验更丰富，对行动学习小组精细化的专业支持更到位，所以更容易帮助企业达到项目的预期效果。

（2）**内外结合**：由外部专业行动学习催化师主导项目设计，内外部行动学习催化师共同承担项目实施。这样的项目一般由外部催化师先帮助企业快速培养一支内部行动学习初级催化师队伍，掌握基本的催化技巧。项目实施过程中，由内部催化师负责行动学习小组催化，外部催化师做内部催化师的教练。这样能把行动学习理念、方法与组织文化进行深度的结合。

（3）**内部主导**：由中国行动学习协会或其他专业机构培养的行动学习催化师，在企业内部主导设计和实施的项目。这类项目一般是短、平、快，更便捷，即使在企业内部预算较为紧张的情况下，也能够支持关键人员的难题解决和能力发展。

在选取案例时，不但考虑了对以上 3 种模式的覆盖，还考虑了如何在人才发展、组织发展及社会场域中展现行动学习圆桌会的独特价值，如何确保项目多样性、典型性和尽可能的前瞻性。以此筛选出了 9 个案例。

在多样性方面，本篇的案例覆盖了互联网、金融、房地产、IT、食品、教育培训、公益等行业，以及不同规模的企业客户，涵盖了高管领导力提升、高潜人员培养、管理者轮岗快速适岗、内部催化师培养、加速业务协同、解决渠道下沉、推动战略变革转型等不同类型的组织需求。

在典型性方面，选取的案例具有比较强的可移植性。除了典型多组多阶段的项目模式，还提供了单组多阶段、多组单阶段的项目案例，对同类领导力或 OD（组织发展）项目设计具有比较强的可借鉴性。

在前瞻性方面，由于组织所处外部环境的迭代变化，组织意识进化、敏捷教练及行动学习和引导技术的实践探索日新月异，行动学习与组织发展相结合方面的探索实践进行得越来越深入，所以本书选取了新近的项目案例，以展现新行动学习技术应用的新近进展，以及行动学习在社会领域的应用前景。

为了方便阅读，以下提供了行动学习圆桌会案例信息列表（见表 6.1），其中涉及的具体术语参见案例的详细介绍。

表 6.1 行动学习圆桌会案例信息列表

应用领域和公司名称		所属行业	应用对象	催化师来源		单组 / 多组		单阶段 / 多阶段	
领导力发展	A 公司	互联网	高潜经理	外部			多组		多阶段
	B 公司	房地产	高管	外部			多组		多阶段
	C 公司	金融	中层经理	外部	内部		多组	单阶段	
	D 公司	IT	中高层		内部	单组			多阶段
组织发展与变革	E 公司	互联网	中高层	外部	内部		多组		多阶段
	F 公司	金融	中高层	外部			多组	单阶段	
	G 公司	食品	经销商总经理	外部			多组	单阶段	
社会应用	以琳创业家真北团队	教育培训	创业家		内部	单组			多阶段
	真爱梦想	公益	中小学校长	外部	内部		多组	单阶段	

注：出于保密原则，隐去了公司名称。

锻造快速适应的领导力

在过往的实践中，单课题的行动学习在企业内还属主流。单课题的行动学习项目比较容易从绩效上带来直接的成果和改变，由此也证明了行动学习在效果评估上，能够直接达到柯氏四级评估的“成果评估”层，直接计算出项目的投入产出比，在组织内带来真实可测量的落地成效。这样的绩效改善容易让业务一把手对项目成果较为满意，更容易加深 HR 与业务人员的信任关系，提升 HR 的组织影响力。

但对于当今大量的企业 HR/ 培训负责人来说，他们的痛苦在于如何应对因外界环境变化越来越快、员工希望有更多参与感且对管理者的能力期望也越来越高而导致的工作中不断增加的复杂性、不稳定性。组织内火线提拔的管理者，常常出现管理角色的错位，常见的是企业的首席执行官在做副总裁的工作，副总裁在做总监的工作，总监在做经理的工作……逐层递推，组织效能提升不起来。HR/ 培训负责人期望能出现一种场景，既能解决在复杂性和不确定性的情形下，管理者在日常管理中的难题，同时又能提升管理者随机应变的灵活性，加深管理者的升维思考。

应对各种变化趋势，行动学习的应用方式也在不断发展。关于行动学习应用方式的发展趋势，基于不同维度的总结见表 6.2。

表 6.2 行动学习应用方式的发展趋势

分类	过去	现在
聚焦价值点	从绩效改进证明价值	从过程中带来参与者心智模式的改变，主动创造价值
形式变化	单课题模式居多，面对面研讨	单课题、多课题模式混合，虚拟行动学习方式明显增加
题目类型	企业已存在的问题 / 挑战	面向企业未来发展的探索性课题
催化师配置	班级（多组）共用 1~2 名催化师	组组配置催化师
外部依赖度	依赖程度较重且较长时间无法离开	初期依赖程度重，中、后期可内部建立自组织经理人互助学习圈
适用范围	因资金投入大，在中高层管理者的培养中用得多	单场次催化所需时间短，灵活易用，适用对象覆盖范围广，上至高管，下至普通员工都可参与

相比多课题形式而言，单课题行动学习项目相对较“重”，且周期一般较长，圆桌会模式以其独有的灵活方式，关注内在觉察和心智模式的改善，尤

其在跨地域和在线学习上有其便捷易操作的独特优势。因此，行动学习的实践方式，正在从单课题转变为多课题。企业内对行动学习的需求也从解决问题提升绩效，转变为帮助组织应对更多未来的不确定性。

在行动学习项目中，领导者的改变就是组织发展最为关键的因素，因此，在大部分领导力项目中植入了组织发展、团体动能、系统动力的元素。为了保证效果，每个行动学习圆桌会小组均配置催化师，不仅仅是以班级为单位组织反思性学习，催化师对小组成员观察反馈、团队动能上的学习干预度也更为精细，更能促进管理者心智模式的转变。很多应用行动学习圆桌会的企业，无一例外地称赞这种模式对人的帮助之大。正因为此，他们尝试把行动学习圆桌会模式在组织内更加广泛地应用。

行动学习圆桌会还是一种团队互助学习的方式。通过团队成员的彼此支持和相互“照镜子”的过程，学员之间可以相互学习，欣赏他人的优点，指正和反馈彼此的不足。同时，成员可以建立自然而深入的信任关系，难题解决的过程中才真正看到各自的盲区与限制性信念，为工作中真正的协作打下基础。

圆桌会还具有适用性广的特点。无论是高管、中层还是基层员工的发展，都可以通过行动学习圆桌会来实现。以下介绍行动学习圆桌会的几种应用场景。

场景 1：高潜圆桌会培养人才梯队

高潜人才是企业未来的领导者。高效培养已识别的高潜人才，是 HR 非常重要的、面向未来发展的核心工作之一。但在高潜人才领导力的培养上，却一直有诸多不好克服的痛点。

- 培训内容往往是培训组织方的一厢情愿，对个人成长虽然有用，但和组织战略业务脱节；
- 选了很好的课程内容，但无法将培训所学在实际工作中转化应用；
- 如何让高潜人才全身心地投入培训，并使他们在组织内得到职业发展；

- 如何使学员能够解决实际问题，而不只是培训回来，对现状产生更多的批判和挑战；
- 培训项目资金投入越大，HR 内心越惶恐，结果无法量化评估。

下面的案例中，客户方结合过往的单课题实践经验，期望这次项目能更贴合参与者的实际业务环境，解决自身难题，同时结合公司已有的领导力素质模型，进行 360 度测评，提升参与者的领导力。经过招标，客户方对比了多家供应商，最终选择了以行动学习画布为核心工具的行动学习圆桌会项目，以业务驱动思维，帮助高潜人才解决组织与业务的关键难点与痛点，提高组织绩效，同时实现个人领导力的提升和转变。

【项目背景和定位】

A 公司是国内较为知名的互联网公司，由创始人所带领的第一代管理者在业务领域深耕多年，取得了不俗的运营成果。但在充满颠覆性创新及各种不确定性的互联网行业里，A 公司意识到，必须打造一支强有力的高潜人才梯队作为公司长期发展的人才储备，承接高层管理战略，促进业务发展，以巩固企业已有的核心竞争优势。

此前，A 公司在高潜人才方面尝试过多种培训方式，投入很大。曾经组织优秀管理者去美国参观 Google、Apple、Facebook、亚马逊、微软等知名公司的总部，还邀请过国外管理、创新方面的大师级顾问，来公司进行面授培训或讲座。

然而，大师级顾问请来了，却难以让学员产生真正的改变。很多时候，老师在上面讲课，学员在下面玩手机。有些课程尽管在课堂上安排了技能练习，传授了非常实用的工具，但一离开培训课堂就很少有人继续使用。还有一些课程，课堂上热火朝天，然而到底产生了多大的实际价值，没人能说得清。

A 公司经过了多轮探索，最终锁定了行动学习圆桌会项目模式。期望解决的具体问题如下。

第一，行动学习一定要帮助参与者解决实际工作难题，看到落地转化的成效，尤其要贴合组织战略与业务的关键难点与痛点，促进学员提升适应变革、业务创新、组织协同、团队管理等能力。

第二，提升360度测评的能力短板，帮助参与者“照镜子”，看到自己的不足，提升改进的意愿度。强化与上级主管的有效沟通，为承担更重要的工作任务做准备。

第三，让行动学习小组在项目进行中实现“强”人际互动，推动他们互相学习。

第四，组织内职位越高，越需要大量的跨部门协作，因此要帮助不同部门的管理者多多交流，加深了解，打破部门壁垒，提升跨部门协作的顺畅度。

高潜圆桌会项目基本信息见表6.3。

表6.3 高潜圆桌会项目基本信息

项目基本信息			
所属行业	互联网	项目周期	7个月
项目模式	多组多阶段	催化师来源	外部
学员对象	中层后备	学员人数	50人

【项目设计思路】

在这个高潜人才领导力发展项目中，通过访谈业务高管，把握组织变革和业务发展的痛点与难点，结合A公司的领导力素质模型所对应的360度测评结果，以及高潜人员在当下及未来发展中可能遇到的难题，一方面设计行动学习难题，另一方面使360度测评出的短板能力与日常业务和管理动作一一对应，实现领导力的定向发展。

因此，在这个项目的设计中，采用了典型的圆桌会四阶段项目设计流程，如图6.2所示，在整个进程中分为4条线同步进行。

第1条线：行动学习线

对于行动学习线，难题的确定过程是关键。首先由项目发起人确定难题选择范围，然后每位学员提交两个课题，经过上级审核，再由HR和顾问老师进一步审核确认，从专业视角判断行动学习难题的适用性。4 次集中研讨的重点说明如下。

第 1 次：小组教练使用行动学习画布工具，研讨组内每位学员的课题。每个课题从模糊到逐渐清晰都会经历高质量的重构环节，结束前设定实践期的课题目标和行动计划。

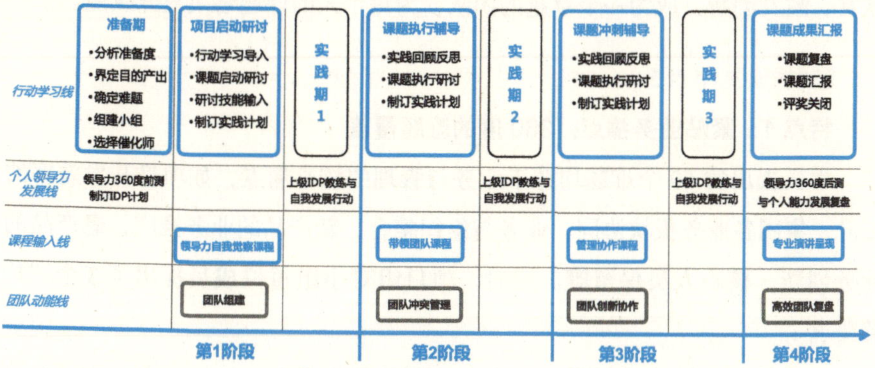

图 6.2 高潜圆桌会四阶段项目设计流程

第 2 次：学员经历了实践行动，遇到了新的挑战之后，对课题再次进行研讨，结合目标重新审视更新的方案和行动计划。

第 3 次：课题初见成果，这时要进行第 3 次研讨，为课题解决做好冲刺准备，以及做好课题成果的创新提炼。

第 4 次：进行课题复盘、团队复盘和个人复盘，同时进行课题汇报辅导，最后进行结业汇报。

第 2 条线：个人领导力发展线

结合领导力 360 度测评结果和个人发展计划（IDP），促动学员与直属上级、行动学习顾问的多方和多次沟通，加强领导力发展的反馈密度和专业性。

第 3 条线：课程输入线

课程输入线，又称为程序性知识输入线，考虑到项目的整体目标定位，结合学员的特点及组织对他们的要求，以自我觉察为起点，有针对性地提升个人领导力、团队领导力和协作领导力。

第 4 条线：团队动能线

行动学习小组的团体动能质量直接决定课题解决的质量。催化师对小组团队动能的干预，旨在帮助维持和激发小组的团队动能。一些工具和方法，可以帮助行动学习小组走过团队的形成期、风暴期、规范期和表现期，帮助他们更好地明确目标、遵守规则、明确流程、建立承诺、处理冲突、彼此聆听、相互欣赏、激发创新，成为一个卓越的团队，为每个人的课题解决充分赋能。

【项目实施特点】

特点 1：紧贴业务痛点，360 度的难题覆盖

学员提出的 50 个难题均源于业务与管理的核心痛点，如项目开发效率的提升，集团各业务板块协同，业务与组织整合，新产品的业务推广，老产品的业务创新，核心人员保留等。同时，项目组对小组每位成员提出了 3 个“1”的要求：

- 为其他小组成员提供 1 次个人难题的催化帮助，如如何向上沟通、管理“老油条”员工等；
- 对他所在部门的员工至少提供 1 次团队催化，如如何与他人有效配合、高效管理时间等；
- 在项目期间应用行动学习解决自己 1 个个人生活难题，如工作与生活平衡、养成读书习惯等。

这种业务维度、横向互助维度、团队管理维度和自我管理维度的 360 度的设计，累计解决了 170 多个难题，拓宽了行动学习的使用范围，高度激发了学员和小组的潜能，为项目成功奠定了坚实的基础。

特点 2：用小组闯关积分机制，最大化激励小组的学习承诺和投入

结合互联网公司学员的特点，可以发现，保证学员参与度是项目成功的关键因素。紧密结合项目目标的 6 个维度，催化师与客户共同设计了班级积分考核制度（见表 6.4）。

表 6.4 班级积分考核制度

项目目标维度	积分维度	考核内容	个人得分	小组得分
课题成果	课题执行	研讨作业完成情况		
		实践作业完成情况		
		成果汇报得分情况		
	小组练习	小组工具实践练习次数		
个人领导力提升	上级沟通	与上级进行个人发展计划的沟通纪要		
	工具实践	行动学习工具催化纪要		
跨部门协作	团队共建	团队共建聚会次数		
课堂出勤率	课堂参与	微课学习考试得分		
		课堂出勤情况		
		课堂表现参与情况		

这套班级积分考核制度有如下特点。

紧贴目标，系统全面

班级积分考核制度与项目目标有很强的对应关系，能确保项目目标和成果系统性落地。

强化实践，强调重点

只有一个维度考核课堂表现，其他 5 个维度都和课后实践相关，对成果转化提供了有力的保障。其中，行动学习课题执行的分值比例最高，也突出和确保了重点。

兼顾个人和团队

同时考核个人积分和团队积分，以激发每个人的潜能，如拔河一样，每个人都发力，团队才能成功。

鼓励挑战，激发小组潜能

有保底的基础分数，也有加分项设计，鼓励学员挑战和突破自己。例如，团队共建次数、小组练习次数、个人工具实践次数等考核项，如果能够超额完成，将获得额外的奖励积分。

积分制充分调动了小组和学员之间的良性竞争，参与者之间相互比着学，比着实践。个体和小组为了获得更高的积分，努力完成具有挑战性的作业任务。

特点 3：开发在线学习管理系统，实现作业管理自动化

在这个项目中，专门针对作业和积分管理开发了一套在线学习管理系统，跟进每位学员的作业提交情况。

整个项目过程中，学员累计在线提交了数百份作业。作业提交情况一目了然，积分实现自动计算和展示，每个学员都可以实时看到自己的排名情况和作业进度。这激发了学员的个人和团队荣誉感，对学员的学习热情有很好的促进作用。

特点 4：组组配备专业催化师，精细化督导学习过程

每个班 5 个行动学习小组都配备了专业的外部行动学习催化师，深度陪同小组成员完成整个项目流程。在行动学习小组中，每位催化师都肩负着 3 项核心任务。

任务 1：课题催化和跟进

整个项目过程中，每个小组催化师负责小组内 5 个课题的课前把关、项目过程课题催化、实践期课题跟进辅导、汇报辅导、课题总结复盘等任务，以确保每个课题的成果产出。

任务 2：促进学习的持续发生

在上述的课题催化和督导过程中，小组催化师会熟练运用提问及其他技巧，促进质疑与反思，帮助学员抓住每个可能的学习点，让“行动”和“学习”同步产生。

任务 3：团队动能的支持与激发

小组催化师要随时关注小组的团队发展阶段，并采取针对性的催化策略，加速团队发展，激发团队动能，以提升小组的工作效率。

特点 5：学员的上级深度参与

由于很多学员是技术背景，相对而言在沟通意识和技能上都有较大提升空间。甚至在互联网公司繁忙的工作节奏下，有些学员的上级都很少与其进行过一对一沟通和反馈。然而，每个学员的成长除课堂教学、自身努力以外，与上级辅导也是密切相关的。因此，在与上级沟通方面，设置了个人发展计划会谈，即要求学员找上级进行个人发展计划沟通和课题跟进辅导，并提交个人发展计划的会议纪要。这种由下级驱动的个人发展计划会谈也刻意地促进了上下级之间的沟通。学员与其上级进行一对一个人发展计划沟通的流程，如图 6.3 所示。

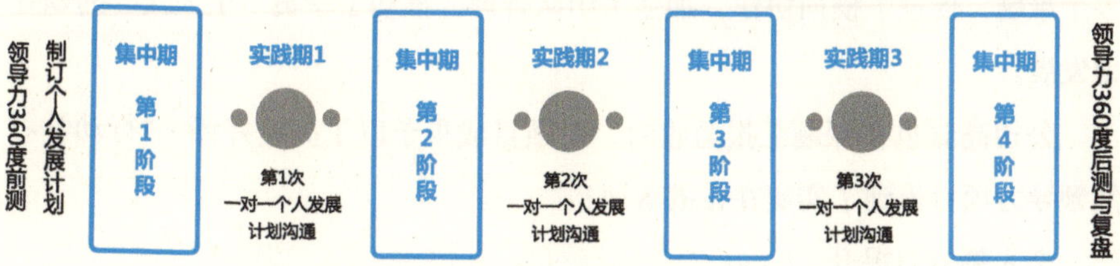

图 6.3 学员与其上级进行一对一个人发展计划沟通的流程

特点 6：设置“刻意约局”，促进组与组之间的链接

行动学习小组内部的相互链接是很深的，这毋庸置疑。但如何实现跨组沟通，更好地提升组织间的协同？

在本项目中，设置了一个“刻意约局”的活动，即每个小组在实践期必须找另一组团建聚餐。这个活动设计在了积分考核制度中，完成的小组就可以得到加分。在积分的激励下，大家“约局”的热情也非常高涨。

还提供了小组“约局”的参考流程，即介绍自己的成长经历、优势、困扰，以及自己可以提供的帮助，以促进彼此的了解和资源连接。

特点 7：刻意练习，促进行动学习组织内化

不仅使用行动学习工具帮助项目学员，同时也要求学员把行动学习带回自己的业务团队。每人每个实践期都至少完成一次工具实践，并提交过程记录。这样不仅学员自身能体验行动学习的魅力，也能带领自己的团队一起感受。有的学员在尝到了这个甜头之后，每个实践期都做好几次。借由这个设计，将行动学习圆桌会内化为学员有效的团队管理工具。

【项目成果】

课题成果全面落地

50个业务管理课题绝大部分都顺利完成，提升了项目开发效率，促进了集团各业务板块的协同，加速了业务与组织的有机整合，提高了新老产品的业务创新和推广成效，降低了核心人员的流失等。

此外，在横向互助、团队管理和自我管理维度这3个维度，还解决了120多个难题，促进了横向协作，加强了团队管理，推动了学员“全人式”的领导力发展。

公司高管也在课题汇报验收时，对项目成果予以了高度好评："行动学习使领导力项目得到了实实在在的落地！"

个人领导力提升

原来非常理性、不太关注“人”的有技术背景的学员，经历过这个学习过程，体验到了带队伍的重要性，团队管理的意识明显增强。项目后测结果显示，每个人的领导力360度测评结果均有不同程度的提升。

跨部门协作增强

在整个项目过程中，学员的“刻意”沟通次数最高者高达百次，包括与上级、跨小组、横向部门相关者的沟通，极大地激活了组织内协作的意识和氛围，为跨部门协作打下了非常好的组织文化基础。在项目进程中，就已经有行动力强的学员行动起来了。学员的上级主管和HR负责人对这点都感到很惊讶和惊喜。

组织学习内化

学员在自己的业务团队中大量应用行动学习，帮助团队解决问题、促进沟通，取得了实际的效果。以至于项目结束数月之后，很多项目中的小组依然持续聚会，研讨难题。还有不少学员坚持在团队内实践催化，将行动学习内化成一种工作方式。

场景 2：高管圆桌会提升战略经营能力

如果把企业比喻成人体，那么高管团队就相当于企业的大脑和中枢神经，其重要性不言而喻。然而企业对于高管的培训却常常走向两个极端。

第一个极端是几乎不安排高管培训。理由很简单——不敢安排，安排不好怕有风险。企业培训部门会认为，既然高管已经做到现在的层级，那么领导风格早已成型，通过培训也不容易改变。况且这个层级的领导，基本上都有过商学院高层管理人员工商管理硕士（Executive Master of Business Administration，EMBA）学习经历，如果安排不合适，培训部门还会承担培训评价不高的风险。再加上高管的管理经验和水平都已经很高了，他们的个人自驱力又很强，因此不如选择用自学或外派培训来替代内部集中培训。

第二个极端是花大钱引入“高大上”的名师名家的培训。如海外名企参观、西点军校游学，或者参加 EMBA 学习。这些培训当然也很有帮助，但投入产出比很难评测。通过这些培训，高管可能开阔视野、广交人际关系，学到一些先进的案例和前沿的理论。但是这些到底能给组织带来多大价值，能否帮助解决实际业务问题，却很难衡量。

针对高管培训的痛点，行动学习提供了一个很好的解决方案，即通过行动学习圆桌会的模式，让高管组成小组，互助解决各自的业务难题。这样的团队学习方式，不仅能帮助他们相互激发智慧，主动迎接业务变革，还能促进企业内部的经验分享和跨界，促进高管之间的业务协作，让成功的经验得以传播，让高管团队的凝聚力更强。

【项目背景和定位】

B 公司是国内一家大型房地产企业，在全球有多家海外机构，全国各地有多家分公司。近年来，市场形势发生变化，外部竞争日益加剧，加之国内政策法规和管控的多变，因此，B 公司在市场竞争上遇到了很多挑战，各地分公司也面临很大的业绩增长的压力。

B公司曾经引入单课题模式的行动学习项目，课题大部分停留在研究性成果上，几乎没有实际落地。在单课题的实际执行过程中，由于高管们的办公地点分布在全国各地，小组课题常常是“群策单干”，行动学习的项目效果并不理想。

B公司在本项目中决定尝试行动学习圆桌会模式。他们希望借助此模式，激发高管的集体智慧，帮助各分公司高管解决实际工作中的难题，让难题解决看到成效。

同时，借助项目搭建企业内部高管互助交流平台，提升高管的凝聚力和协同力，并建立企业内部业务高管之间的跨界学习模式，促进实践经验的内部沉淀和共享。

此外，项目中还需要战略管理、企业文化、管理创新、组织变革、财务与投资等方面的知识输入，以提升高管的战略性经营和驾驭组织变革的能力；通过行动学习的方式，帮助高管综合运用所输入的知识与技能，应用在复杂性业务难题的解决过程中。

高管圆桌会案例项目基本信息见表6.5。

表6.5 高管圆桌会案例项目基本信息

项目基本信息			
所属行业	房地产	项目周期	8个月
项目模式	多组多阶段	催化师来源	外部
学员对象	高管	学员人数	20人

【项目设计思路】

在这个高管的领导力培养项目中，针对B公司的需求，百年基业顾问团队进行了如图6.4所示的项目设计。

项目原本以行动学习和领导力课程输入为两条主线，但考虑到学员三个月才集中培训一次，间隔时间过长，不利于行动学习的课题督导和实践转化，所以我们设计了第三条线——小组跨界线。

跨界会安排在实践期，共进行三次，每次为期两天。跨界会以小组为单位组织，小组成员自行约定跨界地点和时间。小组选出一个小组成员担任东道主，由东道主和催化师联合设计跨界会的学习内容。

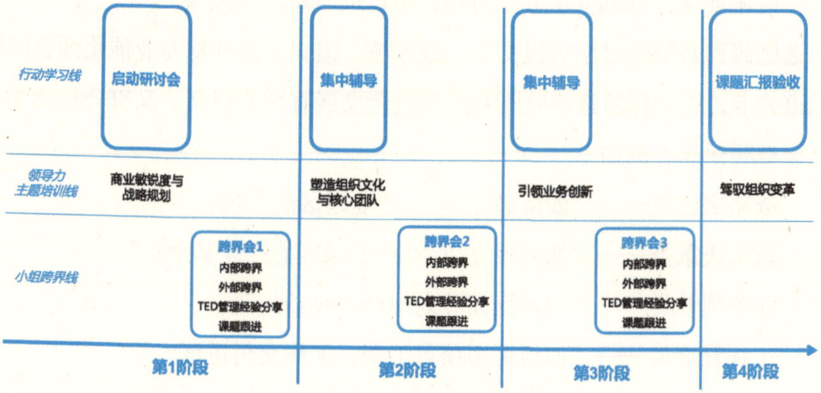

图 6.4 高管圆桌会案例项目设计流程

跨界会一般包含 4 个学习模块，即内部跨界、外部跨界、TED 管理经验分享、课题跟进，主要目的是让高管既能看到外部不同视角的经验，也能看到内部的标杆项目和管理经验，同时帮助高管开阔视野、打开课题思路，解决课题实践中的挑战与困惑。通过经验分享，提高高管的经验萃取和演讲分享的能力。

【项目实施特点】

特点 1：注重课题挑战性，帮助高管走出业务困境

客户项目负责人非常注重课题的成果产出，因此行动学习难题选择成为决定项目成败的关键点。为了满足公司对课题成果的需求，明确了以下的难题选择范围：

- 紧扣集团年度的战略和经营重点；
- 结合所在经营单位的财务与业务经营短板；
- 关注客户和合作方的抱怨和投诉。

此外，从行动学习专业视角，确定了以下的难题选择原则：

- 课题有复杂性，涉及多个利益相关方，较难厘清头绪；

- 特别关注面向未来的变革型挑战，而不仅仅是常规的反复出现的难题；
- 必须是自己没干过，超出个人过往经验的课题；
- 课题必须落地，能够产出可衡量的里程碑式的成果；
- 时限要求，课题立项 6 个月内，可以取得阶段性成果。

选题流程必须经过学员提交、上级审核、组织方和外部专业催化师会同审核三道关卡，以确保所选难题既对组织经营发展有重要意义，又符合行动学习圆桌会难题标准。例如：

- 战略定位类——“如何确定 ×× 产业园区的定位？”
- 投资决策类——“如何设立 ×× 产业园区的产业基金？”
- 业务绩效类——“如何提高养老地产的收益？”
- 工程管理类——“如何缩短项目工期，加快交付进度？”
- 服务运营类——“如何提升客户的物业满意度？”

由于学员都是高管，他们提交的难题普遍具有高度的复杂性和挑战性，关系关键业务的成败。有意思的是，由于他们很多都是分公司的高管，课题范围广，影响人群广，通常都可以作为业务单元的组织课题来解决。

特点 2：组组配专业催化师，提高难题解决成效

由于参训学员的层级高，课题视角宏观，具有很强的复杂性和挑战性，所以，需要通过组组配置催化师的方式，加强课题辅导。催化师一方面把控研讨的节奏，激发小组学习；另一方面对课题目标精准教练。通过辅导，我们发现，对于高管层级的课题，除了要设定一个主要目标，还需要明确阶段性目标，要通过系统性多目标的行动，实现难题的综合性解决。

同时，催化师注重带领小组反思和复盘，每个实践期的课题实践都将阶段性目标和总体目标作为靶子，对照目标检视实践的结果，针对阶段性成果进行复盘，从而修正和补充接下来的行动。

特点 3：内外部跨界学习，创新课题思路

“小组跨界会”是本项目设计中的一大亮点。每次全班集中的时间有限，但是每个小组单独集中很多，可以增加每个高管行动学习小组成员之间的感情与连接。每次跨界会，会从小组成员当中选出一位东道主，邀请其他组员来自己公司所在的城市跨界学习。小组跨界会包含以下 4 个模块。

内部跨界指参访东道主所在公司的标杆 / 优秀项目。这类项目通常是企业内部或行业内部的标杆项目或获奖项目，具有代表性和独特价值。

外部跨界的企业可能是同行业的，也可能是跨行业的，涉及创新与激发的不同领域。跨界之后，催化师引导学员进行学习反思，在团队内充分交流将每个人的跨界收获。

TED 分享会要求学员使用 TED 演讲的方式，每人用 20 分钟左右，分享自己在业务管理、团队管理、自我管理等方面的成功经验。这促进了经验的共享，锻炼了演讲呈现能力，也诠释了“同伴是最好的老师，经验是最好的大纲”这条行动学习法则。

课题跟进是指对小组成员的课题再次进行研讨，解决课题执行过程中遇到的挑战与困难。

【项目成果】

课题成果落地，提高经营业绩

截至项目验收，全班 20 位高管的课题都取得了可喜的阶段性成果。有的项目明晰了战略定位、优化了商业模式，有的项目制定出了优化的投资决策，有的项目明显缩短了试点项目工期，有的项目提高了客户的物业满意度，还有的项目在新业务、新区域的拓展方面积累了宝贵的经验。这些课题成果不仅解决了高管的燃眉之急，而且也为组织在探索各类问题的解决方面提供了宝贵的经验。

转变领导力风格，提升主动变革意识

很多学员在体验过行动学习画布工具之后，都把这个工具带回自己的团队，带领自己的团队研讨实际难题。这帮助他们更多地使用同理式的聆听和探询式的提问，从过去的指令式管理风格转变为教练式的管理风格。而且，经历了面向未来的行动学习课题探讨后，高管增强了迎接未来的信心和面对变革的勇气。

建立沟通平台，加强组织协同

项目通过跨界会的方式促进了异地成员之间的高密度互访，打开了高管团队的互助学习之门。项目结束之后，很多小组成员之间的互动活动依然经常开展。他们从工作难题的探讨，延伸到个人生活中的难题探讨，进一步加深了彼此的信任和连接。由于小组成员搭配时采用了打破业务板块和岗位类别的方式，所以极大地促进了不同部门之间的沟通和协作。

场景 3：经理人圆桌会培养催化型管理者

对于大中型企业，引入行动学习圆桌会项目期望能实现“一箭双雕”的效果。第一，短期内需要通过行动学习项目培养大量催化型管理者，提升领导力，帮助解决业务和管理难题；第二，希望建立自己的催化师队伍，既节约成本，又能构建组织能力，不仅为组织输血，也让组织具备造血功能。

在下面这个金融行业的案例中，把上述两方面的期望进行了有机结合。客户先借助百年基业的力量快速培养一支内部催化师队伍，再让这些内部催化师担任管理者行动学习圆桌会的小组教练。在外部顾问的督导支持下，实施内部行动学习项目。这样，经理人的培训需求得到了满足，内部催化师队伍也有了大量实践机会，更容易快速成长起来。

【项目背景和定位】

近年来，传统商业银行在经营理念、营销策略和运营模式方面处在大变革时代，面临着前所未有的挑战。从外部环境来看，互联网金融机构的发展如雨后春笋，此起彼伏；同时，第三方支付、区块链等新技术开始颠覆整个业态，对公业务需要向零售行业转型，为了增加灵活性，金融行业也更加需要在资产等方面变得更加敏捷。从内部运营来看，管理人员趋于年轻化，很多管理者缺乏与岗位相匹配的能力和管理经验，又常常和“资深”管理者在运营理念上发生冲突，协作上问题较多。在内外部压力的交互作用下，本案例中的银行（C公司）开始寻求战略和管理模式的转型，探索新的发展之道。

本案例中的客户期望战略性地培养大批能够应对变革的优秀管理者，以应对内外部压力。为此他们发起了一个大型的行动学习圆桌会发展领导力项目，计划培养 100 名学员，训练主题聚焦于“如何成长为一名优秀支行行长？”

经理人圆桌会培养催化型管理者项目基本信息见表 6.6。

表 6.6 经理人圆桌会培养催化型管理者项目基本信息

项目基本信息			
所属行业	金融	项目周期	4 个月
项目模式	多组单阶段	催化师来源	内外部催化师结合
学员对象	支行行长	学员人数	100 人

【项目设计思路】

为了确保项目达到预期成果，行动学习圆桌会需要为每个小组配备专业行动学习催化师。然而 100 名学员的规模体量，要求大量的专业催化师配备。如果仅靠外部催化师队伍，不仅成本很高，而且人力、物力、时间、精力调配上，也会出现巨大挑战，难以满足项目需求。

在这样的压力下，和客户项目组决定从该银行内部培养一支催化师队伍。由外部专业催化师担任现场总体顾问，由该银行内部催化师队伍担任小组催化师角色，支持项目中各个小组的研讨催化。

经理人圆桌会项目设计思路如图 6.5 所示。

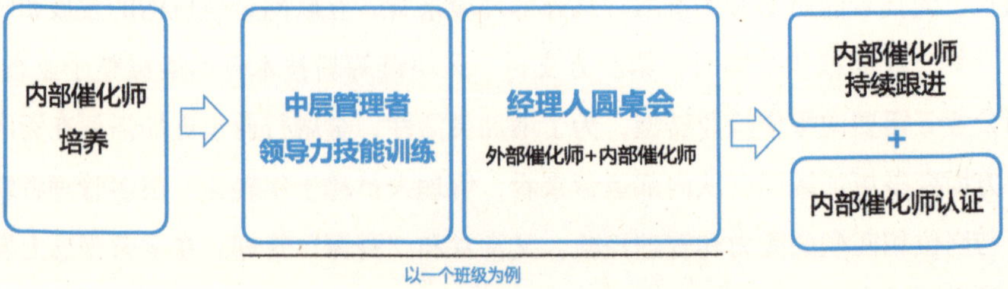

图 6.5 经理人圆桌会项目设计思路

在项目设计上最大的难点是学员体量较大，很难采用多阶段项目制培养模式，所以最终安排了并行的单阶段行动学习圆桌会的模式。工作坊每期 5 天，前 2.5 天是行业知识与领导力技能输入，后面 2.5 天是行动学习圆桌会。

就这个案例而言，内部催化师更了解学员的岗位情况、个人档案、工作战略方向等重要信息。通过观察、聆听、感受，也能够更及时发现催化中出现的共性问题，及时进行沟通。内部催化师队伍可以在项目实践过程中逐步成长，得到真实的催化训练体验。由此让行动学习的方法论在该银行内部经营管理中扎根，成为该企业组织发展的经营管理操作工具方法论之一。

【项目实施特点】

特点 1：培养并建立内部催化师队伍

项目实施过程中，内部催化师队伍实践了“以练代训”。外部顾问把控全局，并且为内部催化师制订成长计划。项目实施过程中，外部顾问每半天为内部催化师进行一次答疑和反馈，并同步沟通各组的课题推进情况，解答内部催化师的疑问。

与此同时，每期培训结束之后，外部顾问会支持内部催化师队伍做系统化的复盘，帮助他们评估既定目标的达成程度，总结反思过程中的亮点与不足、关键成功因素与失败教训，做系统化的学习经验萃取与学习经验迁移。之后，再对催化师设立新的能力成长目标，并安排学习和训练的实践作业。

经过这样高频次、高强度的实战训练，内部催化师队伍迅速成长起来。很多内部催化师在后续都完成了行动学习真实小组催化的案例实践作业，并通过了内部的行动学习催化师资格认证。

特点 2：层层递进的培养模式

针对支行长的培养目标，项目组发现项目学员主要需要三方面的提升，第一是行业知识提升，第二是个人领导力提升，第三是解决岗位难题，由此项目设计了以下 3 个模块。

模块 1：行业发展与战略解读

因为商业银行是一个综合系统，要求支行长拥有系统化、多方位的知识和能力储备。现有支行行长普遍需要学习更多的岗位知识。所以，本项目设计了银行战略解读、行业背景解读等学习任务，加强学员在系统化专业知识层面的认知。

模块 2：领导力技能

从领导力的角度分析，这一层级的管理者需要转变自己的管理风格，逐渐转变为催化型 / 支持型管理者，能够培养更多的团队业务骨干，打造高绩效团队，引领业务发展。因此，除项目开班启动和团队建设以外，输入了 2 天的“领越领导力”课程，以针对性地为这一层级管理者输入所需要的领导力技能。

模块 3：行动学习圆桌会

为了应对变革，支行长不仅要提升认知，还需要提升实际工作中的领导力，转变优化心智模式。所以在知识、技能等内容输入之后，紧随其后设计了行动学习圆桌会模块。一方面可以从思维、决策、实践的层面帮助学员吸收和转化学到的知识；另一方面也能让学员在研讨过程中呈现出思维盲区，更好地激发自我、团队、组织觉察能力，释放管理潜能，应对各种挑战。

在 2.5 天的行动学习圆桌会模块中，安排了几个关键控制节点。

第一，难题选择不走过场，呈报真实的难题挑战。即使之前已经通知过难题选择范围和标准，也进行了初步的难题筛选，但是在项目现场还是要再进行一次难题筛选并确认。有些学员害怕暴露自己的不足，筛选后报上来的不是真实的难题挑战。经过现场教练辅导之后，需要评估难题的重要性、紧迫性、答案的真实准备度，在经过一系列行动学习选题流程后，才确保难题符合行动学习的标准。难题必须是对于学员的学习成长和所在小组的学习成长真正有帮助的课题。

第二，爱心挑战，彼此真诚反馈。为了强化能力发展这条线，在课题研讨结束之后安排了“爱心挑战”（见图 6.6）的能力反馈环节。相处了 4 天的小组成员不仅要彼此反馈对方的亮点特质、关键亮点行为，也要反馈对方可以做得更好的方面，包括心智模式、行为模式、语言模式等方面，让他们通过团队成员彼此“照镜子”的方式，觉察自己的能力成长需要，更加有的放矢，基于真实发生过的事件来提升个人能力和团队能力。

图 6.6 爱心挑战

第三，课题汇报提前准备，进行彩排。课题汇报验收安排在最后一天下午，等到当天上午再做汇报准备已经来不及了，所以在行动学习催化的第一天晚上，就要让学员准备课题汇报作业。然后最后一天上午做现场模拟汇报彩排，每组选出优秀学员在下午做汇报。这同样也是团队建设的方法之一。

第四，促进跨组对话。现场学员来自各个支行，每个学员就代表一个支行，增进他们之间的感情连接也是重要的项目目标之一，要尽可能增加小组之间的互动和交流。因此很多小练习都是随机安排小组和座位的。而且每轮研讨过后，都会组织全班范围内的分享，小组之间会进行学习挑战、质疑和关键对话环节的活动。

第五，激发觉察反思。对于这些支行长来说，行动学习圆桌会是一种全新的学习方式。他们在支行里属于高层，平时听不进去他人的意见。进入圆桌会环节，他们开始能听进去了，并对自己的领导力产生了很多反思。在项目实施过程中出现了泪水，也出现了笑容，从自我行为觉察到自我心智模式觉察、从自我做事风格到自我决策风格的深入，出现了很多感动和温暖的时刻。

【项目成果】

管理难题解决

工作坊解决了 100 位支行长的岗位难题，为各支行的业务运营和战略变革起到了重要的推动作用。

心智模式突破

支行长都期望能解决一些团队执行力的问题，他们抱怨 90 后员工难管教，不推就不做事。个人课题讨论结束时，他们有了重大转变，从向外看转变为向内看，开始反思自己的管理风格。很多人发现自己并不了解下属的真实需求是什么，不了解团队成员内心真正的焦虑是什么。他们说：“回去第一件事就是跟每个下属真诚沟通一次。”更重要的是，行动学习切实地帮助了这些管理者看到了自己身上的不足，开启了他们的领导力提升、进阶之路。

降低管理决策焦虑感

通过现场的课题解决过程发现，学员在如何控制风险、如何做出妥当的管理决策上，每个人的焦虑感都非常强。这种焦虑感又反过来影响每个工作决策。如果没有外部干预，就会进入一轮轮的恶性循环。讨论结束之后，他们能感受到同伴的彼此支持，也会知道接下来决策如何做，明显感觉他们收获了同伴彼此支持的力量，内在状态变得好很多。

萃取最佳管理实践

在项目结束之后，银行的人力资源部门发起了一个从案例提取经验的项目。他们把行动学习成果解决的课题报告回收上来，并把这些解决问题研讨的经验总结输出，形成了成功案例集，在组织范围内进行传播、培训、推广。让这些研讨中收获的经验变成组织中所有人共有的经验。

加深学员之间的信任与连接

这不是简单的行为层面上的团队建设，而是思维层面上心智模式的连接。因为如果一个人了解了自己软弱的地方，而其他团队成员也知道了自己的困难和不足，那么各个团队成员一起努力时，这种连接就十分深刻了。在项目结束之后，他们遇到难题还是会互相交流，彼此支持，也会去对方的支行亲自拜访，相互学习，交流经验。这样的相互支持促进了支行长团队的深度融合，这也是行动学习的魅力所在。

内部催化师在项目中快速成长

内部催化师通过技能训练、实战演练、反馈答疑、反思复盘，快速提升了专业技能，通过了行动学习催化师的内部认证，并准备好继续支持以后的行动学习项目。

场景 4：转型圆桌会帮助管理者快速适应岗位

企业中经常出现管理者角色转变的情况，称为“转型”，常见的转型场景如下。

晋升：小 A 是业务骨干，今年升任管理岗，他需要快速转变思路，提升管理能力。

跳槽：小 B 刚加入公司，由原来的产品经理成为新公司的产品总监，他需要快速了解业务、熟悉公司环境，进而带领团队更快地产生业绩。

转岗：小 C 原来是销售总监，因业务业绩出色，转岗同时升职为市场部总经理，他需要快速适应新部门，学习市场工作的思路。

转型场景十分常见，美国领导力专家迈克尔·沃尔金斯的《创始人：新管理者如何度过第一个90天》对转型进行了深度研究。书中引用的数据表明，职场工作者在20年内平均经历13.5次角色转变，每1.3年就会发生一次。

转型意味着职责、岗位、工作环境都发生变化，升职加薪带来的不仅是喜悦，转型如若不成功也会带来巨大的风险。能否在新岗位最初90天内有效行动，将在很大程度上决定转型的成败。书中指出，领导者转型成功的自然存活率仅有40%，也就是说，大约60%的转型最终以失败告终。很多员工带着业务骨干的光环升任经理，却无法适应管理角色，当职责从管理客户转型到管理团队及客户时，挑战也真正地开始浮出水面。最后，他们面临巨大心理落差，被动地迎来下一次转型。那么，HR应如何采取有效的支持及转型干预动作，才能提高不同层级管理者的转型成功概率？

【项目背景和定位】

2017年年初，D公司因业务发展需要，打破面向客户的纵向组织结构，转变为前、中、后台的能力聚合式组织结构，以减少重复性的资源浪费。这一重大调整影响到产品、研发、销售、客户服务、质量管理、运营管理等多个部门，一批新任事业部经理上岗，大量关键作业模式发生变化，企业面临业务协同和组织效能提升等重大挑战。

公司人力资源部看到业务线面临的挑战，同时预感到，如果新任经理不能适应岗位转型，公司将有可能面临非常剧烈的内部消耗和人事动荡，对已经开启的战略变革带来重创。

为了支持这些关键岗位管理者的角色转型，帮助他们系统性地应对挑战，人力资源部结合行动学习和“转型90天”理论，独立开发了专门针对涉及重大变化的关键业务岗位负责人的“转型90天”圆桌会项目，对这次挑战进行了一个系统性的干预介入。

转型圆桌会“转型90天”项目基本信息见表6.7。

表 6.7 转型圆桌会“转型 90 天”项目基本信息

项目基本信息			
所属行业	IT/科技	项目周期	4 个月
项目模式	单组多阶段	催化师来源	内部
学员对象	事业部总监	学员人数	8 人

【项目设计思路】

本案例中采用的转型圆桌会是行动学习和知识内容的完美融合。其知识内容部分以迈克尔·沃尔金斯的“转型 90 天”理论为基础，该理论总结了一个岗位角色转型的成功路径。

为了应对此次重大组织挑战，确保每位学员转型成功，人力资源部决定引入行动学习圆桌会模式，和企业内原有的较为成熟的“转型 90 天”工作坊深度结合，把项目设计成一个连续 6 次的、辅导性的持续干预项目，有针对性地设计前期调研和训后演练，每次只讲解 1~2 个模块，真正实现“做中学”。这样减轻了学员的记忆负担，确保学员能够立即实践。基于这样的背景，创新性地形成了“行动学习圆桌会 + 转型 90 天内容”新的项目设计流程（见图 6.7）。

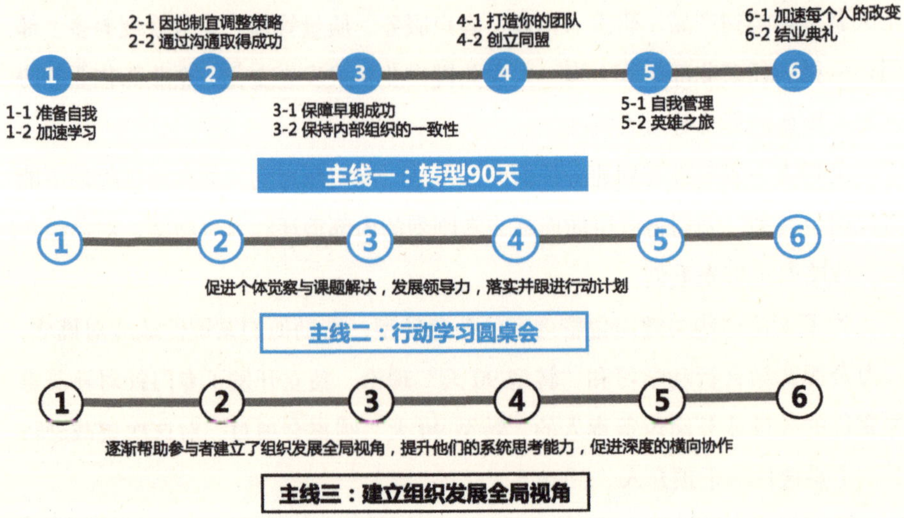

图 6.7 “行动学习圆桌会 + 转型 90 天内容”新的项目设计流程

[项目实施特点]

特点 1：从纵向来看，项目清晰定位 3 条主线

主线 1：转型 90 天的训练

转型 90 天理论包含上岗前 90 天的 10 项关键任务（见图 6.8），即 10 个内容模块。在转型圆桌会项目中，每次工作坊安排两个模块的辅导与训练，指导学员在该阶段的努力方向。

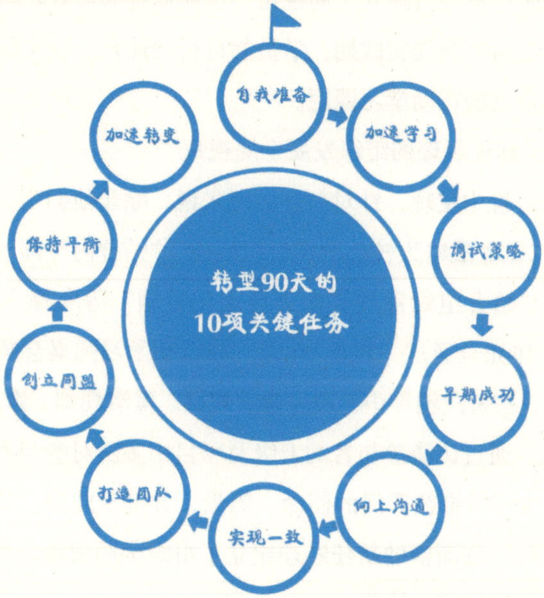

图 6.8 上岗前 90 天的 10 项关键任务

如第 1 阶段讲解“自我准备”和“加速学习”，目的是帮助学员在转岗初期做好心理准备，并明确学习成长目标。首先通过测评，让参与者对所面临的业务、团队和沟通问题有更多的觉察，从而促动他们的反思，找到过往哪些惯性行为会影响他们的角色转型，同时通过上级沟通，发现角色定位、职责、权力认知上的差异，推动他们之间真正有力量的对话生成。

主线 2：行动学习圆桌会研讨

每次辅导中，都有一个人作为难题贡献者，结合自己的实际状况，提出个人岗位的挑战性难题。通过行动学习圆桌会的流程，团队共同帮助当事人找到难题的解决方案，并提供行动上的支持。

同时，行动学习圆桌会可以发展参与者在提问、聆听、洞察和系统思考上的能力。通过结构化的研讨训练，参与者可以提升领导力，帮助他们在新角色上从命令式沟通变成探询式沟通，提升他们快速适应新角色的能力。

行动学习帮助参与者在实践中强化学习，为个人难题解决打开通道。不同业务领域的研讨能让参与者建立全局视角，也能促进参与者之间的信任。每次集中学习和辅导之后有两周实践期，学员制订行动计划，在实践期应用学到的理论工具，解决自己的行动学习课题。

主线 3：建立新任经理的组织发展全局视角

在实际项目进程中发现，针对新任经理来说，除非他们实际体验了“团队发展四阶段”“以业务战略为核心构建组织架构”“结合内外部环境评估和重新构建组织能力”“结合组织发展要求进行文化重塑”等实操性非常强的模块学习，否则是无法完全通过“转型 90 天”和行动学习圆桌会掌握组织发展全局、视角。于是，在每次辅导中，通过建立规则、澄清规则、修正规则的环节，实现文化行为化。通过访谈参与者的上级及项目中多次对参与者进行一对一沟通 / 辅导，梳理他们所带领部门的使命、愿景，并基于此建立部门内、外的组织发展大图。这样，逐渐帮助新任经理建立了组织全局视角，提升他们的系统思考能力，促进深度的横向协作。

特点 2：用项目流程牵引学员的行动实践

每次，结合参与者的业务、团队等实际状况，有针对性地设计前、后问卷调研，结合调研结果设计互动与研讨。

每次工作坊之后有两周的实践期，参与者自行设定“突破性行动”。在下次辅导时，首先由参与者分享突破性行动的完成情况，以及是否取得了预期的成果。以此特别的跟进方式，提升参与者的行动力，来构建“行动—感受—反思—行动”的正向循环。

【项目成果】

助力转型成功。通过转型理论的学习，提升了学员的深度洞察与系统性的对话能力，通过圆桌会帮助 8 位学员解决个人课题。最为典型的是，一位参与者的个人课题经过小组研讨落实行动，在转型 90 天项目结束前，按照行动学习研讨出的创新方案成功签单超过 500 万元。每个人对于如何带领团队快速适应变化，均有不同程度的尝试和突破，在下个年度业务合并、重组中队伍稳定，业绩达成度好。

促进跨部门协同。圆桌会促进跨部门学员换位思考，增进深度互联。以圆桌会个人课题为例，多轮互动之后，学员建立了良好的互助关系，为工作上的合作奠定了坚实的基础。在公司的重要项目中，参与者自动协作，项目进展顺利。

构建组织发展全局观。业务管理者过去习惯只从业务视角看问题。在转型 90 天的项目里，有意识地植入组织发展的系统论，结合团体动力的体验，既让学员拓宽了视野，上升到从组织体系构建的维度来看问题，又让他们的业务全局性思考力和洞察力有所提升。

打开 HR 深入业务的窗口。这个项目让 HR 自然而然地深入参与业务中。在项目进行中，HR 又陆续接到了业务团队的不同需求，一些学员会跟主设计老师说："老师，我们要开业务会了，你能过来旁听吗？" 3 个月的陪伴，让 HR 真正深入业务中，打开 HR 深入业务的窗口。

促动组织发展与变革

行动学习圆桌会主张通过互助小组的方式支持个人难题解决，同时促动深层次的反思和心智模式的重建。换句话说，行动学习采用焦点干预而非系统干预，构建的是"团体脑"。只有共建组织的思维背景，才能让组织的敏捷性、协同力真正具有落地的抓手。如何把“团体脑”上升为“组织脑”，是行动学习在组织实践中着力去尝试的。其中，内部行动学习催化师的培养是行动学习能够在组织内落地的必经之路，催化师的数量和质量决定着行动学习在推动组织发展上能够走多深，走多远。

行动学习催化师有 3 个角色，前两个角色分别是团队学习教练、项目设计顾问，这两个角色在前文已经有了充分的阐述。而行动学习催化师的第 3 个角色正是组织发展催化者，作为一名行动学习催化师，可以通过行动学习来解决组织优化和个人问题，不仅可以促进个人的领导力发展，还能在组织发展领域实现以下目的。

- 推动组织和个人适应乃至主动拥抱变革；
- 打破部门壁垒，建立全局视角，提升协同力；
- 构建学习型组织，打造参与式赋能型组织文化；
- 持续强化个人和组织的自我更新能力；
- 激发个人、团队和组织突破思维瓶颈，释放更多潜能；
- 营造良好组织氛围和提升员工敬业度。

通过以下 3 个场景案例，你可以看到行动学习在组织发展中的 3 个典型应用场景，帮助你建立组织发展催化者的视角。

场景 5：协同圆桌会构建管理者互助学习圈

很多企业都希望提高组织效率，打造学习型和敏捷型组织。然而，随着组织规模的扩大，部门之间沟通不畅、相互推诿的情况却难以避免，厚重的部门壁垒阻碍了高质量的部门协同，也阻碍了组织资源的优化配置，成为企业高效运行的重大障碍。

对于部门壁垒，行动学习可以作为一种绝佳的介入手段。通过实施行动学习项目，可以构建跨部门的对话平台。不同部门的管理者组成行动学习小组，共同研讨难题，并组织丰富的团队共建活动，这可以达到部门之间增进了解，加强情感连接的目的。

另外，轻便灵活的“轻”行动学习模式，可以帮助企业打造管理者互助学习圈。随时随地可以召开的小组会议，让管理者相互学习的成本变低，提升了问题解决的协同性和敏捷性。

【项目背景和定位】

E公司是一家互联网公司，经过几年的高速增长，已经发展为一家集团型企业。随着企业规模扩大，E公司在业务协同和跨部门沟通方面遇到了诸多困难，组织效率与运营方面的挑战日趋明显。

首先，企业业务线条多、层级繁杂，这造成了上下游部门沟通不畅，部门之间协同低效等大企业病出现。

同时，互联网公司业务变化快，组织架构调整更新快，这加剧了上下游部门之间相互熟悉和协同的困难。

加之大量新入职的经理对公司情况不熟悉，很多火线提拔的年轻干部懂技术但不擅长人际沟通，所以在需要大量沟通的业务协同过程中，指责推诿的情况常有发生。

协同圆桌会管理者互助学习圈案例基本信息见表6.8。

表6.8 协同圆桌会管理者互助学习圈案例基本信息

项目基本信息			
所属行业	互联网	项目周期	6个月
项目模式	多组多阶段	催化师来源	内外结合
学员对象	三级部门负责人	学员人数	18人

为了解决以上问题，E公司的培训部门决定从一些典型的业务部门总监入手，尝试通过“业务协同圆桌会”来实现以下目的：

- 组成跨部门小组，解决真实业务难题，推动业务发展；
- 建立部门经理之间的信任与连接，从而促进跨部门的业务协同与沟通；
- 培养小组参与者快速适应变革、快速学习、系统思考的能力；

- 培养一支内部催化师队伍，构建管理者互助学习圈，从而推动组织学习和组织发展。

【项目设计思路】

管理者互助学习圈案例项目设计流程如图 6.9 所示，分催化师培养线和课题实践线两条线，交替进行，形成交错的 W 形。

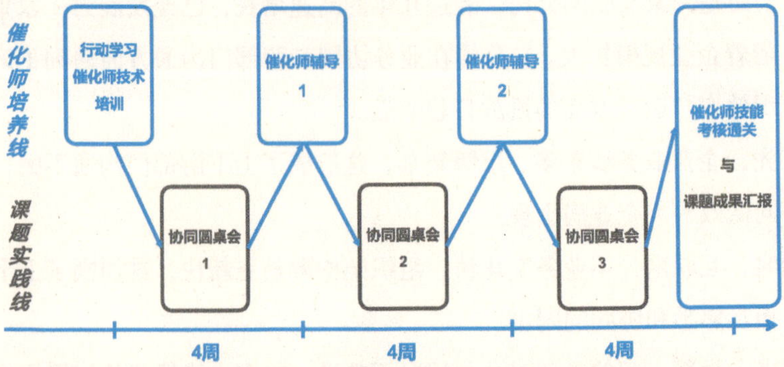

图 6.9 管理者互助学习圈案例项目设计流程

以内部催化师培训开始，他们在各个部门进行协同圆桌会的催化实践。每实践一个阶段，再进行复盘辅导。最后达成“事”和“人”双产出，事的层面即课题完成，协作增强；人的层面即完成催化师的培养，使其技能提升，通过内部认证。

【项目实施特点】

“1+1”催化师组合策略，支持业务部门实践

内部催化师共有 18 人，结成 9 个小分队。每个小分队包含 1 名集团培训人员和 1 名业务部门总监。这 9 队内部催化师分成 3 个小组，每个小组配 1 名外部催化师，给予练习反馈和实践辅导。

设计“1+1”的组合，首先要考虑业务总监平时工作十分烦琐，较难抽出时间进行大量实践；同时也担心他们的催化技巧不够熟练，影响催化效果，势必削弱他们催化实践的积极性。所以用 1 名培训人员专门支持 1 位总监的形式进行催化师实践，进行陪伴式学习与实践。这既增强了总监学员的实践效果，也增强了他们的实践与推广意愿。

碎片化时间催化，多样化小组成员组合

9 个“1+1”催化师小分队，分别在 9 个业务总监所在的部门，组建一个协同圆桌会小组，以此来进行催化实践。每个小组除了催化师，还包含 6 名小组成员，他们是同一业务板块不同业务部门的经理。

要求每位小组成员各自带来一个真实的岗位难题。这些难题在一个部门内很难解决，需要其他部门来配合支持完成。由于他们的工作繁忙，所以利用碎片时间（一般在午餐或晚餐之后），催化完成一个人的难题，每次两小时左右，每两周一次。这样，在 3 个月内，可以把 6 名小组成员的难题都催化一次。当所有课题都研讨完成之后，就可以进行汇报验收和庆祝活动了。协同圆桌会小组 6 次催化实践的进程如图 6.10 所示。

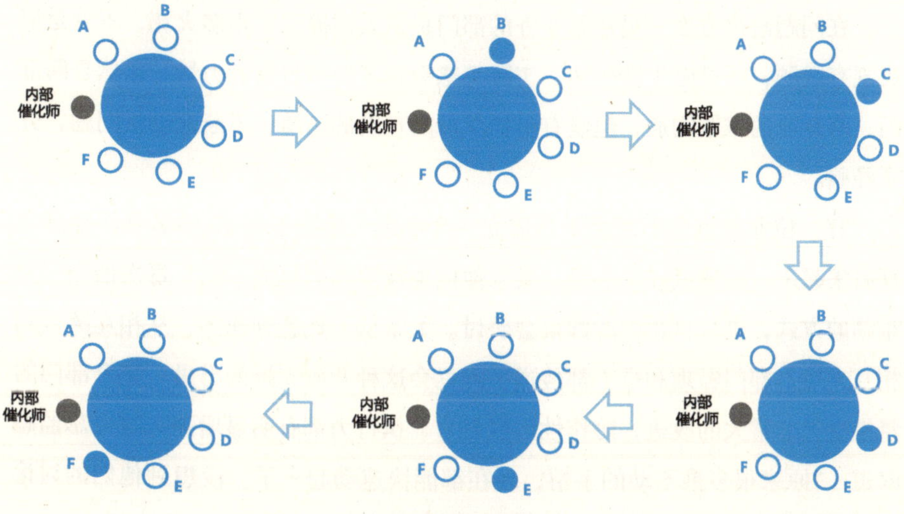

图 6.10 协同圆桌会小组 6 次催化实践的进程

（A~F 代表小组参与者，标记蓝色的是难题提出者。）

渐进式“学习 + 实践 + 辅导”螺旋循环，催化技能掌握得更加扎实

内部催化师接受首次行动学习画布工具和相关技巧培训之后，在如图 6.10

所示的 6 次催化实践中，他们还会遇到各种挑战。所以在这个过程中安排了两次催化师辅导，帮助他们精进催化技术，更好应对这些挑战，获得良好的催化效果。

其中，第 1 次催化师辅导的重点是选题把控、提问技巧、重构技巧等。第 2 次辅导的重点是失当行为干预、促进学习反思、激发团队动能等技巧。每次辅导都会根据内部催化师的实际情况，输入一些新的知识和工具，帮助他们更加灵活地处理各种难题。

【项目成果】

协同明显增强，部门凝聚力提升

对于很多学员来说，协同圆桌会是个非常难得的跨部门交流的机会。通过密集的互动，每位学员都结识了很多新伙伴，增强了情感连接，收获了友谊。了解了上下游部门的日常工作，并形成了跨部门沟通与协作的有效通道。

在问题解决方面，最熟悉业务的部门负责人碰撞出了很多火花，不管是解决现有难题，还是诞生新想法，实际都感受到了群体智慧的力量。虽然是跨部门、跨专业的难题沟通，但没有阻挡学员间互助的热情，不断地剖析问题，分享经验。

有一位业务总监不满足于只成立一个小组，他把下属 20 多名部门经理全部召集起来，组建成 5 个小组。要求他们也按照两周见面一次、每次催化一个难题的方式，进行自组织的圆桌会研讨。大家从不熟悉到熟悉、从相互疏远到相互支持，部门经理和员工都传递了圆桌会这种开放支持的力量。整个部门的氛围有了非常大的改进，协作性、凝聚力、执行力都有明显增强。这位总监感叹道："原来很多推不动的事情，现在都能快速动起来了。没想到他们的讨论热情还这么高。"

快速落地课题成果

协同圆桌会小组在项目周期内，实现了 50 多个课题的突破性解决，推动了团队发展和业务发展，帮助这些部门经理快速适应组织的快速变化。

培养一支扎实专业的内部催化师队伍

通过项目实施，E公司的内部催化师队伍成长了起来，成为E公司继续运行和推广管理者互助学习圈的重要力量。经过多轮研讨，他们更加深入了解了业务部门的实际状况，为业务价值的创造奠定了坚实基础。据不完全统计，在项目结束后的一年内，这支内部催化师队伍累计催化解决了超过300个大大小小的难题。这也为行动学习在组织内的内化打下了很好的口碑和基础。

探索管理者自组织团队学习模式

此次尝试为采用行动学习圆桌会的方式建立跨部门协作探索了新路径。同时，通过构建管理者互助学习圈，也探索了一种管理者自组织团队学习的新模式。一位事业部负责人这样评价此次项目："聚小碎时间，举众人之力，于轻松、开放的氛围之中，解决工作中的现实难题，有花小钱、办大事的效果！"

场景6：变革圆桌会助力集团战略转型

在这个充满不确定性的时代，面临复杂的市场因素，面对难以预料的非连续性变化，很多企业选择战略转型/组织变革。

然而对于大规模的企业，要推动集团大范围的、自上而下的全面战略转型并不容易。通常，转型会有很多人不理解、不认同，如果仅靠单向的会议宣贯，一层一层往下传递战略意图，一方面，效率低下，容易出现信息衰减和变形；另一方面，自上而下制定的策略未必考虑周全，单方面宣贯并不能解决如何根据实际情况及时调整策略的问题。宣贯会开得越多，变革阻力可能反而越大。

在本项目金融行业的案例中，用行动学习圆桌会的方式，为企业构建了组织内深度对话的平台。通过把不同区域、不同部门的核心员工聚到一起，让他们提出自己在变革中面临的实际难题，并彼此分享经验、探讨解决方案，从而推动不同视角的融合和系统思考，最终实现整个组织的转型。

【项目背景和定位】

F集团公司（以下简称F公司）是国内一家大型金融服务集团。在互联网金融、第三方支付、P2P、区块链等行业剧烈变化的大背景下，该公司看准了零售转型的战略方向，并制定了相应的策略。然而，从传统模式转向零售模式，意味着各级组织从组织架构、运营模式到考核机制、核心能力等全方位组织能力的重大变化，这样一来，原体制下的业绩“英雄”，也许一瞬间就会变成拖后腿的“差等生”。如何推动公司内部的思维转变，塑造一个主动迎接变革、快速行动的团队？复杂程度可想而知。更何况，当今金融市场的变革，要的是快速适应变革的能力，否则，就会被一众后起之秀赶超淘汰。要效果更要速度，是摆在F公司面前的更大挑战。

为此，F公司将全国30名精英齐聚一堂，这些人里，有的是传统模式下的佼佼者，有的是新模式下的赶超者，还有大量的在传统模式和新模式之间摇摆不定的管理者。此次会议有三个核心目的：一是在意识层面，深化“不变不行”的战略危机感；二是在行动层面，真正帮助一线解决变革中遇到的实际难题；三是在政策层面，让总部深入了解一线实际困难，从而对接下来的政策、制度进行改良调整。为了同时实现这三重目的，行动学习圆桌会成为F公司的不二之选。

变革圆桌会助力公司战略转型案例项目基本信息见表6.9。

表6.9 变革圆桌会助力公司战略转型案例项目基本信息

项目基本信息			
所属行业	金融	项目周期	2天
项目模式	多组单阶段（后辅以系列工作坊）	催化师来源	外部
学员对象	中高层	学员人数	30人

【项目设计思路】

高管讲话激活团队思考

本次开场动员由高管采取相对轻松、鼓励的语言，简短地告知参会者此次会议的重要意义，期望大家敞开心扉，有任何问题都可以提出来，做出更多大胆的、开拓性的设想，公司将和员工一起共同面对。

会议结束时，高管可以基于研讨成果，做更为正式、更为严肃的承诺和要求。时间可定在半小时左右。对于研讨过程中一线员工向总部提出的意见，做出回应；对于员工在研讨中展现的面对变革的状态和做法，做出点评。变革的路还很长，要让员工意识到，公司坚定的决心、必胜的信心和面对困难的勇气。

内部专家听取意见反馈信息

研讨过程中，在很大程度上会涉及对某条公司政策的解读，或者某件事情需要公司的资源支持。高管在开场时承诺的“有任何问题公司和员工共同面对”，必须落实到实际行动上。为此，在设计中，每个行动学习小组配备 1~2 名内部变革专家，他们大多来自总部政策制定部门，对小组探讨的政策细节可以及时反馈信息，对实际落地过程中遇到的各种困难，也可以及时收集信息、听取意见。这种即时、精准的上下互动，为变革的具体落实起到了正向的推动作用。

从组内创新到群体创新

圆桌会是一种 5~8 人的深度交流模式。30 人的会议，如果只是 5~8 个人交流，就大大浪费了 30 人齐聚一堂的宝贵资源。因此，为了让学习不仅限于单一行动学习小组内部，设计了课题展示区。每轮研讨结束后，课题成果会被及时记录并公布在展示区，全班学员可以同步看到每个小组的课题和解决方案。当学习结束时，学员不仅可以从组内交流中了解一些具体问题的处理方法，还可以从全班范围内得到更广泛的启发。而且，相似问题在不同小组会产生不同的创新思路，学员更有兴趣在茶歇时间就此进行跨组交流。

人人制订 90 天行动计划

对于行动学习来说，没有行动的学习不是真正的学习。此次并没有充分的时间将 30 人的课题逐一研讨完，这时，课题展示区再次发挥作用。由于学员在小组内的研讨中得到一些启发，又在全班课题展示中有了更多的思考，所以此时此刻，对于每个学员来说，即使没有机会探讨自己的课题，也可以对自己如何改进行动、迎接变革制订出适合自己的行动计划。根据客户的管理习惯，要求学员现场撰写一个 90 天行动计划，拍照上传微信群，总部相关人员将记录在案，进行后续监督跟进。

培养内部催化师，接力式催化

要想真正推进战略落地，一次性的行动学习只能算一个良好的开端，肯定不能一劳永逸。为此，和客户共同设计了后续的一系列行动学习工作坊。集团本次召集的是高级别管理者，这些人回到自己的区域，将继续召集本区域下一级别管理者进行类似的研讨。

如此多场次的催化，不可能完全借助外部催化师来实施。为了让项目顺利进行，组织了F公司的内部催化师训练。原则上，基层的研讨，由内部催化师带领；中层的研讨，由外部催化师担任主顾问，内部催化师负责每个小组的具体催化。

这样多层行动学习的设计（见图6.11），一层层不断纳入更多员工，才能真正推进变革在组织内的真正落实。

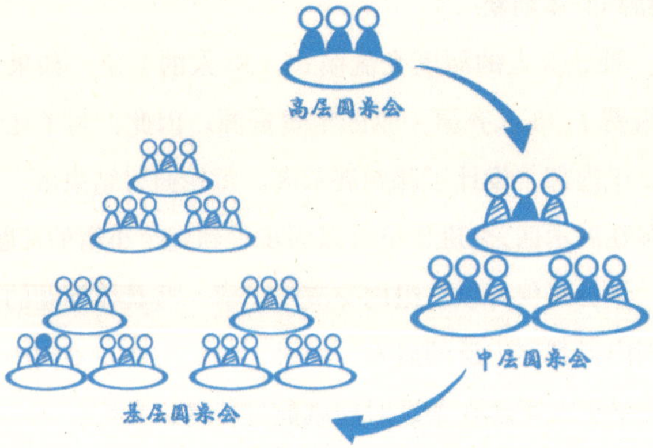

图6.11 多层行动学习的设计

【项目成果】

F公司的战略变革圆桌会取得了多方面的成果，具体可以从以下3个层面来归纳。

战略层面：

- 从制定性战略转变为参与性战略，战略意图得到更多理解和认同，事半功倍；

- 扎扎实实解决了30个变革落地中的实际问题，得到了30个区域变革行动计划。

总部层面：

- 深入了解了实际落地过程中的困难，从而寻找共性问题，接下来制定的政策更符合一线实际情况。

学员层面：

- 不再孤军奋战，获得了兄弟公司有益的实践经验；
- 学会了一套用行动学习推动企业组织变革的方法。

HR层面：

- 积累了一套用行动学习推动业务转型的方法，做到真正贴近业务；
- 后续培养了数十人的内部催化师队伍。

场景7：经销商圆桌会推动渠道业务创新

行动学习不仅适用于组织内部，对于拥有多家经销商的大型品牌商，行动学习可以有效地从组织内部辐射到经销商体系，将组织内部与组织外部的环境体系深度连接。一家大型食品集团公司（简称G公司）就曾经通过经销商圆桌会项目，在集团战略变革的场景下，让来自不同区域的经销商代表组成多样化的行动学习小组，促进与加强了各地经销商之间的相互交流和学习。原来难以化解的渠道业务变革引发的矛盾冲突，通过行动学习课题研讨实现有效沟通、化解冲突；原来难以贯彻的战略意图，现在可以通过行动学习来扫除落地过程中的障碍，优化执行策略。

【项目背景和定位】

G公司是一家国际化食品企业。近年在"渠道为王"的大背景下，G公司开始推行渠道下沉的策略，把渠道从省级拓展到市级、区县级。可以想象，这是一项业务侧发起的、体量巨大的、十分复杂的工程。G公司为此投入了大量的人力、物力和财力，却没有收益，战略落地遭遇了巨大的挑战。

经过百年基业项目团队与 G 公司进行大量访谈、深度分析之后，发现有很多经销商对渠道下沉策略表示不满，很多抱怨，造成僵局的关键点在于省级经销商渠道下沉的意愿和方法不足。

对省级经销商而言：

- 原本已经做到上亿元规模、几个人赚几百万很容易，现在要往下铺渠道很辛苦，人力、物力、财力投入太大，投入产出比不匹配；
- 配套的新政策有看似不合理之处，经销商不理解为什么有这样的政策，感觉受了委屈甚至有被抛弃的感觉；
- 在政策执行过程中遇到疑问不知如何解决，缺乏突破性的想法和思路。

这些是渠道下沉策略推广不下去的部分主要原因，还有其他很多原因。

经销商圆桌会推动渠道业务创新案例项目基本信息见表 6.10。

表 6.10 经销商圆桌会推动渠道业务创新案例项目基本信息

项目基本信息			
所属行业	食品	项目模式	多组单阶段
项目模式	多组单阶段	催化师来源	外部
学员对象	经销商总经理	学员人数	36 人 / 班

【项目设计思路】

为了解决以上问题，G 公司设计了一系列的经销商工作坊，每期工作坊约持续一周，聚集一个区域的几十位经销商总经理。工作坊内容包括政策解读、集团高管对话、优秀经销商经验分享、营销技能培训等环节，行动学习圆桌会是最后的画龙点睛之笔。

经销商本来是有一些不满的，但是他们来了以后发现既能跟高层对话解决切实问题，还能得到渠道拓展方面的技能培训，所以不满情绪减少了很多，但经销商在渠道下沉上的一些具体棘手难题仍然亟待解决。而行动学习圆桌会的设计，就是在解决这些难题的同时，进一步促进交流和共识。

每期圆桌会工作坊的设计思路如图 6.12 所示，下面讲解具体操作流程。

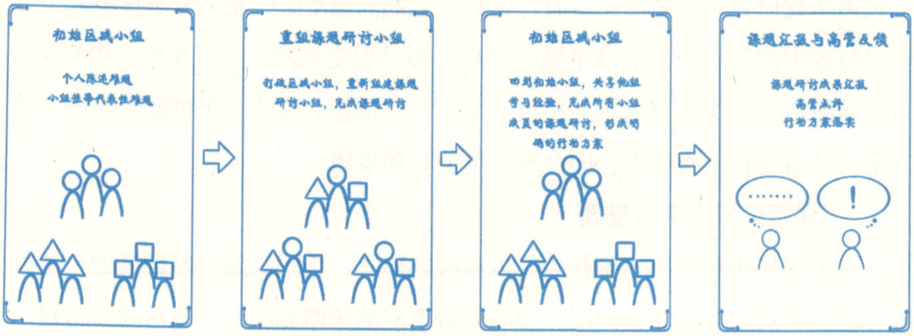

图 6.12 圆桌会工作坊的设计思路

1）初始区域小组选出具有代表性的难题

圆桌会模块需要占用一整天时间。每个班 36 位经销商按照所在区域分成 6 个小组，每位小组成员轮流提出并陈述自己在渠道下沉过程中遇到的一个十分重要、紧迫且棘手的难题，然后小组选出一个具有代表性的难题。

2）重组课题研讨小组

6 个小组选出具有代表性的难题之后，6 位难题提出者在全班学员面前逐一快速介绍自己的难题，包含区域开拓、销售管理、绩效管理、薪酬激励、人员培养、合伙人机制等不同类别的难题。

场下的其他参与者，根据自己的经验和兴趣，找台前发布课题的难题提出者结成新的课题研讨小组，尽量要求小组均衡分散到 6 个小组当中。重组后的小组在内部催化师的带领下，按照提出难题、澄清难题、重构难题、创新方案、采取行动、学习反思的步骤，对课题进行研讨。

小组成员来自不同的区域市场，规模大小不一，有的做到一两亿元，有的做到十几亿元；有的来自经济发达地区，有的来自经济落后地区；他们的这些差异性因素，在经历分享环节产生了很多多元化的创新视角和创意火花。主办方还请来了一些优秀的经销商代表，让他们在创新方案环节入组，分享自己的成功经验。

3）返回初始区域小组

第1轮研讨结束之后，所有人回到原来的区域小组，轮流分享在不同小组研讨过程中的学习反思。分享结束之后，小组裂变成两个三人小组，用CSAL行动学习六步法快速讨论三人小组中每个人的难题，形成每个难题明确的行动方案，并书写在白板纸上，向全班学员公示和承诺。

4）课题汇报与高管反馈

每个区域小组选出一位代表，以海报的形式，把组内每位经销商的一个关键行动向集团高管做陈述说明，表明渠道下沉的策略和决心。集团高管对每个小组的汇报进行积极的点评，提供现场支持和资源。这极大地鼓舞了在场的每位经销商的士气。

【项目总结】

通过一系列的圆桌会研讨工作坊，经销商和集团之间误会逐渐解除，彼此战略实践的关系逐渐融洽。集团了解到经销商的很多共性难题、挑战，优化了相应管理政策，做出了积极快速的响应，配备了必要的人力、物力，减轻了经销商很多渠道下沉的推进压力。

更加重要的是，不同地区的经销商一改吃吃喝喝的沟通习惯，开始构建相互学习交流的文化风气，把学习到的很多管理新思路、新经验、新方法用到实际工作当中，经销商的业绩得到了普遍的提升。集团和经销商之间形成了全集团“一盘棋”的战略共同体，确保了战略意图的顺利推进和落实。

社会应用的初步探索

还记得行动学习的缘起故事吗？促使行动学习之父瑞文斯提出行动学习理念的澄心会议就涉及社会领域。

在英国，我看到行动学习被大量应用在社工领域，帮助社工组织者提升领导力。在日本，我看到行动学习被应用在大学校园，帮助在校生加速个人成长。还有现在很受推崇的U型理论，已经影响到全世界几十万人参与社会场域的创变活动中。

我是一名有13年经验的创业者，在创业过程当中也面临很多的困难与挑战。为了实践行动学习在社会领域的创新应用，并解决自己在创业中碰到的各种难题，我和其他6位创业家伙伴尝试了“行动学习+MVV（使命、愿景、价值观）”，组建了跨组织的创业家真北小组，支持每位创业家成为使命驱动型的领导者。但这样的价值观的形成不是一蹴而就的，行动学习和MVV的结合，可以更好地帮助人们过上幸福而有意义的使命驱动的人生。

我们在教育公益领域也进行了一些初步的尝试，特别期盼着能够让行动学习的理念与技术在教育等领域发挥更大的作用，拓宽更多的应用空间。从目前的趋势来看，我相信行动学习圆桌会在国内掀起一场流行热潮，在政、商、社、学等领域发挥其独特影响力。如果你愿意成为这场活动中的重要一员，相信下面两个场景案例能给你一些启发。

场景8：创业家圆桌会发展使命驱动型领导者

想象一下，当你找到几个志同道合的伙伴，定期组织小组聚会，每次都用行动学习的方法解决个人难题挑战时，这会对人们的生活质量起到何种程度的积极作用？

每个人都有来自个人的困惑与来自环境的挑战，有时会感到进退两难。家庭、工作、事业、人际，种种场景并不一定都会一帆风顺，当有一个相互信任的团队，可以交心、提供策略、支持自己获得面对难题、挑战时的勇气和方法时，那是一种怎样的体验？

我的真北团队

比尔·乔治和道格·贝克在《真北团队：个人和领导力发展的强有力途径》

一书中提到，真北是正确的人生方向，是使命、信念和价值观，是激情和幸福的源泉。而真北团队就是发现和守护人生使命的行动学习小组，是一个自组织的、长期存在的、互助陪伴式的小团队。

我自己的真北团队成立于2016年年底（见图6.13），7位成员都是培训和在线教育领域的创业家，所以这个小组也称作“创业家圆桌会”。我们约定共同推动企业和行业发展，并内化团队学习方法论，促进个人成长。

图6.13 我的真北团队——创业家圆桌会成员合影

如今这个团队已经走过近两年的时间，我们成功完成了20多次小组聚会。多少次我们因为难以凑齐所有人，不得不反复沟通，反复调整日期，真的很难相信我们居然坚持了下来。坚持的回报是丰厚的，我在每个人身上都看到了成长和变化。每个人都期待继续走下去。就我个人而言，没有团队的支持，我很难想象如何渡过一个又一个事业和人生的难关。

明确个人的MVV

真北团队是基于使命的生命成长共同体，而我们个人的真北就是我们的MVV［Mission（使命），Vision（愿景），Value（价值观）］。每个人加入这个小组之后，必须使用个人的MVV蓝图（见图6.14）明晰自己的使命、愿景、价值观。当每位成员都明晰了自己的MVV之后，在探讨难题、做出重要决策时，就有了坚实的抓手。

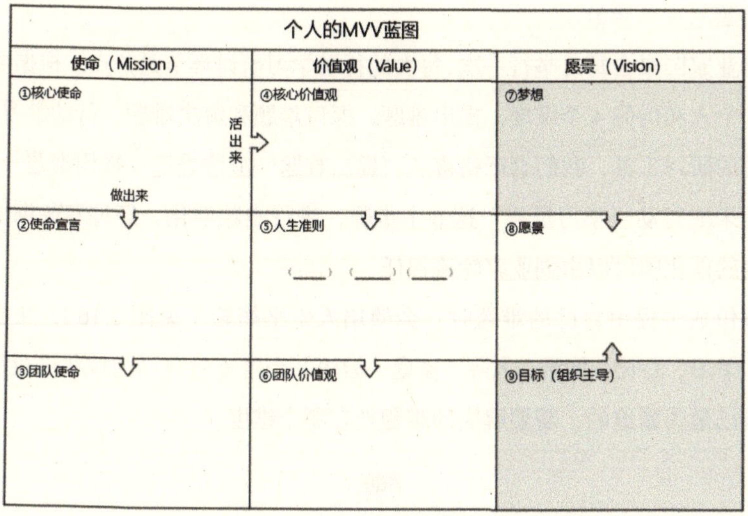

图 6.14 个人的 MVV 蓝图

此外，还需要结合个人的 MVV，从工作、个人和家庭 3 个大维度、9 个子维度，设定自己的年度目标（见图 6.15），以指导我们切实地活出自己的 MVV。当进行每月复盘时，也要不断核对年度目标的达成情况。

个人的MVV年度目标		
工作（Work）	个人（Personal）	家庭（Family）
①人	④身	⑦上
②财	⑤心	⑧中
③物	⑥灵	⑨下

图 6.15 个人的 MVV 年度目标

难题的深入研讨

创业家圆桌会每月举行一次，每次的行动学习研讨环节是焦点。根据职场、家庭、个人和信仰 4 个维度，提出难题，探讨难题和解决难题。行动学习画布是主要的研讨工具，我们会严格遵从“提出难题→澄清难题→重构难题→创新方案→采取行动→学习反思”这 6 个步骤，进行难题催化。经过专业训练后，小组内的催化师可以由创业家轮流担任。

每位成员提出自己的难题时，会使用人生平衡轮（见图 6.16），从事业、财务、学习、心灵、休闲、人际、家庭、健康 8 个维度对自己的现状进行评估。找到自己最为紧迫的、需要解决的难题处在哪个维度。

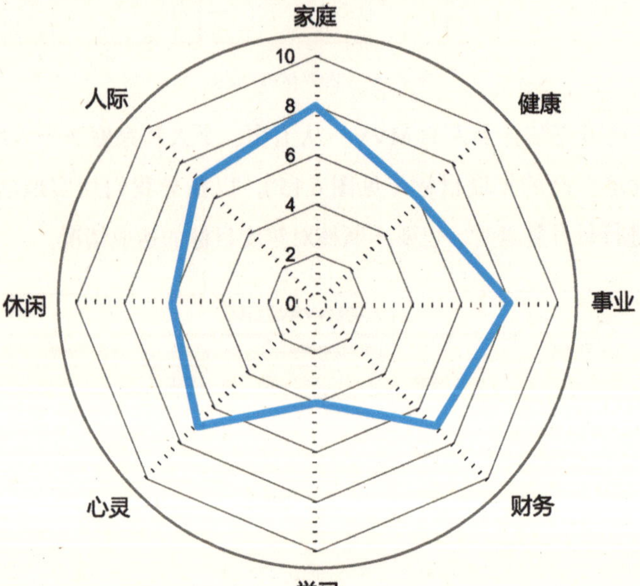

图 6.16 人生平衡轮

这个工具可以帮助找到自己相对欠缺和不满意的方面，告诉人们哪个部分已经失衡了。如一位伙伴评估之后，发现学习维度的得分很低。他这才意识到已经很久没有关注个人发展和能力成长了，于是他就提出了一个个人成长方面的难题。

深度信任，高度敞开

在讨论中可能涉及商业机密，也可能暴露个人隐私，甚至要袒露自己的各种缺点和弱点，这要求绝对安全和信任的场域。为此我们做过一轮成长生命线分享（见图 6.17），每个人分享自己生命成长中的高点、低点和转折点的人生故事。然后在参与者的提问下，深入发掘和分析自己的人生信念、价值观的形成过程，这相当于做了一次人生复盘。通过这个环节，我们也看到每个人的生命历程都很奇妙，人生的每个阶段都富有意义。很多不为人知的趣事和囧事都被我们"扒"出来了，有些故事听得我们目瞪口呆。自此我们更加愿意分享自己的经历，对彼此更加信任。

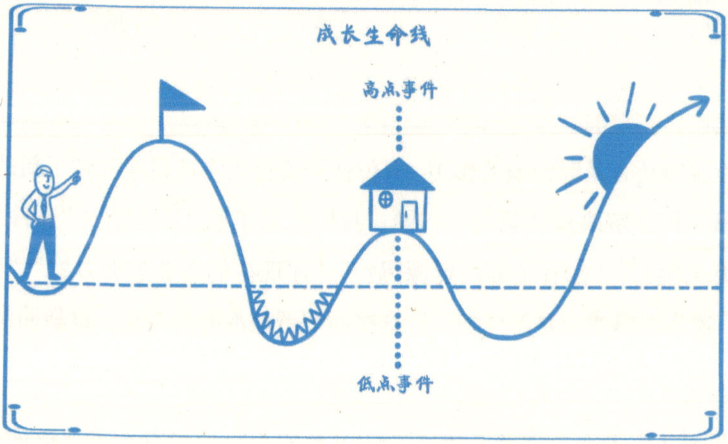

图 6.17 成长生命线

月度复盘，及时纠偏

每次活动我们都会使用"高点与低点"工具（见表 6.11），从工作、家庭、个人、心灵 4 个维度做复盘，回顾过去一个月发生的事情。每个维度都会分享高点事件和低点事件。分享高点事件时，我们都感觉到一种胜利的快感；分享低点事件时，我们也会感到彼此有连接，为各自提供支持。这种系统的月度复盘对人的成长十分有益，如果没有创业家圆桌会，相信很难坚持做这样有价值的事情。

表 6.11“高点与低点”工具

	高点		低点	
工作	事件：	感受：	事件：	感受：
家庭	事件：	感受：	事件：	感受：
个人	事件：	感受：	事件：	感受：
心灵	事件：	感受：	事件：	感受：

月度复盘还有及时纠偏的作用。有位伙伴曾经兴奋地说他找到了新的使命，要去西藏帮民众解决皮肤晒伤的问题。我们就问了他几个问题：“这件事和你的天赋有关吗？”“你有足够的资源吗？”“你现在的事业怎么办？”“你搬到西藏去，家人的感受会是怎样的？”这些问题帮他冷静了下来，重新回到正轨。

有趣的“挂肉”制度

真北团队要求有很高的承诺度，所以在创立之初就设立了严格的团队规则。如无论任何原因不参加聚会就要交高额罚款，迟到早退要交罚款，不参加讨论之后的聚餐也要交罚款（我们认为聚餐也是一种交流形式，对团队很重要），不完成自己承诺的约定任务也要交罚款（按照自己约定的金额数目），我们把这种利益惩罚机制戏称为“挂肉”制度。

我们用“挂肉”制度战胜自己的弱点，达成我们希望完成的目标。有位伙伴和大家约定连续 30 天走路一万步，“挂肉”5 000 元，只要有一天中断就要交罚款。后来他因为走路不慎把脚扭伤，想当然地认为可以免责，结果小组经过认真讨论，认为他是因为自己的主观原因没有完成约定，虽然情有可原，但

“法不容情”，还是应该按照约定让他交纳 5 000 元罚款。这件事给我们都上了一课，我们明白了一诺千金的含义，只要承诺了就要使命必达，不要找任何借口。这件事也提醒我们建立承诺时要充分考虑意外情况，考虑规则的系统性和完整性。

主题分享培训

我们发现，大家除了难题研讨，还需要补充很多必要的企业经营管理知识。例如，我们小组安排了商业模式画布研讨，来梳理各个公司的商业模式，找到更好的利润增长点。除此之外，我们还组织了复盘技术、行动学习、领导力、高效会议、进化型组织等集体培训。这些培训不仅让创业家有了更多收获，还让其带领的团队受益。主题分享培训提高了学员的经营思考能力、团队领导力，以及个人学习力。

一对一伙伴教练

我们发现，除了难题研讨，一对一伙伴教练也是解决难题、促进深度连接的很好形式。每次聚会一般只能讨论 1~2 人的难题。对于剩下没来得及讨论的难题，现场一对一结成伙伴教练小分队，要求伙伴教练上门服务，即到被教练伙伴的工作单位或家庭附近，主动提供不低于 1.5 小时的一对一教练催化。

有一次我和另一个被教练的伙伴约在早晨 8 点在星巴克见面。我们边喝咖啡边讨论难题。一个半小时下来，我用一对一重构教练法，帮他梳理了一个公司组织架构方面的难题。而这个困扰他许久的难题，终于找到了突破性的创新思路。这是一个难忘的伙伴教练时刻。

艰难时刻，共同度过

创业家的艰辛常常找不到合适的人倾诉，创业家圆桌会给我们提供了一个情感支持的场所。

每个人都遇到过巨大的人生挑战。公司变革难题、企业盈利难题、亲子教育难题，每个难题背后都有错综复杂的关系，有些难题短期内甚至是无解的。有位伙伴被亲人骗了巨额资金，公司濒临倒闭，这么大的变故我们真的不知道如何解决。我们只有给予支持，帮他在心理上渡过难关，慢慢恢复元气。现在他的企业再次正常运转，我们也由衷地为他感到开心。

年度静修会

静修会是创业家圆桌会重要的年度活动。对我们来说，这是一个“停下来”的团队反思机会，让我们用两天时间，在美丽而宁静的郊外，享受内在的澄净，收获身心的修整。

对团队来说，这是一次“校正”的机会，帮助我们回顾目标、展望未来，以新的面貌再次启程。

对个人来说，这是一个心灵“加油站”，帮助我们连接内心，收获力量。

刚刚结束的这次静修会，对我来说是一次极其美好的经历。我们 7 个人分别负责设计和带领这次活动的不同环节，让两天的时间显得既安逸又充实。其中，有几个活动让我印象深刻，至今记忆犹新。

团队复盘：作为一个团队，静修会是一次重要的复盘机会。我们用复盘画布回顾过去一年的目标执行情况，并规划新一年的团队运营规则。让整个团队持续健康运行。复盘过程中，我们发现有位伙伴年度难题解决的目标没达成，就现场为他增加了一次研讨，这也是一个有趣的小插曲。

爱心挑战：真北强调相互信任和绝对打开，而“爱心挑战”这个环节正体现了这样的原则。在这个环节中，每个人轮流成为中心人物，接受其他人的深度反馈。

这样的机会十分难得。我们承诺不浮于表面，而要戳中痛点，直率地指出关键问题。毕竟我们相互熟悉、相互信任，这样真诚的反馈让每个人都“畅快淋漓”，大呼过瘾。

修订 MVV：我们的个人 MVV 需要随着人生的经历不断修订，以提供不断的人生动力。在静修会当中，我们在宁静的郊外，凭着澄净的内心，再度思考我们的使命，聚焦人生的方向，让模糊的愿景和价值观再度清晰。这次 MVV 的修订真的如同心灵的“加油站”，让我们对人生的方向少了很多困惑，多了很多动力，整个人得到了赋能。

户外活动：在快节奏的活动之余，我们还安排了慢节奏的户外活动。我们两两结对，共爬长城，进行“同理心漫步”。

没有时间的限制，没有场所的框定，我们全然打开自我，自如交流。我们谈人生，谈信仰，谈家庭，谈未来。不知不觉，我们的信任又进了一层，甚至“自然流现”出了不少宝贵的东西。

这两年的创业家圆桌会，让我更加坚信团队学习的力量，更加认同行动学习的社会应用价值。我相信每个人来到这世上都是为了一个独特的使命。找到使命，人生就有了目的和意义，就会开始绽放。然而，使命需要守护，需要团队的支持和陪伴。我相信这种团队是每个人都需要的，尤其是创业者和领导者，他们需要一个分享生命的地方。

你准备好建立自己的真北团队了吗？现在就决定，马上行动起来，享受真北团队带给我们的喜悦。还在等什么？

场景 9：校长圆桌会深化素质教育

行动学习的核心理念就是相信团队，相信小组的力量，在行动学习中，所有人都被激发，观点都被尊重；通过行动学习，参与者基于意识觉醒的行动改变，帮助其探索更多可能性。关于行动学习的作用，想必你已经非常了解。当前，行动学习已经广泛应用于成人教育。如果将行动学习融入教育领域，会产生怎样的火花？

在上海，有这样一家公益组织——上海真爱梦想公益基金会，它致力于通过系统化的公益梦想课程产品和服务，发展素养教育。帮助偏远乡村的孩子和城市农民工的子女接受教育，促进教育资源均衡，帮助孩子自信、从容、有尊严地成长。在他们的梦想课程中，梦想教师不再作为知识的灌输者呆板地灌输知识，而是作为引导者，通过精心设计的教学活动，遵循“体验—观察—总结—练习”的教学路径，践行素养教育的理念。

公益组织校长圆桌会

“真爱梦想”会定期针对引入梦想课程的学校开展“校长训练营”。在真爱梦想“校长训练营”中，来自全国各地的校长齐聚一堂体验梦想课程，同时解决在梦想课程落地过程中的难题。而行动学习可以在帮助校长解决难题时发挥很好的作用。在2016年5月的“校长训练营”中，我联系了“真爱梦想”，带领我的两位同事设计了一天的行动学习工作坊，将行动学习圆桌会引入“校长训练营”，让各位校长自由交流碰撞，促进“梦想课程”在各个学校更好地开展。真爱梦想校长圆桌会合影如图6.18所示。

图6.18 真爱梦想校长圆桌会合影

百位校长齐研讨

这次训练营有全国各地约100位校长参加，他们共同经历了3天的训练。这么多的参与者给我们提出了很多挑战：

- 100人的研讨场地，如何选择？
- 若要组组配催化师，如何确保圆桌会的研讨质量，以及如何保障小组催化师的配给？
- 约100位校长，虽然面临的都是“梦想课程”的落地问题，但每个地方实际情况又不相同，如何在两天的有限时间内使每位校长的难题都得到研讨？

体育馆变教室，没有条件就创造条件

本次“校长训练营”在天津某中学开展。学校最大的教室就是阶梯教室，不适合研讨。我们知道，场域对于圆桌会成功的研讨非常关键。因此，在看过了学校所有场地之后，我们决定将篮球场作为研讨教室，用乒乓球台作为课桌。没有条件就创造条件。图 6.19 就是校长圆桌会的催化现场。

图 6.19 校长圆桌会的催化现场

课前培养催化师，组组配催化师，确保研讨质量

圆桌会要想取得好的效果，必须组组配催化师。但现场 12 个小组都配专业顾问并不现实。因此，我们在课程前一天训练了 12 位助理催化师，把每个环节的目的、时间、操作步骤、道具使用、催化师分工、实施关键点整理出来教给他们，确保他们只要一步步按照说明操作可以快速上手。在小组催化师数量不足的情况下，如果时间允许，可以像本次一样采取课前培养催化师的方法。

变换研讨玩法，约产出 100 个行动计划

本次训练为期 3 天，但因为有素质教育体验课程环节，真正给到行动学习圆桌会研讨的时间只有 1 天。如何在这一天的时间内将约 100 位校长都催化完？

针对这个难题，我们在流程设计上也花了一些心思。

导入行动学习后，现场选了一位校长做难题提出者来体验 POQ 提问风暴法。一轮 POQ 下来让全体校长体验到了提问的力量。在两轮重构法研讨之后，我们采用了一种迷你圆桌会研讨的做法，将每轮研讨的时间缩减为 30 分钟，三人组成一个小组进行研讨。在迷你圆桌会研讨中，90 分钟就将每组剩余的校长难题都研讨完了。所以在最后结束时，约 100 位校长产出了约 100 个行动计划，张贴在体育馆的一整面墙上，场面相当壮观！

几轮圆桌会让各地的校长有了充分的交流和碰撞。虽然各所学校推进素质教育课程的进展不同、遇到的困难也不太一样，但这样多样化的小组拓展了校长们的视野，也有了很多启发。3 天培训过后，校长们用“蜕变”“感动”“震撼”“超越梦想”等词表达了自己的心情。

在这 3 天的训练中，我不断被鼓舞和被感动。感动于各位校长对于素质课程的创变渴望，感动于各位教育者对素养教育的信念与坚持，还有各位志愿者和公益人默默无闻的付出和支持，他们所走的每一步都是在为推动中国儿童的素养教育发展添砖加瓦。

见证了行动学习在公益教育领域的威力，我更加希望通过我们的努力，用行动学习的方式助力更多的孩子自信、从容、有尊严地成长，使他们都能够基于自我意识的觉醒，探索更广阔的世界和更多的人生可能性。校长圆桌会志愿者合影如图 6.20 所示。

图 6.20 校长圆桌会志愿者合影

7

精进篇：

行动学习催化师专业成长路径

行动学习作为一种高效的组织学习的方法，其解决问题的实效性和对学习团队深度关系的构建逐渐为各种不同类型的组织所青睐。行动学习催化师也因此逐渐成为备受企业重视的紧缺型人才。

行动学习催化师对行动学习画布的应用水平，直接影响着小组的研讨成效。因此，把行动学习催化师称为行动学习项目的灵魂。从项目机会挖掘到项目需求分析，再到项目设计与实施、小组研讨催化和课题跟进辅导，以及最终的项目成果验收，都是由行动学习催化师来主导的。

一名好的行动学习催化师是经过训练和实战成长起来的，热切期望有更多的同道中人一起加入进来。作为本书的读者，希望你也能走上行动学习专业催化师的道路，成长为大师级的行动学习催化师，成为赋能个体、激活组织、催化社会场域的行动学习领域的专业实践者。

为了帮助你在这条道路上持续精进，本篇将介绍基于百年基业 10 多年的实践经验总结出来的，并在国家版权局注册的专业行动学习催化师成长体系。通过讲述行动学习催化师应该具备哪些能力、成长路径如何，共同探索与实践行动学习未来在中国的发展。

为什么要成为专业行动学习催化师

记得 12 年前我在《培训》杂志年会做演讲时，问台下听众："你们哪些人在企业内做过行动学习？"当时会场内有 150 多人，举手的寥寥无几。12 年后，我在《培训》杂志的演讲活动上问了同样的问题，有 70%~80% 的人都举了手。这样明显的变化，让我看到了中国行动学习从星星之火到当今普遍被认知和使用的发展态势。作为行动学习的传播者和实践者，我感到由衷的欣喜。

为什么成立 CSAL 中国行动学习协会

回顾中国行动学习从无到有，从蹒跚学步到自成一体，至少已经走过了 20 年的时间。

从已知的信息和资料中显示，中国引入行动学习的历史可以追溯到 1998 年。时任中组部培训中心主任的陈伟兰女士，将行动学习引入了甘肃地区中高级公务员的培训发展项目中，让中国人见识到了行动学习这种新鲜的培训模式。2001 年，陈伟兰女士又将行动学习成功引入华润集团，继而传播到中粮集团，加速了这两个集团的转型和变革。华润和中粮的标杆效应，让更多中国企业有了引入行动学习的需求。百年基业等专业服务机构也陆续从这个时期开始发力，帮助一些企业级客户开展行动学习项目。

时至今日，秉承着“推广与传播行动学习，让行动学习成就中国企业”的宗旨，百年基业共翻译了 8 本行动学习专业著作、6 本引导技术著作，并走访了英国、瑞典、美国、日本等地，与多位行动学习大师深度交流。这些国际学习和交流参访让我们逐渐明确了行动学习的边界，领悟了行动学习的精髓。

百年基业组织翻译、审校的 8 本行动学习专业著作

《破解行动学习：行动学习的四大实施路径》，［美］朱迪·奥尼尔、维多利亚·马席克，江苏人民出版社

《行动学习实务操作：设计、实施与评估》第二版，［美］迈克尔·马奎特，中国人民大学出版社

《行动学习：原理、技巧与案例》，［美］迈克尔·马奎特等，中国人民大学出版社

《行动学习应用：全球最佳实践精粹》，［美］迈克尔·马奎特、罗兰·K. 杨，机械工业出版社

《行动学习催化秘籍》，［英］迈克·佩德勒、克里斯蒂娜·阿博特，机械工业出版社

《行动学习的本质》，［英］雷格·瑞文斯，机械工业出版社

《改变提问，改变人生：12个改善生活和工作的有力工具》（原书第3版），［美］梅若李·亚当斯，机械工业出版社

《探询式领导：如何通过问题发现正确的解决方案》，［美］迈克尔·马奎特，机械工业出版社

百年基业组织翻译、审校的6本引导技术专业著作

《引导的秘诀：通过团队合作获得结果的SMART指南》（最新修订版），［美］迈克尔·威尔金森，电子工业出版社

《共创式战略：经理人战略与业务规划引导指南》，［美］迈克尔·威尔金森，电子工业出版社

《大师级引导：应对困境的工具与技术》，［美］英格里德·本斯，电子工业出版社

《SPOT团队引导：点燃群体管理的智慧》，［新加坡］帕拉布·耐度、赖美云，江苏人民出版社

《结构化研讨——参与式决策操作手册》（第3版），［美］山姆·肯纳等，电子工业出版社

《虚拟引导的秘诀：在线会议引导的实操指南》，［美］迈克尔·威尔金森等，电子工业出版社

与此同时，百年基业在服务于中国企业实践行动学习的过程中，发现欧美的行动学习流派在中国并不能完全地满足国内企业和专业实践者的需求。意识到既要“求真还要务实”。“求真”就是守住行动学习本源，做真正的行动学习；“务实”就是要做有中国特色的专业的行动学习。

“求真务实”的行动学习应该坚守质疑反思，关注心智模式的改善；同时

又能做到技术融合创新，提高问题解决的成效；另外，这种模式的标准化程度足够高可以被大量复制，实现规模化推广。

因此，结合欧美流派的技术体系，以及百年基业 13 年来在 20 多个行业 300 余家企业的行动学习实践，总结出了适合国内企业的行动学习技术体系，并联合《培训》杂志成立了 CSAL 中国行动学习协会，推出中国人自己的行动学习技术体系，以及配套的行动学习催化师认证培训体系，培养有志于成长为行动学习催化师的专业人才，打造“好学易用”的行动学习催化师专业成长平台。

成为专业行动学习催化师有哪些价值

中国行动学习经过 20 年的发展，如今已经成为企业人才发展和组织能力提升项目的“标配”。无论是高管还是中基层管理者；无论是解决问题的工作坊，还是混合式的多阶段项目，都或多或少会引入行动学习模块。

过去 20 年里，越来越多的中国人开始认同行动学习理念，并加入专业行动学习催化师的队伍中。这其中不仅有培训师、顾问和培训管理者，也有希望提升管理水平、转变管理风格的经理人。他们不断推动着中国行动学习的研究与实践，为行动学习在中国的传播与发展做出了贡献。

对于本书的读者，希望你不仅能阅读本书、学习理论，同时也能采取行动、开始实践，加入行动学习专业催化师的队伍中。

成为专业行动学习催化师，意味着你将掌握一套新的工具方法。你将不仅能在讲台授课，传播行动学习理念，还能参与行动学习项目的设计和实施管理，催化行动学习课题解决学员的难题。你可以用行动学习支持组织的业务发展和战略转型，由内而外地提升经理人领导力水平。

成为专业行动学习催化师，意味着你将走上一条“自利利他，成己达人”的道路。你将帮助更多人解决他们的棘手难题，帮助他们转变心智模式，那种成就感一定会让你享受其中。在帮助别人的同时，催化师自身也会收获个人的不断成长。

成为专业行动学习催化师，意味着你有机会把行动学习作为催化组织的发展与变革的焦点干预法。行动学习帮助你激活组织，让组织更富有战斗力；帮助你绽放个体，让组织中的个体能够在热爱、享受工作的同时享受与企业共同发展的成就感。

成为专业行动学习催化师，还意味着你有可能成为参与社会场域的创变者。你将有能力引领社会中不同类型组织内的个体成长，为他们赋能，帮助他们发现并护守人生使命，引领更大范围内的系统创变。

专业行动学习催化师应具备哪些能力

想要成为专业行动学习催化师，首先要明确专业催化师的角色定位和能力标准，并随行业发展不断提升自己的能力。

谈到角色定位，CSAL 中国行动学习协会认为，专业行动学习催化师有 3 个角色定位。

第 1 个角色是团队学习教练。作为小组研讨的带领者，对团队研讨进行恰当干预，加速问题解决和学习的发生。

第 2 个角色是项目设计顾问，负责行动学习项目的设计与实施，确保整个项目有成效、有产出。

第 3 个角色是组织发展催化者，推进行动学习项目成果在组织中的转化，对组织发展产生积极而长久的影响。

3 个角色循序渐进、由浅入深。建议初学者从团队学习教练角色开始，先掌握带领团队研讨的流程和技巧，再逐步训练项目设计实施能力，最后成为优秀的组织发展催化者。

针对行动学习催化师的 3 个角色定位，定义了 **CSAL 行动学习催化师能力标准**。在这个标准体系中，为行动学习催化师的每个角色设定了 2 项核心能力、8 项子能力，共包含 24 项子能力。

下面是这套能力标准的详细说明，可以帮助你更系统地了解自己的能力优势和待发展项，并有针对性地发挥优势、改进短板，在行动学习专业道路上不断探索，不断精进。

角色 1：团队学习教练角色能力标准

团队学习教练角色需要掌握行动学习团队研讨的核心工具和催化技巧，确保研讨流程高效进行，保证参与者学习后有收获。合格的团队学习教练，应当能够熟练应用行动学习画布，带领单个小组进行行动学习团队研讨。这个角色需要掌握表 7.1 中的 8 项子能力，对应本书第 2 篇和第 3 篇的内容。

表 7.1 团队学习教练角色能力标准

团队学习教练角色（Coach）	
核心能力 1：把控问题研讨	
C1：营造场域	充分做好场地和物料准备，明确和共识研讨目的、产出、议程、规则和角色分工，营造安全、信任、开放的场域环境

续表

团队学习教练角色（Coach）	
核心能力 1：把控问题研讨	
C2：澄清难题	推动小组相互高效提问，找到问题的根本症结所在，重新定义难题和达成小组共识，设定解决难题的目标
C3：激发创新	鼓励小组成员以提问、分享经历或头脑风暴等形式，对难题进行多视角的创新思考
C4：促进行动	推动团队或难题所有者制订明确的行动计划，建立承诺，设立跟进督导机制
核心能力 2：促进团队学习	
C5：共创对话	帮助小组成员觉察自己的聆听状态，提升团队的对话水平
C6：挑战质疑	帮助小组成员和团队浮现其观点背后的假设与依据，并对其进行挑战和质疑，打破思维盲区和舒适区
C7：精准反馈	帮助小组成员彼此给予和接受反馈，并针对个人和团队的优点和不足，及时精准地给出建设性反馈
C8：深化反思	推动小组从个体、团队和组织学习层面，针对心智模式进行深度觉察和反思

角色 2：项目设计顾问角色能力标准

项目设计顾问角色需要掌握行动学习项目的设计与实施能力。合格的项目设计顾问，应当能够在组织中发掘合适的项目机会，推动项目的筹备与实施，让行动学习画布工具在企业内发挥作用。这个角色需要掌握表 7.2 中的 8 项子能力，对应本书第 4 篇和第 5 篇的内容。

表 7.2 项目设计顾问角色能力标准

项目设计顾问角色（Designer）	
核心能力 1：界定客户需求	
D1：发掘需求	与需求方和发起人主动建立信任关系，积极聆听并挖掘显性与潜在需求，厘清项目目标、产出和项目范围
D2：明确难题	根据发起人和参与者等利益相关方的需求，明确行动学习项目模式和难题
D3：搭建小组	根据项目目的和难题需要，选择合适的成员，搭建互补性与多样化的小组
D4：获得支持	使用多种策略和方法，传递行动学习的价值，获得发起人、业务领导和学员上级的支持
核心能力 2：设计实施项目	
D5：设计流程	结合项目目标需要输入程序性知识和技能，选择匹配的行动学习方法与工具，设计项目流程与研讨议程
D6：项目管理	设立项目管理的组织架构与分工，建立与落实项目的过程管理与支持机制
D7：实践辅导	通过在线答疑和集中辅导的方式，解决小组和团队成员在实践中遇到的困难
D8：复盘评估	及时进行项目的个人复盘与团队复盘，采用恰当的汇报总结与评估方法，显性与量化项目成果

角色 3：组织发展催化者角色能力标准

组织发展催化师角色不仅要能做好行动学习项目实施，还要能站在系统视角，综合运用行动学习技术推动组织发展。这个角色需要掌握表 7.3 中的 8 项子能力。本书第 6 篇提到了行动学习推动组织发展的多个应用场景。

表 7.3 组织发展催化者角色能力标准

组织发展催化者角色（Organization Development Facilitator）	
核心能力 1：推动组织转化	
F1：发展人才	将行动学习融入不同层级的领导力发展项目，结合组织需求和学员特点不断进行迭代和创新
F2：建设团队	帮助各级经理人掌握和运用行动学习，成为催化型管理者，提升团队员工敬业度，加强团队学习
F3：推动业务	运用行动学习改善组织绩效，促进业务协同，加速战略变革与管理创新
F4：塑造文化	组建和培养内部催化师队伍，推动组织学习，塑造更加开放、信任、平等、尊重的组织文化
核心能力 2：持续专业精进	
F5：以身作则	以身作则践行行动学习核心价值理念，助人成长，尊重包容，诚实守信，遵守商业道德与伦理
F6：经验传播	总结提炼个人行动学习实践的经验与教训，并整理成文字、音频、视频微课等形式进行分享传播
F7：持续学习	不断通过阅读、参加培训和专业社群等方式，持续学习行动学习相关的方法技术，拓展专业交流网络
F8：社会实践	在非商业（如教育、公益等）领域实践和推广行动学习，推动行动学习在社会领域的广泛应用

行动学习催化师如何持续成长

从踏入行动学习之门到成长为专家级行动学习催化师，需要在以上 24 项子能力上持续精进。如果希望能够持续精进，快速成长，则需要有方法、有步骤地系统学习、实践和总结反思。以下为行动学习催化师专业成长的 5 种方法，以及在学习成长过程中 CSAL 中国行动学习协会能帮你什么。

行动学习催化师专业成长的 5 种方法

方法 1：参加学习培训

在入门阶段，你可以先借助介绍专业行动学习的书籍、文篇、微课进行学习，了解行动学习的基础概念及要素。此外，参加专业行动学习沙龙也是很必要的，这可以帮助你在现场体验行动学习的研讨方式，了解行动学习的组织应用案例。

基于初步的了解，如果有更进一步的学习意愿，在此基础上，可以参加行动学习催化师的专业培训。这能帮助你系统掌握催化师必备的知识和技能，现场进行实践练习，并得到专家的指导和反馈。在专业培训中，你还可以建立自己的人际关系资源，结识行业内的专家，并和一起学习的同伴建立良好的互动关系。

方法 2：建立实践社群

除了参加学习培训，你还需要积极实践。当你的经验还不足以实施商业项目时，你可以加入或自己组建一个行动学习催化师的实践社群，与学习伙伴一同练习、共同进步。

这个社群的成员可以是和你一同参加培训的同学，也可以是自己工作中的同事，或者其他对行动学习感兴趣的朋友。在社群中，你们可以定期组织工具练习活动，轮流担任催化师，并彼此给出反馈意见。有条件的话，还可以邀请行动学习专业工作者给予经验分享和指导。在 CSAL 第三期班中，有 5 位学员组成了课后实践社群，满足了一起交流和练习的需求，同时他们还联手接了一单行动学习的商业项目，在项目中展现了很高的专业水准。

除了工具练习，你们还可以在社群中分享项目经验，交流实践心得。如果有意愿，甚至还可以结成长期存在的、彼此信任支持的、护守人生使命的真北团队，用行动学习探讨彼此生命中的难题。

方法 3：担任小组催化师

积攒了一定经验之后，可以尝试一些公益项目，或者在商业项目中担任小组催化师。从一天的工作坊开始积累经验，逐渐过渡到多阶段的项目。提醒：项目完成之后一定要进行复盘，并找有经验的催化师给予督导反馈。

百年基业的一位同事是催化师的新手，他熟练掌握行动学习工具之后，就开始在一个学习社群中定期组织行动学习沙龙。后来他又帮一家初创企业做了行动学习工作坊。如今他已经从一个行动学习的新手，成长为一名合格的行动学习催化师，并且开始参与商业项目催化了。

方法 4：获得专业认证

经过足够的学习和实践之后，可以尝试申请专业机构的行动学习催化师认证资格，如 CSAL 行动学习催化师四级认证体系。拿到专业认证之后，你不仅可以提振自己的信心，也更容易得到公司的认可，参加不同类型项目实践的机会也会更多。相信更多的实践定能带来更高的专业水平和经验积累。

如 CSAL 四期班的一位学员，在训后 3 个月内就完成了 10 次实践练习，并拿到 PALF 认证。这段经历帮助她进入了知名企业，承担高级别的人才管理工作。

方法 5：主导商业项目

等到经验更加丰富，你就可以尝试担任项目的主催化师了。这时你的专业水平已经日臻成熟，但仍然有很大的提升空间。

身为项目主催化师，你身上的责任和压力倍增。考验你的不再仅仅是带领小组研讨的能力，你需要随时应对全方位的挑战，做好班级和项目管理。你还要成为一位出色的培训师，向现场学员传授行动学习的概念、工具和技巧，并组织学员进行各种活动。

一位学员在某家装企业担任企业大学副校长，她通过 CSAL 三阶学习，成长为优秀的行动学习催化师。她创新性地将 Q12 和行动学习相结合，打造出了“敬业度圆桌会”，在企业内赢得了上下一致的认可。

以上5种方法并没有先后顺序，你完全可以在实施商业项目之后继续参加学习培训，也可以先获得专业认证，再担任小组教练。行动学习催化师的专业成长没有一定之规，不变的只有持续的学习、实践和反思。在这条道路上，你可能迎来鼓掌欢呼，也可能迎来失误和低谷。无论如何，你需要迎难而上，不断前进。带着一颗希望帮助学员成长的爱心，以及一颗不妄自尊大的谦卑之心，你就会不断精进。

CSAL 行动学习催化师认证培训体系

CSAL是专业行动学习催化师的学习和成长平台。在这个平台上，可以学习行动学习的工具、技巧，建立行动学习实践社群，跨界学习交流，组织案例分享和工具练习沙龙，获得专业认证，甚至也可以组团做项目。

CSAL帮助行动学习催化师快速成长。为了实现这个目标，在认证培训体系中强调了工具和技巧的融合创新及流程开发的精细化，并讲授行动学习在组织中的标准化应用方法。

工具和技巧融合创新：为了增强行动学习解决难题的实效性，适应多样化的应用场景，在CSAL行动学习催化师认证体系中加入了视觉化（如行动学习画布）、虚拟化（如虚拟重构法）、O2O（如线上社群）、U型理论（如四层次聆听）等元素，开发了超过100个工具，以强化行动学习工具的场景应用能力和研讨效果。

流程开发的精细化：很多流程技术之所以难以快速掌握，主要是因为精细化程度不足，因此需要反复实践揣摩，才能真正掌握。

虽然我承认实践练习的重要性，但我同时深知高手并不是全凭经验的，他们有自己的体系。只要按照高手的体系一步步进行操作，即使新手催化师，也能催化出不错的研讨效果。

为了帮助学习者快速掌握行动学习工具，在开发的过程中，特别注重流程的精细化和标准化。根据多年的实践经验，CSAL 把每个步骤的目的和操作细节设计得很清楚，让学习者一眼就能看懂，拿来就会操作。

项目应用标准化：此外，还将行动学习项目的设计实施方法总结归纳出来，形成相对标准化的体系，帮助学习者在组织中应用行动学习，催化组织发展。

CSAL 认证培训课程分为三个学习阶段，为学习者提供了清晰的学习和成长路径。三个阶段的学习内容由浅入深，从团队学习教练、项目设计顾问到组织发展催化者；从多课题模式到单课题模式，难度逐级递增。CSAL 行动学习催化师培养三个阶段的具体内容分配如图 7.1 所示。

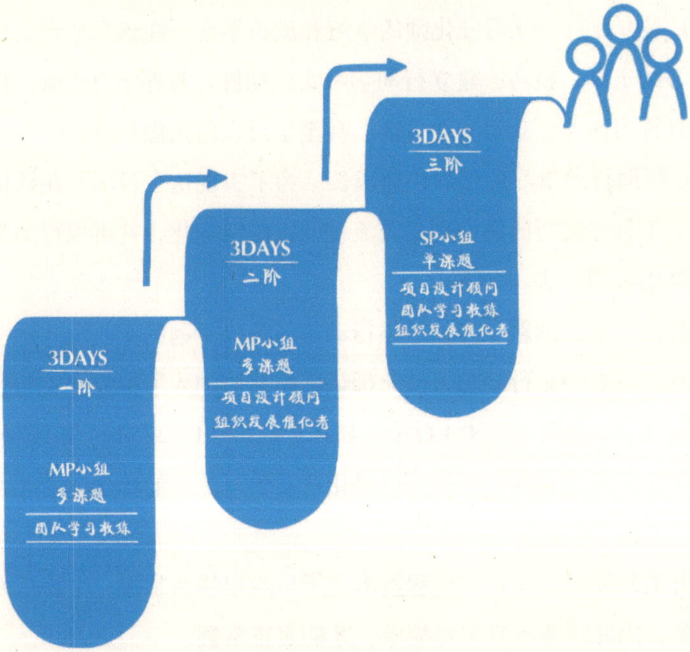

图 7.1 CSAL 行动学习催化师培养三个阶段的具体内容分配

一阶：聚焦于 MP 小组多课题模式（圆桌会模式 / “轻”行动学习）的“团队学习教练”角色，主要讲解行动学习画布的操作方法和技巧。

二阶：聚焦于 MP 小组多课题模式的“项目设计顾问”角色和“组织发展

催化者”角色，主要讲解如何在组织内筹备和实施“轻”行动学习项目。

三阶：聚焦于 SP 小组单课题模式，主要讲解单课题的研讨工具，以及在组织中设计实施单课题项目的方法。

在每个阶段的课堂上，参与者不仅可以学习专业的理论知识和配套的实操工具，还可以获得亲自上手练习的机会，并获得专业精准的反馈，这对于行动学习催化师的专业成长十分重要。

每个阶段的课题学习结束之后，参与者还可以结成 6 个月的社群实践小组，共同完成练习任务，互相督促成长。有的小组在训后到彼此的公司拜访，完成跨界学习任务；有的小组学以致用，训后马上发起“微”行动学习项目；还有的学员在训后接到商业项目需求，邀请本组同学共同担任小组的催化师。

CSAL 行动学习催化师四级认证

学员在训后积累了一定的练习时数之后，就可以提交实践案例，申请 CSAL 行动学习催化师认证资格了。CSAL 行动学习催化师四级认证体系（见图 7.2）分为四个能力级别，分别是：

图 7.2 CSAL 行动学习催化师四级认证体系

- PALF 认证专业行动学习催化师（Professional Action Learning Facilitator）；

- AALF 认证高级行动学习催化师（Advanced Action Learning Facilitator）；
- SALF 认证资深行动学习催化师（Senior Action Learning Facilitator）；
- MALF 认证大师级行动学习催化师（Master Action Learning Facilitator）。

四个能力级别要求的能力项逐级递增（PALF 级别只考察行动学习催化师前 8 项子能力，而 MALF 级别考察全部 24 项子能力），对工具技能的掌握和练习时数的要求也逐渐递增。通过三阶的学习，以及持续的个人实践练习，参与者可以层层通过四级认证，成长为优秀的行动学习专业人士。CSAL 行动学习催化师学习路径和认证路径如图 7.3 所示。

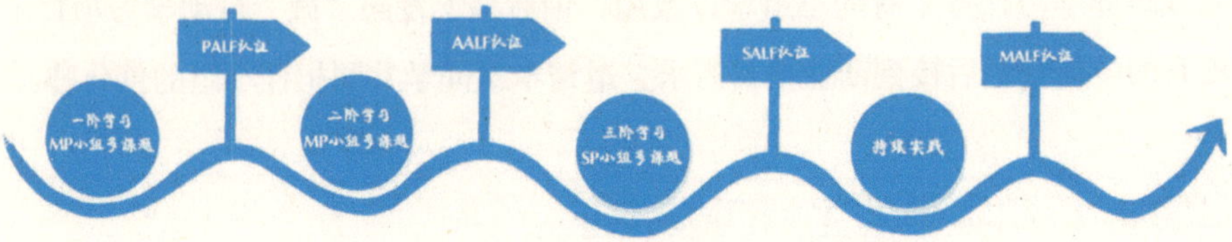

图 7.3 CSAL 行动学习催化师学习路径和认证路径

行动学习的未来发展趋势

中国行动学习从无到有，走过了硕果累累的 20 年。作为专业实践者，应该如何面向未来，应对时代的要求？

回顾过去，展望未来。相信行动学习将走出一条以个人和组织发展为出发点、融入更多企业实战场景的融合创新之路。具体来说，行动学习的未来发展至少会在如下 3 个层面创造出更多价值。

行动学习与领导者意识进化

过去，更加关注管理者做了什么、执行得漂不漂亮、取得了什么样的成果。

现在，VUCA 时代竞争环境更为激烈，内外部环境的不确定性和组织的敏捷性同时向不同层级的管理者扑面而来。在不确定性上，需要管理者具有驾驭变化、与不确定性共舞的能力；在敏捷性上，需要管理者在不同商业环境下，依据企业的使命，抓住时机，不断试错，快速迭代。在这样的背景下，管理者的心智模式会成为组织发展的关键要素。更为考验管理者的是他们能否听到更多不同的声音，并包容、整合这些不同的观点。因此，管理者的心智成长和意识进化成了当下的热门话题。

基于此，领导者的自我发展需要关注以下 3 个方面。

主动提升变革的意识和能力

据不同权威机构统计，大约 70% 的组织变革都失败了。这样的数据发人深省。对变革的期待与变革管理能力之间的差距日益加大。同时，研究结果表明，不是变革的阻力导致变革失败，而是管理者管理阻力的方式导致组织变革失败。因此，能否驾驭变革，既关注到“事”，又关注到“人”，才能让变革真正有效落地。

面对未知，勇于采取行动和持续探索

在这个不确定的时代，复杂性是问题还是机遇，是对每个领导者的挑战。尼克·奥博伦斯基在《未来领导力：成为 VUCA 时代的复合型高适领导者》一书中，将环境的复杂性分为简单状态、曲折状态、复杂状态和混沌状态 4 种状态（见图 7.4）。目前，大多数组织的环境复杂性是复杂状态和混沌状态并存的。关键是需要领导者能够理解问题的本质特点，选择适当的处理方式。在混沌状态中，因为完全没有可辨识的因果关系，所以需要领导者能够从“简单”“曲折”中跳脱出来，用“微小”的变动创造“蝴蝶效应”，帮助企业实现商业上的出奇制胜。

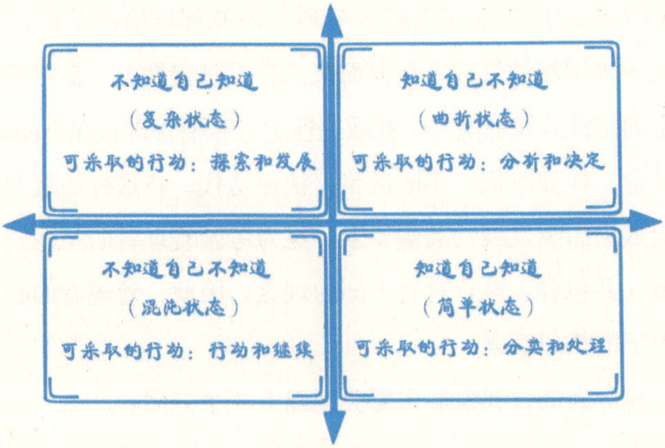

图 7.4　4 种状态

资料来源：《未来领导力：成为 VUCA 时代的复合型高适领导者》，尼克·奥博伦斯基。

成为使命驱动的领导者

企业作为一个生命有机体，其使命是企业发展的精神力量。组织发展最深层次的内驱力在于领导者把企业使命、团队使命和个人使命进行了有机结合，而产生的由内而外的深沉久远的爆发力。从组织进化的角度看，未来的组织需要个体更加成熟、更加“全人式”（身心灵一体）地投入工作，倾听组织这个有生命的系统想成为“谁”、创造怎样的价值作为牵引，绽放组织和个人的生命光彩。在这样的组织意识形态下，如果领导者不是使命驱动的领导者，将无法与时代共舞，与潮流共进。

行动学习在支持领导者完成 3 个方面的意识进化上，有能够看得到、摸得着的效果。因此，随着企业对管理者意识进化的需求不断增加，行动学习将成这个领域领的重要介入方法。

行动学习与 OD&C 组织发展变革

企业是由一个个团队组成的，这些团队相互交流互动，按照图 7.5 中的路径形成了团体。团队就像一个容器一样，无法活在真空之中，因此，如何保持这个容器不僵化，不为跟外部环境的互动设置障碍，是行动学习支持 OD&C 需要重点关注的课题。

现在组织面临的挑战越来越多，企业一次性的人才发展项目所带来的成果毕竟是有限的。而行动学习作为一种长期陪伴的方式，有潜力在组织各个层面生根发芽，成为组织文化的一部分。如图 7.5 所示，行动学习在组织内的团队模式当中，经历共同的学习，创造共同的历史，遵守不断进化的规则，共享假设积极对话，进行团队决策，并把这种模式内化成为组织文化 DNA 的一部分。这样可以帮助组织打破部门壁垒，打造参与式赋能型组织文化，最终保持组织的内外部健康和有效性。此外，行动学习在促进组织战略转型、适应变革方面，也有着突出作用。

图 7.5 团体模式是如何形成的

资料来源：《组织发展：OD 和 HR 实践者指南》，Mee-Yan。

想象这样的场景，在公司里有自主业务线组织、自由发起的圆桌会的海报、午餐时间开展的行动学习圆桌会……行动学习画布成为会议研讨的工具，“行动＋反思＋赋能”这样的话术成为组织内的通用语言，而不是HR的专用术语。这样的情境如果发生在你的企业里，会带来非常大的深沉而有力量的变化。

行动学习与使命型组织

世界范围内正在兴起一股“使命经济”的热潮。使命型组织、进化型组织、使命型个体等概念逐渐被企业接受和引发了企业更多的思考和重视，成为管理实践组成的一部分。

使命型组织倡导的是一种使命驱动、自主管理、身心合一的组织形式和工作状态。组织不再是传统的金字塔结构，而会变成敏捷调试性的生态系统。组织中的个体不再被KPI驱动，而是为了共同的使命工作，有极强的自主决策权。虽然这是一种令人向往的工作和生活方式，但是这要求个体具有极强的自主性和极高的成熟度。

在这种新型组织中，很可能不再有传统的管理层级，更多的管理者会像催化师一样，成为团队的赋能者和支持者。对于这种新型的组织方式，行动学习将有希望成为一种常规工作方式，成为日常团队工作和学习的载体。

此外，行动学习在社会发展领域也十分有潜力，能够帮助个体发现并护守人生使命。如第6篇案例中所谈到的2016年年底，我和6位创业家组成了一个真北团队，每月聚会，用行动学习的方法讨论各自工作和生活中的挑战。用这种方法，我们成为彼此的激励者、挑战者，最重要的，我们成为彼此人生使命的守护者。用这种方法找到人生使命，并带着使命去工作和生活的状态是坚定而幸福的。

作为行动学习的实践者和推广者，深感行动学习的威力，以及它对人心智模式的改变。借助本书，希望能让更多人了解“轻”行动学习这种威力巨大又轻快简便的行动学习方法。

本着开放的心态，尽可能详细完整地介绍了行动学习画布的操作方法，以及在组织中的应用模式。希望本书能对中国行动学习的发展起到积极的促进作用。对于本书的读者，希望本书能够在你研究和实践行动学习的道路上起到或多或少的帮助。如果你对本书内容有任何疑惑，或者你在实践行动学习的道路上有困难和挑战，欢迎与我共同探讨。

参考文献

[1] 朱迪・奥尼尔，维多利亚・马席克 . 破解行动学习：行动学习的四大实施路径 [M]. 唐长军，郝君帅，曹慧青，译 . 南京：江苏人民出版社，2013.

[2] 迈克尔・马奎特 . 行动学习实务操作：设计、实施与评估（第二版）[M]. 郝君帅，唐长军，曹慧青，译 . 北京：中国人民大学出版社，2013.

[3] 迈克・佩德勒，克里斯蒂娜・阿博特 . 行动学习催化秘籍 [M]. 郝君帅，王金帅，王培杰，译 . 北京：机械工业出版社，2015.

[4] 雷格・瑞文斯 . 行动学习的本质 [M]. 郝君帅，赵文中，沈强铭，译 . 北京：机械工业出版社，2016.

[5] 迈克尔・威尔金森，理查德・史密斯 . 虚拟引导的秘诀：在线会议引导的实操指南 [M]. 郝君帅，王金帅，曹慧青，译 . 北京：电子工业出版社，2016.

[6] Yury Boshyk. Action Learning in the Business World: Past, Present, and Future[M]. Palgrave Macmillan UK, 2010.

[7] 清宫普美代 . 让会议卓有成效 [M]. 李彦霞，译 . 北京：中国人民大学出版社，2010.

[8] 粟津恭一郎 . 学会提问：实践篇 [M]. 程亮，译 . 北京：北京联合出版公司，2017.

[9] 奥托・夏莫 . U 型理论：感知正在生成的未来（全新升级版）[M]. 邱昭良，王庆娟，陈秋佳，译 . 杭州：浙江人民出版社，2013.

[10] 成甲 . 好好学习 : 个人知识管理精进指南 [M]. 北京 : 中信出版社，2017.

[11] 埃德加 · 沙因 . 麻省理工斯隆商学院过程咨询课 II[M]. 刘文琴 , 译 . 北京 : 中国青年出版社，2013.

[12] 英格里德 · 本斯 . 引导 : 团队群策群力的实践指南（第 3 版）[M]. 任伟，译 . 北京 : 电子工业出版社，2016.

[13] 亚瑟 · 弗里德曼，斯基普顿 · 伦纳德 . 行动学习教练手册 : 解决问题硬道理 [M]. 顾增旺，周蓓华，译 . 北京 : 科学出版社，2015.

[14] 卡尔霍恩·威克，罗伊·波洛克，安德鲁·杰斐逊 . 将培训转化为商业结果 : 学习发展项目的 6D 法则（第 2 版）[M]. 周涛，宋亚南，译 . 北京 : 电子工业出版社，2014.

[15] 迈克尔 · 沃特金斯 . 创始人 : 新管理者如何度过第一个 90 天 [M]. 徐卓，译 . 北京 : 中信出版社，2016.

[16] 比尔 · 乔治，道格 · 贝克 . 真北团队 : 个人和领导力发展的强有力途径 [M]. 吴振阳，等译 . 北京 : 机械工业出版社，2013.

[17] 尼克·奥博伦斯基 . 未来领导力 : 成为 VUCA 时代的复合型高适领导者 [M]. 苏雪梅，王宾，译 . 北京 : 人民邮电出版社，2017.

[18] 张美恩，琳达 · 霍尔比奇 . 组织发展 : OD 和 HR 实践者指南 [M]. 夏钰姣，等译 . 杭州 : 浙江人民出版社，2017.

工具表单索引

模型图索引

中国行动学习协会
CHINA SOCIETY FOR ACTION LEARNING

CSAL 行动学习催化师认证©

CSAL 行动学习催化师认证©是 CSAL 中国行动学习协会推出的根植本土、创新实用的行动学习催化师培训认证体系。目前包括三个学习阶段，覆盖行动学习 MP 小组多课题模式和 SP 小组单课题模式。本认证体系包括团队学习教练、项目设计顾问、组织发展催化者三大角色的流程、方法、工具与技巧。旨在帮助培养更多行动学习专业人才，助力中国企业人才培养与组织发展。本认证课程体系已经在国家版权局登记注册。

值得参加的七大理由

1. **源于经典，中西合璧：**整合六大国际行动学习流派，结合 300 余家企业实践经验。
2. **优秀师资，精准教练：**课程由大师级行动学习催化师讲授，带来精准反馈和宝贵分享。
3. **层层递进，干货多多：**内容层层递进，包含超过 100 个工具方法，讲解经典项目案例。
4. **四级认证，成果转化：**包含四个认证级别，明晰行动学习催化师专业成长路径。
5. **大咖分享，社群学习：**课后提供多种社群实践机会，定期举办工具和案例分享沙龙。
6. **助教实践，学以致用：**学员有机会成为小组助教，并有机会参加 CSAL 主导的实战项目。
7. **名企同学，高手过招：**和阿里、百度、京东、华润等名企培训工作者成为同学，扩充人际关系，共同成长。

适合对象

企业内行动学习催化师；企业专/兼职内训师；培训经理/总监；企业大学校长；人才发展/组织发展顾问、经理、总监；人力资源总监；业务部门管理者，教育、医疗、公益机构的管理人员。

学习与认证路径

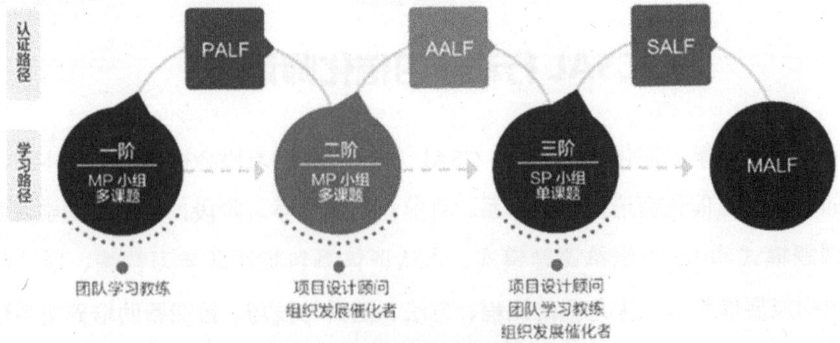

CSAL 中国行动学习协会

中国行动学习协会（China Society for Action Learning, CSAL）是目前国内专业的行动学习研究与实践机构之一，由百年基业和《培训》杂志联合发起成立，并由众多行动学习标杆实践企业提供资源支持。CSAL 协会基于行动学习之父瑞文斯经典流派的理念精髓，创新整合国际六大主流流派的方法技术，并结合百年基业 13 年近 30 个行业的行动学习实践，探索符合中国本土需求的行动学习技术，培养行动学习专业人才，并致力于行动学习在商业、教育、公益和医疗等社会领域的传播与应用，在全中国和世界分享行动学习的力量。

Mission 使命

致力于行动学习技术在中国的研究、创新、实践与传播，培养专业行动学习催化师，以促进商业、教育、公益等领域的组织发展和个人成长。

Vision 愿景

成为全球知名的行动学习专业平台，分享中国行动学习的力量。

Core Value 核心价值观

助人成长　求真务实　敏捷创新　尊重包容

联系热线：010-58672662
官方网站：www.csal.cn
联系邮箱：tangchangjun@gene100.com
秘书处地址：北京朝阳区东三环南路 58 号富顿中心 A 座 1907 室

CSAL 行动学习社群

反侵权盗版声明

举报电话：（010）88254396；（010）88258888

传　　真：（010）88254397

E-mail：　dbqq@phei.com.cn

通信地址：北京市万寿路 173 信箱

电子工业出版社总编办公室

邮　　编：100036